6·25전쟁 시기
포로수용소와 포로들의 일상생활

이 저서는 2017년 정부(교육부)의 재원으로 한국연구재단의 지원을 받아 수행된 연구임(NRF-2017S1A6A4A01020713)

6·25전쟁 시기

포로 수용소와 들의 일상생활

초판 1쇄 발행 2021년 11월 12일

지은이 | 성강현
펴낸이 | 윤관백
펴낸곳 | 도서출판선인

등 록 | 제5-77호(1998.11.4)
주 소 | 서울시 마포구 마포대로 4다길 4, 곳마루빌딩 1층
전 화 | 02)718-6252 / 6257
팩 스 | 02)718-6253
E-mail | sunin72@chol.com

정 가 28,000원

ISBN 979-11-6068-631-9 93900

6·25전쟁 시기

포로 수용소와 들의 일상생활

PRISONERS OF WAR

성강현 지음

도서출판 선인

머리말

　나의 6·25전쟁 포로 연구는 우연한 기회에 이루어졌다. 대학원에서 공부할 때 지역 답사를 많이 했다. 현장 답사의 중요성을 인식하고 있던 지도교수님은 학기에 한두 번은 꼭 답사를 갔다. 우리 대학원의 근현대사연구회의 답사는 좀 특별했다. 답사지가 정해지면 그곳과 관련해 꼭 한 꼭지씩 발표를 해야했기 때문이다. 답사지에 관한 개괄부터 자신의 연구 주제와 관련된 내용까지 꼼꼼하게 준비해야 했다. 답사지가 거제도로 정해지자 나는 어떤 주제를 선정해야 하나 고민하다 포로수용소가 떠올랐다. 이렇게 나의 포로 연구가 시작되었다.

　포로수용소를 떠올린 것은 나의 개인사와 관련이 있다. 나의 부친은 황해도 금천의 중소지주 집안에서 태어나 남부럽지 않게 생활하였다. 그러나 6.25전쟁은 부친의 인생을 송두리째 바꾸었다. 전쟁이 나자 부친은 북한군에 징집되었다. 38선을 넘어 보은 부근에서 후방경비의 임무를 맡고 있던 부친은 인천상륙작전으로 전세가 역전되자 속리산 인근에서 포로로 수용되었다. 부친은 부산과 거제도를 거쳐 논산에서 반공포로로 석방되었다. 어릴적 부친으로부터 포로수용소 이야기를 많이 듣고 자랐기 때문에 거제도하면 가장 먼저 떠오르는 게 포로수용소였다.

부친은 북한에서 천도교를 신봉하였다. 해방 이후 북한에서는 자주 국가 수립의 분위기 속에서 천도교세의 확장이 눈에 띄었다. 부친이 살던 금천에도 천도교인이 많았다. 부친은 해방 직후 천도교에 입교해 면종리원의 총무로 활동하였다. 이러한 천도교 경력은 반공 활동으로 이어졌고, 논산에서 수용 중 1953년 6월 18일 반공포로로 석방되어 남한에 정착하였다. 나는 어렸을 때부터 부친과 북한 출신 천도교인으로부터 북한의 천도교와 포로수용소 이야기를 귀에 딱지가 앉을 정도로 많이 들었다.

포로수용소에 관한 발표를 준비하면서 부친께 들었던 이야기와 몇몇 자료를 참고했다. 나의 발표에 관해 지도교수와 원생들은 처음 듣는 이야기라서 그런지 관심을 나타내었다. 답사에서 돌아와 논문을 작성할 시기가 되었을 때 지도교수는 포로수용소의 천도교 활동에 관해 석사학위 논문을 쓰는 게 어떻겠냐고 권유했다. 처음에는 자료의 제한으로 망설였지만, 포로수용소에서의 천도교 활동을 정리하는 것도 의미있는 일이라고 생각하여 논문 주제로 정했다. 이렇게 포로를 연구 주제로 삼게 되었다. 부족한 자료는 구술 증언 작업을 통해 확보하고 천도교단 및 국내외의 관련 자료를 찾아 연구 성과를 낼 수 있었다.

포로는 전쟁에서 가장 주목을 받지 못하는 존재이다. 역사적으로 포로는 승전국의 전리품으로 여겨졌다. 1859년 오스트리아와 이탈리아 간의 이탈리아 통일전쟁을 계기로 국제적십자사가 창설되었고, 1864년 최초의 제네바 협약인 '육전에서 군대의 부상자 및 상태 개선에 관한 협약'이 체결되었다. 이후 몇 차례의 보완을 거쳐 제1차 세계대전 종전후인 1929년 '포로의 대우에 관한 협약'이 체결되었는데 우리가 포로에 관한 제네바 협약을 이야기할 때는 이때의 협약을 말한다. 제2차 세계대전 이후인 1949년에는 '전시 민간인 보호에 관한 협약'이 추가되었다. 이후 몇 개의 의정서가 추가

되어 현재에 이르고 있다.

6·25전쟁의 개전 당시 미국은 1949년의 협약에는 서명하지 않은 상태였다. 그러나 1929년의 협약에 가입해 있어서 전쟁 포로에 관해서는 제네바 협약에 따랐다. 전쟁 발발 이후 이승만 정부와 미군은 제네바 협정을 준수하겠다고 국제적십자사의 요구에 답하였다. 남한에 수용된 북한군 포로는 제네바 협약에 따라 수용소 생활이 이루어졌다. 국제적십자사에서는 북한군 포로가 제네바 협정에 의해 보호받는지 살피기 위해 방한하기도 하였다.

6·25전쟁 시기 북한군 포로는 이념 대결의 상황에 내몰려 있었다. 수용소는 좌익과 우익, 곧 친공포로와 반공포로의 대결장으로 변해 '또 하나의 전장'이 되었다. 때문에 포로들은 자신들의 성향을 밝히지 않으면 안 되는 극한 상황에 내몰렸다. 미군은 수용소의 자치를 허용하였고 포로연대장을 누가 차지하느냐에 따라 수용소가 친공과 반공으로 갈리기도 하였다. 휴전회담이 진행되자 수용소 내의 이념 갈등은 극에 달하였다.

수용소를 장악하기 위한 대표적 사건은 1951년의 9·17폭동이다. 78·85·63수용소 등에서 이 사건으로 수십 명의 반공포로가 학살당하였다. 포로들의 증언은 수백 명이라고 하였지만 미군방첩대의 조사에는 그렇게까지 많지는 않았다. 포로수용소라는 극한 공간에서 이념 대결로 인해 많은 사상자가 발생하였다는 것은 6·25전쟁의 참상이 포로수용소라고 해서 다르지 않았음을 의미하기도 한다.

이 책은 한국연구재단의 저술출판사업의 성과물이다. 이 책에서는 부산과 거제도 등 남한에 산재한 북한군 포로수용소의 위치를 살펴보고 위에서 언급한 포로수용소에서의 포로들의 일상생활을 살펴보고자 했다. 우리에게 이념의 대결장으로 여겨졌던 포로수용소의 포로도 인간이었다. 따라서 이들도 인간으로서의 행위를 영위했다. 포로들은 수용소라는 제한된 공간에서 나름 인간다운 삶을 회복하려고 노력한 흔적이 역력하였다. 수용소 이후를 대비한 목공 기술 등 다양한 기능의 습득, 운동 경기 등의 여가활동, 연극 공연과 예술품 제작 등의 문화 활동, 수용소 내의 물품을 판매하는 벼룩시장의 개설 등 경제 활동, 자유주의의 우월성을 강조하기 위한 방편으로 활용된 기독교와 천주교 선교, 포로들이 주체적으로 구성했던 천도교 활동 등의 종교 활동을 영위하였다. 이를 통해 포로들도 인간이었으며 인간적인 생활을 추구하고 있었음을 이 책에서 드러내고자 했다. 포로들의 일상생활에서는 포로들의 이야기를 최대한 담아내려고 노력하였다. 그러나 자료의 한계로 제대로 담아냈는지는 의문이다.

우둔한 재질을 갖고 있음에도 포기하지 않고 간단없는 가르침으로 교편을 들어주신 동의대학교 역사인문교양학부 김인호 교수님은 연구자가 가져야할 덕목을 몸소 가르쳐주셨다. 은혜에 보답하는 길은 양질의 연구 성과를 내는 길뿐이다. 학문하는 자세와 연구 방법을 하나하나 일러주신 박순준 교수님의 가르침으로 이정도로나마 글을 쓰게 되었다. 그리고 공부의 어려움을 같이 견뎌냈던 동의대학교 근현대사연구회의 안환, 조봉휘, 하훈, 이준영, 선우성혜, 김예슬 선생님의 도움은 항상 큰 힘이 되었다. 이제 모두 연구자로서 역할을 다하고 있어 학우로서 든든하다.

연구 활동과 대학 강의를 할 수 있도록 배려해 준 동천고등학교의 강병로 교장선생님, 김철경 교감선생님, 안길상 행정실장님께 감사드린다. 가까이에서 격려와 협조를 아끼지 않은 김대석 선생님의 고마움도 잊을 수 없다. 그리고 역사과 선생님을 비롯한 동료 선생님의 지원에도 감사드린다.

못난 아들의 성공을 위해 매일 새벽에 주문을 외우시는 어머님의 은덕은 갚을 길이 없다. 건강하게 천수를 누리시기를 심고드린다. 늦게나마 정신 차리고 공부의 길에 들어설 수 있게 깨우쳐준 나의 형 성주현 박사님의 격려와 지도에 고개 숙이지 않을 수 없다. 형님이 아니었으면 연구자의 길에 들어설 꿈도 꾸지 못했다. 그리고 나의 든든한 후원자인 동생 재민, 도현, 인순에게도 고마움을 전한다. 공부를 한답시고 집안일을 내팽개치고 돌아다녔음에도 개의치 않고 참아준 가족에게는 미안함이 크다.

나의 포로 연구를 시작하게 해준 아버님은 고향에서 북한군으로 징집된 후 평생 고향과 가족을 보지 못하고 돌아가셨다. 아마 이 책을 보셨으면 부족하다고 나무라셨을 것 같다. 평생 자식을 키운 보람을 누려보시지도 못하고 환원하셨다. 일찍 공부를 시작해 성과를 보여드리지 못해 아쉽다. 위정자들의 무책임한 행동으로 인해 아버님과 같은 수많은 포로와 실향민들이 다시는 고향산천을 밟아보지 못하고 생을 마감하였다. 이제 생의 마지막을 보내고 있는 실향민들이 생전에 고향땅을 밟으며 고향의 공기를 마실 수 있도록 위정자들의 각성을 촉구한다.

끝으로 부족한 글을 보고도 마다하지 않고 출판을 허락해 주신 도서출판 선인의 윤관백 사장님께 감사드린다. 졸필을 하나하나 교정해 준 김민정 님 덕분에 좋은 책을 낼 수 있었다.

2021년 늦가을에
황령산 자락에서

목차

제1장

서론

1. 연구 목적

6·25전쟁은 한국 현대사의 가장 큰 사건 중 하나이다. 일제강점기를 벗어나 자주독립국가의를 건설하고자 하는 바람은 모든 한국인들의 소망이었다. 그러나 일본 제국주의가 연합군에 무조건 항복을 하면서 한국의 운명은 우리의 손을 떠나 연합군에 있었다. 태평양전쟁에서 승리한 연합국은 한반도를 북위 38도선을 경계로 미소에 의한 분할 통치를 결정하였다. 38선을 경계로 미군과 소련군이 점령하면서 한반도의 운명은 일제강점기와는 또 다른 분위기로 빠져들었다. 이 여파로 1948년 남과 북에서는 각기 다른 체제의 정부가 만들어졌다. 결국 미소 양국의 간섭과 국내 정치 세력의 이해관계로 하나의 자주독립국가의 실현은 물거품이 되었다. 특히 사회주의 정권을 수립한 북한은 소련과 중국의 힘을 바탕으로 한반도를 무력으로 통일하기 위한 계획을 착착 준비하였다. 동족상잔의 6·25전쟁은 이렇게 시작되었다.

동서고금의 어느 전쟁을 막론하고 전쟁은 포로를 수반한다. 중세까지 포로는 일종의 전리품으로 여겨졌다. 따라서 노예가 되거나 죽음을 당하는 등 승리자의 자의적 처리로 귀결되었다. 근대 시민사회의 성립과 함께 인간에 대한 인도적 대우가 논의되면서 적군이라고 하더라도 전투에 직접적으로 가담하지 않은 자와 투항한 자 등 전투력을 상실한 경우에는 보호하고, 인도적인 대우를 해야 한다는 도의적 요청이 제기되었다. 제1차 세계대전 이후 포로에 관한 문제가 '제네바 협약'으로 결실을 맺었다.[1] 제2차

---

1) 포로의 대우에 관한 협정을 '제네바 협약(The Geneva Convention)'이라고 하는데 1929년 7월 27일 스위스 제네바에서 서명되었기 때문이다. 공식 명칭은 '1929년 7월 27일 제네바 전쟁 포로 대우에 대한 협약(Convention relative to the Treatment of Prisoners of War, Geneva July 27, 1929)'이다. 제2차 세계 대전에서 전쟁 포로 대우에 대한 법률적 근거를 제공한 제네바 협약이 바로 이것이었다. 이 협약은 1949년에

세계대전 이후인 1949년의 제네바 협약에서는 포로의 대우에 관해 보다 구체화되었다.

민간인 억류자를 포함한 6·25전쟁의 공산군 포로는 약 17만 명에 이른다. 특히 1950년 9월 15일의 인천상륙작전 이후 10월부터 12월 사이에 약 13만 명의 포로가 발생하였다. 포로들은 포로수집소를 통해 임시 포로수용소를 거쳐 영구 포로수용소로 옮겨졌다. 포로수용소는 정부 수립 이후 육군형무소에 설치되었다가 전쟁이 발발하자 대전을 거쳐 대구, 부산으로 옮겨졌다. 부산의 포로수용소는 영구 포로수용소로 만들어졌고 수용인원은 15,000명 정도로 계획되었다. 그러나 포로가 갑작스레 증가하자 포로의 수용과 관리에 문제가 나타났다. 부산 거제리포로수용소로는 부족해 수영 대밭과 가야 등지에 포로수용소가 증설되어 17만 명에 달하는 포로로 부산은 포화 상태에 이르러 도시기능이 마비될 정도였다.

한편 부산은 임시수도로 정해지면서 정부 기관이 내려와 있었고 피난민 등으로 전쟁 이전 50만 명 규모의 도시가 전쟁 중에 1백만 명 이상이 북적대는 거대 도시로 되었다. 사람이 살만한 곳이라고 여겨지는 비탈에는 판잣집들이 빼곡히 들어서 발 디딜 틈조차 없었다. 이렇게 부산에 정부기관과 군 시설, 그리고 피난민과 포로들로 넘치자 유엔군사령부는 포로수용소의 이전을 검토하지 않을 수 없었다. 포로들의 수도 많았을 뿐 아니라 민간인들의 가옥과 포로수용소가 멀지 않아 만약 북한군이 피난민을 위장

서명된 제3차 제네바 협약의 모태가 되었다. 제3차 제네바 협약은 제2차 대전 후 1949년 8월 12일에 체결되었는데 포로 문제를 포함해 '전쟁의 피해자의 보호를 위한 제네바 협약'으로 이루어졌다. 이 협약은 4개 협약의 총칭으로서 1949년 「전장에 있는 병력중의 상자와 병자의 상태개선을 위한 협약」(적십자협약이라고도 한다), 「해상에 있는 병력중의 상자·병자 및 난항자의 상태개선을 위한 협약」, 「포로의 대우에 관한 협약」, 「전시에 있어서의 민간인의 보호에 관한 협약」을 포함한다. 이상의 4개 협약은 총가입조항을 포함치 않고 있으며, 전쟁이라는 명칭을 사용하지 않는 무력행사에도 적용할 수 있다는 점에 특징이 있다.

해 포로들과 접촉해 포로수용소 내에서 소요 사태를 일으키면 임시수도인 부산의 안전을 담보할 수 없었다. 이를 포함한 상하수도, 오물처리 등 여러 문제들로 인해 포로수용소를 이전하자는 의견이 대두되어 부산의 포로수용소를 다른 곳에 이전하기로 결정하였다.

유엔군사령부는 초기에는 부산의 포로수용소를 국외로 이전하는 방안도 검토하였으나 이는 미 국무부에서 수용하지 않아 국내에 설치하기로 하였다. 국내의 포로수용소 설치 장소로 처음 주목받았던 곳은 제주도였다. 그러나 몇 가지 이유로 인해 제주도 포로수용소안은 백지화되었다. 우선 제주도는 17만 명에 달하는 포로들이 먹을 만한 용수가 부족하였다. 둘째 제주도는 4·3사건 등의 정치적 소요로 민심이 좋지 않아 포로수용소의 이전은 군 당국에 부담이 되었다. 마지막으로 가장 큰 이유는 부산의 임시수도를 옮길 경우 그 후보지로 제주도가 가장 유력했기 때문에 만약에 그런 상황이 벌어지면 제주도도 부산과 같은 상황이 벌어져 제주도 포로수용소 안은 폐기되었다. 제주도 안이 폐기된 후 새롭게 포로수용소 후보지로 떠오른 곳이 거제도였다. 유엔군사령부는 거제도 고현면 일대의 1,260세대를 강제 이주시키고 토지 1,680에이커를 수용하여 거제도 포로수용소의 건설을 시작하였다.

거제도 포로수용소의 건설과 함께 포로들이 이주하였다. 1951년 2월을 시작으로 그해 12월까지 부산의 일부 포로들을 제외하고 모든 포로들이 거제도로 옮겨졌다. 그리고 포로의 관리를 위한 포로수용소사령부도 1952년 8월 장승포에 설치되었다. 1951년 여름 들어 휴전 협정이 시작되자 거제도 포로수용소에서 포로들의 갈등이 고조되어 포로수용소를 장악하기 위한 살해사건 등이 빈번하게 일어났다. 포로수용소를 장악하기 위한 친공 포로와 반공 포로의 갈등으로 포로들의 살해 사건이 발생하자 포로수용소사령부에서는 포로를 성향에 따라 분리하였다. 친공 포로와 반공 포로를 분리하여 충돌을 막고자 하였으나 결국 포로수용소 소장이 친공 포로에게 납치되는 사건이 발생해 포로수용소의 이념 문제는 큰 골칫거리가 되었다.

유엔군이 포로수용소를 진압하여 소장을 구출한 이후 포로들의 분산수용이 결정되었다. 특히 반공 포로들을 내륙의 소규모 수용소로 이전시켜 관리하고 친공 포로들만 거제도에 남겨두기로 하였다. 반공 포로들은 부산의 가야, 대전, 광주, 논산 등지로 1만 명에서 5천 명 규모로 수용하고 중국군 포로는 제주도의 모슬포와 읍내의 수용소로 각각 분리 수용시켰다. 그리고 극력 친공 포로들은 거제도의 부속도서인 봉암도와 용초도에 분리수용시켰다. 이렇게 포로들을 성향에 따라 분리해 수용한 정책은 휴전회담까지 이어졌다.

6·25전쟁의 휴전회담에서 포로문제에 관한 초기 단계 토의는 단순하게 출발하였다. 분과위원회 회의 첫날 공산 측 대표는 다만 한 가지 원칙만을 주장하였다. 쌍방은 그들이 보유하고 있는 "모든 포로를 휴전협정 조인 후 즉각 석방해야 한다."는 것이었다. 그 근거로 공산 측은 전쟁 포로 문제에 관한 국제법과 국제관례를 내세웠다. 1929년 체결되고 1949년 수정된 '전쟁 포로 대우에 관한 제네바협약' 제118조에 "전쟁이 중단된 후 즉시 전쟁 포로를 석방하거나 송환하여야 한다"는 규정과, 제7조 "어떤 상황 하에서도 전쟁 포로는 본 공약에서 부여한 그들에 대한 일부 혹은 전부의 권리를 포기할 수 없다"는 규정이 그 근거였다. 포로에 관한 제네바협약 제118조와 제7조는 그 후 포로송환을 놓고 양측이 대립하는 과정에서 공산군 측 주장의 핵심 근거였다.[2]

---

2) 김보영, 『한국전쟁 휴전회담 연구』, 한양대학교 대학원 사학과 박사학위논문, 2008, 151쪽.

이처럼 휴전 회담 초기에 포로 문제는 주목받지 못하는 부속 사항이었으나 포로 문제로 인해 결국 휴전 회담은 공전을 거듭하였다. 17만 명에 달하는 포로를 송환할 경우 북한군의 전력이 급상승해 유엔군 측에 위협이 될 수 있는 상황이 전개되었기 때문에 유엔군 측에서는 포로의 송환에 대해 불안감이 고조되었다. 6·25전쟁 포로 문제의 특이한 점은 포로 가운데 북한으로의 송환을 거부하는 포로가 절반 이상이 되어 양측 모두를 곤란하게 만들었다. 유엔군은 민간인 억류자는 포로가 아니라고 하여 석방시켜 포로의 수를 줄였다. 휴전 회담에서 북한군의 송환이 결정되자 이승만은 북한으로의 송환을 마지막까지 거부하는 36,000여 명의 포로 가운데 27,388명의 반공 포로를 석방시켰다. 이에 대해 북한이 반발하였지만 결국 휴전은 결정되었다.

마지막까지 북한으로의 송환을 거부한 포로들은 중립국송환위원회의 관리하에 비무장지대인 판문점 일대의 포로수용소에서 120일간의 재설득 작업을 하기로 결정되었다. 중국군 14,500여 명과 북한군 포로 7,500여 명이 이곳으로 옮겨져 재설득 작업에 들어갔다. 하지만 대부분의 송환 거부 포로들은 재설득 작업에도 불구하고 송환을 거부하였다. 1954년 1월 22일 결국 21,000여 명이 남한, 대만, 그리고 제3국을 선택하여 6·25전쟁의 포로 문제는 일단락되었다.

6·25전쟁 시기 포로에 관한 연구가 일부 성과를 거둔 것도 있지만 포로들의 일상 생활에 관해서는 아직 본격적인 연구가 이루어지지 않았다. 이는 지금까지 6·25전쟁에 관한 연구가 전쟁 발발의 기원, 전투 성과 및 분석 등 거시적인 부분에 치중하였기 때문이다. 또한 포로를 전쟁의 부산물로 보는 시각이 존재해 포로에 대한 연구가 미흡하였다. 특히 포로들의 일상생활에 관해서는 자료가 제한되어 있어서 이를 재구성하는 것이 쉽지

않은 것도 하나의 요인으로 작용하였다.

포로들도 천부인권에 의해 태어난 존재들이었다. 전쟁이라는 극한상황에서 상대국의 수용되었지만 제네바협약에 의해 인간으로서의 최소한의 대우를 받은 것으로 추정된다. 하지만 이념대결이 극한으로 치닫는 포로수용소에서 이들이 어떻게 생활했는지에 대해 살펴보는 것은 6·25전쟁의 이면을 밝히는 중요한 작업임에는 틀림없다. 따라서 본 연구는 6·25전쟁 시기에 설치되고 운영되었던 포로수용소에 대해 알아보고 포로수용소 속에서 포로들의 정치, 경제, 사회, 종교 생활 등 다양한 활동들을 살펴보면서 포로들의 수용 생활에 대해 면밀히 분석해 보고자 하는데 그 목적이 있다.

2. 선행연구 검토

지금까지 6·25전쟁에 관해 많은 연구가 이루어졌다.[3] 6·25전쟁에 관한 연구는 전쟁의 기원과 전개 과정, 그리고 전투 사례, 전장 리더쉽, 군수지원, 소련 및 중국군의 개입, 휴전협상, 피난민 등 다양한 분야에서 이루어지고 있다. 하지만 포로에 관한 연구는 다른 연구에 비해서 상대적으로 많이 이루어지지 않았다. 지금까지의 연구 성과를 살펴보면 다음과 같다.[4]

첫째, 6·25전쟁의 공산군 북한군 포로에 관한 개설적인 연구로는 김행복과 조성훈의 연구가 대표적이다. 김행복은 포로 연구에 관한 기초를 확

---

3) 2018년 2월 20일 현재 한국교육학술정보원(Kriss)에서 6·25전쟁으로 국내학술지 논문 1,286건, 학위논문 2,602건이 검색될 정도로 연구 성과가 뚜렷하다.
4) 윌리엄 린드세이 화이트, 조영철 역, 『한국전쟁 포로』(군사참고③), 국방부 전사편찬위원회, 1986; 김행복, 『한국전쟁의 포로』, 국방문제연구소, 1996; 조성훈, 『한국전쟁과 포로』, 선인, 2010; 이상호, 「한국전쟁기 미군의 공산포로 '미국화 교육'」, 『역사와 현실』 제78호, 2010; 유영옥, 「이승만대통령의 반공과 통일정책에서의 상징성」, 『한국보훈논총』 제10권 제2호, 2011.

립하였는데 6·25전쟁기 포로의 발생과 포로 정책, 포로수용소의 설치와 운영 등을 관변 문서를 위주로 살펴보았다. 그는 북한군 포로들의 남한 선택 요인으로 반공의 강화와 자유민주주의의 우월성을 강조하는 측면이 강했다. 조성훈은 미국 측 자료, 신문 기사, 회고록 등을 통해 폭넓게 포로에 관한 연구를 하였다. 특히 포로들의 생활에 관해서 미국 측 문서와 자서전 등의 자료를 활용해 포로들의 이야기를 반영했다는 측면에서 의미가 있다 하겠다. 그러나 그의 연구 역시 북한 포로의 남한 선택을 인도주의 입장과 자유의 획득이라는 정치적 이데올로기의 효용성을 강조하며 반공 포로의 형성의 원인을 외적 요인으로 설명하려는 입장을 강하게 반영하고 있었다. 성강현은 6·25전쟁 시기 천도교 포로의 활동에 관한 이색적인 연구 성과를 내었다. 그는 지금까지 잘 알려지지 않은 천도교포로에 주목해 해방 이후 북한에서의 천도교의 교세 신장, 북한군으로 참전한 북한 천도교계의 포로, 포로수용소에서의 천도교포로의 종교활동 등에 대한 문헌자료와 구술자료를 통해 밝히고 있다. 특히 85포로수용소의 친공 포로에 의한 반공 포로의 학살에 대한 구술을 미군의 문서를 통해 밝혀 구술 자료의 사료적 가치를 실증하였다. 하지만 천도교 포로에 집중하여 다른 종교에 대한 부분까지는 미치지 못하였다.

둘째, 포로 송환 논쟁과 포로 대우 문제를 중심으로 한 일련의 연구가 이루어졌다. 6·25전쟁과 휴전협상의 전개에서 차지하는 중요성 때문에 일찍부터 6·25전쟁기 포로 송환 논쟁에 대한 연구는 국내외에서 활발히 연구되었다. 월터 허미즈, 시드니 베일리, 윌리엄 스툭, 로즈메리 풋, 김보영 등의 이 분야의 연구 성과를 내었다.[5] 이들은 주로 휴전협상에서 벌어진

---

5) Wallter Hermes, *Truce Tent and Fighting Front*, 1992, Washington D.C., Center of Military History US Army; Sidney Bailey, 1992, *Korean Armistice*, New York, St.Matin's Press; 윌리엄 스툭 저, 김형인 등역, 2001,

남북 양측의 포로 송환 논쟁을 고찰하였다. 이를 통해 남과 북 양측이 어떻게 포로 송환 정책을 수립하였는지와 포로 송환 논쟁에서의 심리전적 측면 등을 밝혀내었다. 하지만 이들 연구는 6·25전쟁의 휴전 협상 과정에서 이루어진 포로 송환 논쟁에 집장한 연구로서 포로 송환 문제의 원인을 제공한 포로수용소 내에서의 포로들의 활동에 대해서는 살펴보지 못하였다.

셋째, 포로수용소 내에서의 포로들의 활동에 관한 연구는 다양하게 진행되었다. 전갑생은 한국전쟁기 인천의 미군 기지와 전쟁 포로수용소를 미군 측 자료를 통해 살펴보았다.[6] 그는 포로수용소 가운데 가장 늦게 설치된 부평 포로수용소의 수용 인원 등을 면밀히 조사하였다. 특히 부평 포로수용소에서의 시위와 포로 대탈출에 관해 상세히 분석하였다. 박영실은 1953년 7월 정전협정 체결 이후 미송환 포로를 위해 설치한 비무장지대의 반공 포로수용소에서 발생한 사건을 분석하였다. 중립국송환위원회 관할 포로수용소 가운데 인도군에 의해 일어난 반공 포로 학살 사건에 대해 대만과 한국의 대응 그리고 이를 중재하는 미국의 입장을 살펴보았다. 또 반공 포로 학살사건을 일으킨 친공 포로를 석방할 수 밖에 없는 규칙의 맹점 등을 면밀하게 살펴보았다. 성강현은 1951년 9월 17일 발생한 거제도 포로수용소의 85수용소에서의 반공 포로에 대한 친공 포로의 살해사건은 분석하였다.[7] 특히 85수용소에서 생활했던 포로의 구술을 정리하여 이를 미군의 사건 조사 자료를 찾아 확인하였다. 그는 최근 각광받는 구술사를 문서

『한국전쟁의 국제사』, 푸른역사; Rosemary Foot, 1990, *A Substitute for Victory : The Politics of Peace Making at the Korean Armistice Talks*, Ithaca and London, Cornell University Press; 김보영, 『전쟁과 휴전 – 휴전회담 기록으로 읽는 한국전쟁』, 한양대학교 출판부, 2016.
6) 전갑생, 「한국전쟁기 인천의 미군기지와 전쟁 포로수용소」, 『황해문학』 통권 제93호, 새얼문화재단, 2016.12.
7) 성강현, 「거제도포로수용소의 9·17폭동 연구」, 『한국민족운동사연구』 제86호, 한국민족운동사학회, 2016.3.

자료로 확인하여 구술사 연구의 지평을 넓혔다. 김보영은 포로수용소 DB
를 활용하여 포로들에 대한 실증적 분석을 시도하였다. 그는 6·25전쟁납
북인사가족협의회의 거제도 포로수용소 명단과 국방부 군사편찬연구소의
거제도 포로수용소의 포로 명단 가운데 일부를 활용하여 포로들의 실상을
분석하였다.[8] 포로들의 실상을 파악하기 위한 그의 연구는 실제 포로들의
명부를 대상으로 했다는 측면에서 의미가 있지만 전체 포로를 대상으로 한
연구가 아니기 때문에 앞으로 포로 실상에 대한 지속적인 연구가 요구된다
하겠다. 이선우는 6·25전쟁기 거제도 포로수용소 내 친공 포로의 등장과
폭동, 그리고 그들의 딜레마에 대해 분석하였다.[9] 그는 거제도 포로수용소
의 1951년에서 1952년에 있었던 친공 포로들은 그 이전의 수동적인 포로
와는 다른 존재였고 이들은 '로선생'이라는 인물을 설정하여 수용소 내에서
친공 포로들의 심리적, 사상적 구심점을 삼으려 했음을 밝혔다. 또 그들의
수용소 내의 폭동은 미군에 대한 포로로서의 대항과 포로로서의 자신의 불
명예를 회복하기 위한 기회 포착이라는 딜레마에서 시작되었다고 보았다.
이러한 그의 연구는 포로 문제를 심리학적인 관점에서 분석하려고 했다는
측면에서 의의가 있지만 포로들의 폭동을 전반적으로 파악하기에는 부족
한 점이 있다.

　　넷째, 6·25전쟁의 구술에 관련 연구 성과[10]도 진척되어 있다. 아래로

---

8) 김보영, 「거제도포로수용소의 포로에 대한 실증적 분석」, 『통일연구』 제18권 제2호,
　　연세대학교 통일연구원, 2014.
9) 이선우, 「한국전쟁기 거제도수용소 내 '친공 포로'의 딜레마와 폭동」, 『역사문제연
　　구』 제38호, 역사문제연구소, 2017.10.
10) 윤택림, 『인류학자의 과거 여행-한 빨갱이 마을의 역사를 찾아서』, 역사비평사,
　　2003; 김귀옥, 『월남민의 생활 경험과 정체성: 밑으로부터의 월남민 연구』, 서울
　　대학교출판부, 1999; 「해방직후 월남민의 서울 정착: 월남인의 사회·정치적 활동
　　에 대한 접근」, 『典農史論』, 서울시립대학교 국사학과, 2003; 「아래로부터의 반공
　　이데올로기 허물기: 정착촌 월남인의 구술을 중심으로」, 『경제와 사회』 제43호, 한
　　국산업사회학회, 1999; 김동춘, 『전쟁과 사회』, 돌베개, 2000; 표인주 외, 『전쟁

부터의 역사를 지향하는 구술사 연구 방법은 한국 전쟁에서 주목받지 못한 사람들의 이야기를 통해 6·25전쟁 연구 영역을 확장시켰다. 현지조사와 심층면접으로 월남민의 정체성을 찾는 연구, 6·25전쟁 시기 국가억압 체제의 연속성 등에 관한 연구, 지역에서 이루어진 6·25전쟁의 복원 등에 구술사 연구가 활용되었다. 구술사 연구는 지금까지 전쟁에서 소외되었던 민중들의 기억을 바탕으로 전쟁을 재구성하려는 연구에 활용되었다는 측면과 전쟁에 대해 다양한 사람들의 시각을 반영하는 효과가 있었다. 하지만 구술사로 갖는 한계인 연구방법의 일원화와 일반화의 문제 등은 여전히 해결되지 않았다. 다만 포로들의 구술에 관한 연구가 아직 이루어지지 않았다는 점에서는 이에 대한 활용이 요구된다 하겠다. 이행선은 6·25전쟁에서 전쟁 수기의 정치적 활용에 대한 내용을 분석하였다.[11] 그는 전쟁 수기가 지금까지 정치적 이데올로기에 이용되었다는 편견이 전쟁 수기에 관한 바람직한 이해를 방해한다고 지적하면서 이들 수기의 시기별 분류와 핵심 의제를 추출하는 작업으로 전쟁 수기를 활용할 것을 제안하고 있다. 하지만 이데올로기에 의해 왜곡된 전쟁 수기의 분석 방안 등 구체적인 면까지는 나아가지 못하였다.

다섯째, 포로들의 일상생활에 관한 연구는 거의 이루어져 있지 않다. 다만 포로들의 종교 활동에 관한 연구 성과가 일부 이루어져 있다.[12] 종교

과 사람들: 아래로부터의 한국전쟁연구』, 한울아카데미, 2003; 한국구술사학회 편,『구술사로 읽는 한국전쟁』, 휴머니스트, 2011; 김경학,「한국전쟁 경험과 지역사회의 이념갈등 −전남 영광지역을 중심으로−」,『民族文化論叢』제37호, 영남대학교 민족문화연구소, 2007.

11) 이행선,「한국전쟁, 전쟁수기와 전시의 정치」,『상허학보』제46집, 상허학회, 2016.2.
12) 김승태,「6·25전란기 유엔군 측의 포로정책과 기독교계의 포로선교」,『한국기독교의 역사』제9권 제1호, 2004.9; 윤선자,「6·25 한국전쟁과 군종생활」,『한국기독교연구소소식』제46호, 2000; 강인철,「한국전쟁과 종교생활」,『아시아문화』제16호, 2000.12.

활동에 관해서는 기독교와 천주교 위주로 다루고 있으며 불교, 천도교에 관해서는 거의 서술하지 않고 있어 포로에 대한 면밀한 연구에까지는 나아가지 못하였다. 특히 자본주의 체제 우수성과 기독교를 동일시하는 포로 교육의 강조가 기독교 확산에 기여한 측면이 강조되고 있어 종교에 대한 균형 잡힌 시각이 부족한 연구가 많았다. 또 이승만의 반공 포로 석방은 자신의 입지 강화와 미국과의 협상 시 우위를 확보하려는 정치적 행동이라는 긍정적 측면이 강조되고 있었다. 하지만 반공 포로 형성의 내적 요인에 관한 연구가 이루어지지 않은 것은 아쉽다 하겠다. 신제의는 포로수용소에서 기독교 선교 활동을 하였던 맹의순을 생애를 살펴 포로수용소에서의 종교 활동을 연구하였다.[13] 그는 맹의순이 포로수용소에서 석방을 거절하며 광야교회를 만들어 기독교 선교 활동에 치중하였음을 고찰하였다. 그러나 포로 생활을 종교적인 측면만 강조하여 저술하였다는 측면과 맹의순이라는 한 개인에 대한 연구라는 점에서 확장이 필요하다 하겠다. 이종만은 6·25전쟁 기간 미국 북장로교회 한국선교부의 활동에 관해 살펴보았다.[14] 특히 보켈(Harold Voelkel, 옥호열) 선교사의 활동을 중심으로 전쟁 포로 선교에 관해 분석하였다. 미국 북장로교회가 미군의 적극적인 협조 아래 이루어졌으며 선교사들이 군목이나 미군의 참모로 전쟁에 적극 개입하였음을 밝혔다. 하지만 이들의 종교 활동이 이념 대결의 장 속에서 반공 이데올로기를 활용해 교세를 확장시키고 한편으로 미국 중심의 자유주의 체제의 우월성을 강조하는 활동과 기독교 중심의 서술을 벗어나지 못하였다.

---

13) 신제의, 「맹의순의 삶과 포로수용소에서의 선교」, 『한국기독교와 역사』 제41호, 한국기독교연구소, 2014.9.
14) 이종만, 「한국전쟁기간 미국 북장로교회 한국선교부의 활동」, 『이화사학연구』 제40호, 이화사학연구소, 2010.6.

여섯째, 중국군 포로에 관한 연구 성과를 살펴보면 김보영은[15] 6·25전쟁 포로협상에서 최대 쟁점 가운데 하나였던 중국군 포로문제를 통해 심도 있게 분석하였다. 그는 중국군 포로의 높은 송환 거부 비율이 한국전 참전 중국군의 특성과 중국군 포로를 국내 정치에 활용하려는 대만의 입김이 작용했다고 파악하였다. 중국군의 반공 성향은 국민군 출신 장교들에 대한 강요된 선택이 작용하였음을 밝혔다는 점에서 의의가 있다. 박영실은 대만행을 선택한 중국군 포로들의 교육과 선전활동에 주목했다.[16] 그는 1953년 6월 18일 이승만의 반공 포로석방으로 탈출한 중국군 포로 63명이 이승만과 장제스의 반공 이데올로기에 편승하여 이루어졌고 이들 63명의 포로가 대만에 도착해 반공 활동에 활용되었음을 신문 기사 등의 자료를 통해 밝혔다. 그리고 이들의 대만행의 경로가 추후 대만을 선택한 반공 포로의 미래상이었음을 확인하였다. 하지만 대만행을 선택한 포로들의 목소리를 담지 못했다는 점에서는 아쉬움이 있다. 정근식·김란은 6·25전쟁에 참전했던 두 명의 중국군 포로들을 생애사적인 관점에서 살펴보았다.[17] 이 연구는 중국군으로 참전했다 각각 중국 본토와 대만으로 간 두 명의 포로를 추적하여 이데올로기 문제를 살펴보았다. 중국군 포로들은 항미원조라는 이념적인 측면보다는 학력이나 계급 등 개인적인 경험에 따라 전쟁을 이해하였다. 이들의 진영 선택은 전쟁 이전의 정체성에 의해 결정되었다는 특징도 알아내었다. 하지만 표본 수가 적어 일반화하기에는 한계가 있다.

---

15) 김보영, 「한국전쟁 포로협상과 중국군 포로의 선택」, 『사학연구』 제123호, 한국사학회, 2016.9.
16) 박영실, 「반공 포로63인의 타이완행과 교육 및 선전 활동」, 『정신문화연구』 제37권 제2호(통권135호), 한국학중앙연구원, 2014.
17) 정근식·김란, 「두 갈래길, 중국지원군 포로의 생애서사—정저쓰(張澤石)와 류춴지엔(劉純儉)의 구술사에 기초하여」, 『구술사연구』 제7권 제1호, 한국구술연구회, 2016.

이 밖에 중립국 인도를 선택 포로에 관한 연구[18], 포로 문제와 관련한 한미간의 교섭에 관한 연구[19], 포로의 법적 지위에 관한 연구 등이 있었다.[20]

이상의 연구 성과를 종합해보면 6·25전쟁에서 포로에 관한 연구는 일부 진행되었으나 주로 군 공문 등 관변 문서, 미군 몰수 문서, 신문 기사 등에 의존하고 있다. 그리고 포로의 지위에 관한 법률적 견해 등 포로에 대한 피상적인 접근을 하고 있다. 따라서 포로들이 포로수용소에서 어떻게 생활했는지에 관해서는 아직 드러나지 않고 있다. 이러한 측면에서 본 연구는 포로수용소에서의 일상생활을 그들의 이야기에 주목해 서술하고자 한다.

3. 연구 방법

6·25전쟁 시기 포로수용소와 포로들의 일상생활에 관한 연구는 많이 이루어지지 않았다. 이는 그동안 6·25전쟁 시기에 관한 연구가 거시사적인 측면의 연구가 주류를 이루었기 때문이었다. 따라서 미시사적 연구 방법을 적용하여 첫째, 6·25전쟁의 전 시기에 걸쳐 운영되었던 포로수용소에 관한 정리를 체계적으로 해보고자 한다. 둘째, 포로수용소에 수용되었던 포로들의 일상생활을 정리해 6·25전쟁에 관한 연구를 확장시켜 지평을 넓히고자 한다.

이러한 연구 목적을 달성하기 위해 본 연구는 다음과 같이 진행하였다.

18) 김경학, 「인도정착 한국전쟁 중립국 선택 포로이 이야기」, 『인도문화』 제9권 제1호, 2004.6.
19) 김보영, 「한국전쟁 시기 이승만의 반공 포로석방과 한미교섭」, 『이화사학연구』 제38집, 이화사학연구소, 2009.
20) 민경길, 「한국전쟁과 포로송환 문제」, 『서울국제법연구』 제4권 제1호, 1997.

첫 번째로 6·25전쟁 동안 시기별로 각지에 설치되었던 포로수용소의 전모를 밝히는 데 독창성이 있다. 그동안 6·25전쟁에 관한 연구는 주로 한반도를 중심으로 전쟁의 발발 배경과 진행 과정을 분석한 거시사 연구가 주류를 이루었다. 6·25전쟁에서 포로 문제는 정전 협정의 주요한 쟁점이었으나 연구가 많이 이루어지지 않았다. 포로 문제에 관해서도 미군과 한국군에 의한 포로수용소의 설치와 운영에 대해 단편적으로 연구되었다. 특히 포로수용소에 관해서는 거제도 포로수용소를 중심으로 연구되어 6·25전쟁의 전 기간에 걸쳐 내륙과 도서 지역에 설치되었던 포로수용소에 대한 종합적인 정리가 이루어지고 있지 않았다. 따라서 본 연구는 6·25전쟁의 전 시기에 걸쳐 설치된 각 지역에 포로수용소의 전모, 즉, 전쟁 초기에 부산에 설치되었던 거제리포로수용소를 비롯한 동래, 수영대밭, 가야 등의 수용소와 포로수용소의 대명사로 알려진 거제도 포로수용소, 그리고 분산정책 이후 내륙에 설치된 마산, 영천, 논산, 광주, 부평 등지의 포로수용소 전반에 대한 체계적이고 종합적인 정리를 시도하고자 한다. 또한 중국군 포로들이 수용되어 있었던 제주도와 모슬포 포로수용소 및 거제도의 부속 도서인 용초도와 봉암도에 설치된 포로수용소 전체에 대해 종합적으로 정리해보고자 한다. 이를 위해서 군 자료, 미국 측 자료, 신문자료 및 구술자료 등을 활용하고자 한다.

두 번째로 그동안 주목받지 못했던 북한군 출신 포로들의 일상 생활을 종합적으로 정리해보고자 한다. 역사적으로 포로는 전쟁의 전리품으로 상대국의 입장에 따라 운명이 결정되는 존재였다. 국제적으로는 제1차 세계대전 이후 제네바협정에 의해 포로에 대한 지위가 인정되었고 제2차 세계대전 이후 포로에 대한 권익은 한층 높아졌다. 미국은 1949년 수정된 제네바협정을 승인하지는 않았지만 6·25전쟁에서는 이에 준해 포로를 관리하였다. 제네바협정에 의하면 포로는 본국으로의 송환이 원칙이었지만 6·25 전쟁에서는 본국으로 송환되기를 거부하는 포로가 절반 가까이에 달하는 특이한 상황이 발생하였다. 마지막까지 송환을 거부해 남한을 선택한 포로가 33,000명에 달했다. 이들은 적지 않은 숫자임에도 불구하고 연구가 미진한 상태였다. 특히 전쟁 후 이념대결이 극심했던 상황에서 이들은 자신의 이야기를 말할 수 없었다. 21세기 들어와 남북 긴장이 완화되면서 늦게나마 이들의 이야기를 구술을 통해 획득할 수 있었다. 이처럼 본 연구는 지금까지 주목받지 못했던 6·25전쟁의 포로들에 관한 종합적인 연구를 시도하고자 한다.

세번째로 포로들의 일상생활을 정치, 경제, 사회, 문화 등으로 분류해서 살펴보고자 한다. 정치 활동으로서는 포로수용소의 이념 대결과 이를 위한 단체의 구성 및 활동 내용 등을 살펴보고자 한다. 경제 활동으로는 경제적 대우가 없었던 포로들이 각종 방법을 통해 포로수용소 내에서 경제 활동을 하였다. 경제 활동의 근간이 되었던 배급의 종류와 이를 경제 활동으로 전환시키는 포로들의 움직임 등을 살펴보고자 한다. 사회 활동으로는 포로수용소에서의 교육활동을 중심으로 살펴보고자 한다. 포로수용소에서 포로를 대상으로 교육 프로그램을 통해 자유주의를 선전해 체제 우월성을 과시하는 방식이 어떻게 이루어지고 여기에 대항한 포로들의 활동 등에 대해서 살펴보고자 한다. 문화 활동으로는 포로수용소에서 이루어진 종교활동과 연극 등 문화 생활 등에 대해 살펴보고자 한다. 특히 기독교, 천주교, 천도교 등의 종교활동이 어떻게 이루어졌고 포로수용소에서 종교 활동을 어떻게 지원하고 배제하였는지를 분석해보고자 한다.

이러한 연구를 진행하기 위해서는 앞에서 언급했듯이 최근 역사학의 연구 방법론으로 주목받기 시작한 구술사(Oral History)[21] 연구 방법론을 활용하고자 한다. 질적 연구 방법의 하나인 구술사는 역사적 기록을 남기지 못한 사람들의 연구에 적합하다. 김귀옥은 구술사를 '어떤 사람들의 기억이 구술을 통해 역사적 자료로서 지위를 부여받는 것'으로 정의하고 있다.[22] 그는 구술사 연구의 장점으로 첫째, 구술사가 역사적 기록을 남기지 못한 사람들의 연구에 적합하고, 둘째, 쌍방향적 과정을 특징으로 연구자의 책임이 크며, 셋째, 한 사람이나 한 집단의 행동에 대한 내면의 동기와 이유를 파악하는데 탁월하며, 넷째, 문화사, 일상사, 지방사, 부문사 등에 적합하며, 다섯째, 침묵의 기억에서 구술자를 해방하거나 치유하는 역할을 할 수 있다는 점을 제시하고 있다.[23]

그러나 김귀옥은 구술사 연구방법론이 장점만 있는 것이 아니라 단점도 있다고 하였다. 그는 구술사 연구의 단점으로 첫째, 기억의 정확성, 둘째, 기억의 신뢰도, 셋째, 말과 사물의 일치성에 관한 문제, 넷째, 말과 기억의 주관성, 다섯째, 연구자가 지닌 해석권의 자의성, 여섯째, 일반화 등의 단점이 나타난다고 하였다.[24] 하지만 이상의 단점에도 불구하고 구술사 연구방법론이 주목받고 있는 이유는 문헌 자료로서 채울 수 없는 자료 사이의 간극을 메워주기 때문이다. 특히 구술사는 자료적 한계가 있는 전쟁 포로에 대한 연구에 효용성을 갖고 있다.

---

21) 요우(Valerie R. Yow)는 구술사라는 말을 생애사(life history), 자기보고서(self-report), 개인적 서술(personal narrative), 생애 이야기(life story), 구술전기 (oral biography), 회상기(memoir), 심층면접법(in-depth-interview), 구술증언 (teastament) 등을 포괄하는 개념으로 사용한다. Valelie Raleige Yow, *Recording Oral History: A Guide for the Humanities and Social Sciences*(3rd Edition), Rowman & Littlefield, 2014, p. 4.
22) 김귀옥, 「한국 구술사 연구 현황, 쟁점과 과제」, 『전쟁의 기억 냉전의 구술』, 선인, 2008, 24쪽.
23) 김귀옥, 『구술사 연구 방법과 실천』, 한울아카데미, 2014, 106~110쪽.
24) 위의 책, 110~118쪽.

전쟁에 관한 구술사 연구는 크게 참전자들의 집단적 기억에 대한 연구로써 전쟁 포로와 참전군인들의 경험에 대한 연구, 집단적 정체성과 기억과 망각의 정치에 대한 연구, 그리고 전쟁 경험을 젠더(gender)와 연계시키는 연구로 구분할 수 있다.[25] 전쟁 포로와 참전군인들에 관한 구술자적 연구로 주목할 만한 것은 1970년부터 1989년까지 운영된 북텍사스 대학의 구술사 프로그램(University of North Texas Oral History Program in Denton)이다. 이곳에서는 전쟁 당시의 전쟁 포로들의 경험에 대한 통찰력을 제공하고자 제2차 세계대전 당시 전쟁 포로가 된 경험을 갖고 있는 174명을 대상으로 심층 인터뷰를 시도했다. 전쟁 당시 일본 국내외의 주요한 포로수용소에 대해 기술하고, 수용되었던 전쟁 포로들이 제시한 그들의 당시 경험에 대한 회고와 견해를 기반해 제2차 세계대전에 접근하고 있다.

이 연구를 통해 제2차 세계대전 당시의 전쟁 포로경험이 이후 그들의 삶에 어떠한 영향을 미쳤는가, 특히 미국인과 독일인 전쟁 포로들의 경험에서 집단 간 차이는 무엇이며, 이것이 현재 어떠한 형태로 기억되는가에 주목하여 전쟁 포로들의 전쟁 경험에 접근하고 있는 칼슨의 연구는 전쟁 포로들에 대한 대표적인 구술사적 접근이라고 지적할 만하다.[26]

이처럼 전쟁 포로에 관한 구술사적 연구는 미국 등에서 이루어지고 있고 현재 우리나라에서도 6·25전쟁에 관한 구술사적 연구가 일부 이루어져 있다. 대표적인 연구가로 윤택림과 김귀옥을 들 수 있다. 윤택림[27]과 김귀옥[28]에 의해 시도된 구술사 연구는 전쟁이 지나간 특정 마을이나 전쟁 후

---

25) 표인주 외, 『전쟁과 사람들—아래로부터의 한국전쟁연구』, 한울아카데미, 2010, 29쪽.
26) 위의 책, 29쪽.
27) 윤택림, 『인류학자의 과거여행—한 빨갱이 마을의 역사를 찾아서』, 역사비평사, 2003.
28) 김귀옥, 『월남민의 생활 경험과 정체성: 밑으로부터의 월남민 연구』, 서울대학교출판부, 1999.

월남민들의 집단 거주지 등의 인물을 주 연구대상으로 삼아 6·25전쟁에 관한 새로운 시각을 보여주었다. 하지만 이들은 전쟁의 직접적인 당사자가 아니었다. 포로의 구술을 직접 연구에 활용한 경우는 성강현[29]이 대표적이다. 그는 전쟁에 직접 참가했던 천도교 포로들의 구술 자료를 만들어 연구에 활용하였다. 이외에 한국구술사연구회와 전남대학교를 중심으로 구술사 연구가 이루어지고 있다.[30]

본 연구에서는 『민족의 증언』[31], 『거제도 포로수용소 비사』[32], 『삼수갑산에서 거제도까지』[33], 『6·25전쟁 참가자 증언록』[34], 『大釋放 : 實錄反共捕虜釋放』[35], 「북한 출신 천도교 반공포로의 포로생활」[36], 「삼변기」[37], 『거제도에서 판문점까지』[38] 등의 구술 자료를 활용하고자 한다.

이 가운데 「북한 출신 천도교 반공포로의 포로생활」은 2014국사편찬위원회 구술자료 수집 작업의 일환으로 이루어졌다. 8명의 구술대상자를 선정하여 총 300여 페이지에 달하는 분량으로 포로수용소에 관한 의미있는

---

29) 성강현, 『6·25전쟁시기 천도교포로 연구』, 선인, 2017.
30) 한국구술사학회, 『구술사로 읽는 한국전쟁』, 휴머니스트, 2011; 표인주 외, 『전쟁과 사람들』, 한울아카데미, 2003.
31) 중앙일보사, 『민족의 증언』 2~7, 1983.
32) 김태일, 『거제도 포로수용소 비사』, 북산책, 2011.
33) 유경재, 『삼수갑산에서 거제도까지』, 푸른사상, 2005.
34) 육군본부, 『6·25전쟁 참가자 증언록』 Ⅲ, 2005.
35) 송효순, 『大釋放 : 實錄反共捕虜釋放』, 新現實社, 1973.
36) 길두만, 「북한 출신 천도교 반공포로의 포로생활」, 국사편찬위원회, 2014; 성기남, 「북한 출신 천도교 반공포로의 포로생활」, 국사편찬위원회, 2014; 양제호, 「북한 출신 천도교 반공포로의 포로생활」, 국사편찬위원회, 2014; 양택조, 「북한 출신 천도교 반공포로의 포로생활」, 국사편찬위원회, 2014; 오용삼, 「북한 출신 천도교 반공포로의 포로생활」, 국사편찬위원회, 2014; 이성운, 「북한 출신 천도교 반공포로의 포로생활」, 국사편찬위원회, 2014; 이창번, 「북한 출신 천도교 반공포로의 포로생활」, 국사편찬위원회, 2014; 임운길, 「북한 출신 천도교 반공포로의 포로생활」, 국사편찬위원회, 2014.
37) 석농, 「삼변기」(1)~(8), 『신인간』 통권 제269호~277호, 1969.10~1970.8.
38) 백응태, 『거제도에서 판문점까지』, 대원출판사, 1987.

자료이다. 이 자료를 본 연구에서는 다음과 같은 내용을 활용할 수 있다. 첫째, 북한군의 6·25전쟁 남침과 전투 상황을 확인할 수 있다. 구술자들의 증언을 통해 북한에서 6·25전쟁이 어떻게 준비되었고, 6·25전쟁을 어떻게 진행하였는지에 대한 내용을 확인할 수 있다. 이창번은 북한의 특수부대인 964특전대에 소속되어 북한의 특수부대의 활동에 대한 내용과 낙동강전투 참전 과정을 밝히고 있으며, 성기남은 후방경비사령부에 배속되어 6·25전쟁 시기 북한군의 후방 공작에 대한 내용을 밝히고 있다. 오용삼은 북한군의 입대 후 훈련 과정과 남하 루트에 관한 내용을 증언하고 있다. 길두만은 6·25전쟁기 북한에서의 치안대 활동에 대한 증언을 하고 있다. 양택조는 낙동강 전투에서 북한군 장교가 자행한 비인도적 상황을 증언하고 있다. 양제호는 북한군 휴양소에 관한 내용을 밝히고 있다. 이처럼 증인들은 6·25전쟁에 대한 각각의 경험을 밝히고 있어 이를 토대로 북한군의 6·25전쟁 진행 과정에 관한 다양한 연구가 이루어질 수 있을 것이다.

둘째, 6·25전쟁 시기 포로수용소 생활에 대한 내용의 활용이다. 이들은 북한군으로 입대하여 전쟁 과정에서 포로가 된 자들이다. 구술대상자 가운데 이성운은 일반인이었으나 해주형무소 탈출 후 미군에 의해 포로로 수용된 경우이다. 이성운을 포함한 이들은 부산, 거제도, 논산, 영천, 마산 등의 포로수용소에서 포로생활을 하였다. 이들은 포로수용소 내에서 소대장, 경비 등 간부를 역임한 자도 있어 포로수용소에서의 활동에 대한 많은 부분을 증언하고 있다. 특히 좌·우익의 갈등이 고조되는 1951년 7월 이후 각 수용소에서 있었던 이념 갈등에 대한 내용, 포로심사, 좌·우익의 분리 등 생생한 포로 생활을 증언하고 있다.

셋째, 반공 포로의 수용소 활동에 대한 자료로 활용한다. 구술대상자는 모두 반공 포로였다. 이들의 증언을 통해 반공 포로가 되었던 원인과 과정을 알아보고, 반공 포로의 석방 과정과 대한반공청년회 활동 및 수용소 내에서의 반공 포로 활동에 대해 자세히 살필 수 있다. 특히 이성운은 대한반공청년단의 서기로 활동하여 반공청년회 활동에 관한 양질의 정보를 제공하고 있다. 즉, 북한 출신으로 북한군에 차출되었다가 포로로 수용되었던 사람들을 대상으로 이루어져 본 구술 자료를 활용하고자 한다.

그렇다고 본 연구가 구술 자료에만 한정하지는 않는다. 연구 전반부의 포로수용소의 실태를 파악하기 위해서는 다양한 자료의 접근이 필요하다. 포로수용소의 기록 또한 한국군과 미군의 기록이 있다. 이를 위해서『한국전쟁사』⑩, 『한국헌병사』[39], 『한국전란1년지』[40], 『후방전사』[41] 등을 참고하고자 한다. 이 외에도 언론 기사 및 관련 논문 등을 면밀하게 조사하여 본 연구에 사용하고자 한다. 또한 미군 측 자료들도 연구에 활용해나가고자 한다. 최근 서울대학교에서 포로수용소 기록물 자료수집 및 연구해제 용역 보고서를 발행하였다.[42] 이 자료의 기록물을 통해 포로수용소의 위치와 포로들에 관한 사진 자료 등도 본 연구에 적용하고자 한다.

본 연구는 6·25전쟁 시기 공산군 포로수용소의 설치와 운영 그리고 포로들의 일상생활을 살려보고자 한다. 그 내용으로는 포로의 발생과 처리, 포로수용소의 설치, 부산 포로수용소, 거제도 포로수용소, 분산기 포로수용소와 포로들의 생활, 포로수용소 내에서의 포로들의 정치 활동, 경제 활동, 사회 활동, 문화 활동 등으로 구성하고자 한다.

제2장에서는 6·25전쟁의 발발과 포로의 발생 및 전쟁 전 기간에 걸친

---

39) 헌병사령부, 『한국헌병사』, 대건출판사, 1952.
40) 국방부 정훈국 전사편찬위원회, 『한국전란1년지』, 1951.
41) 육군본부 군사감실, 『6·25사변 후방전사』(인사편), 1955.
42) 서울대학교 통일평화연구원, 『한국전쟁기 포로수용소 기록물 자료수집 및 연구해제 용역 보고서』, 2017.12.

포로의 현황, 포로 수용을 위한 포로수집소, 임시 포로수용소, 영구 포로
수용소의 설치 등 전국적으로 만들어진 포로수용소의 실태를 파악하고, 포
로 정책의 기본 방침과 수용소 기구 등에 대해 살펴보고자 한다. 또한 포
로들이 포로수용소에 수용될 때의 상황과 심문 내용 등에 대해 구술 자료
를 바탕으로 정리해보고자 한다.

　제3장에서는 포로들의 포로수용소의 생활에 대해 살펴보고자 한다. 포
로수용소에서의 포로의 관리 지침과 포로들에 대한 대우, 포로들에 대한
교육 및 문화 활동, 포로의 종교 활동 및 경제 활동 등을 포로들의 구술과
전기 자료 등을 바탕으로 정리해보고자 한다.

　제4장에서는 포로들의 정치 활동에 대해 고찰해보고자 한다. 6·25전
쟁은 이념전쟁이었기 때문에 포로들의 이념 갈등이 심했다. 포로들의 이념
대결 발생의 원인과 과정, 친공 단체와 반공 단체의 결성과 활동 내용, 이
념대결의 고조와 9·17폭동의 발생, 송환 휴전협정과 포로 문제의 대두, 그
리고 포로의 송환 과정과 반공 포로 석방 등 포로수용소에서의 정치 활동
에 대해 살펴보고자 한다.

제2장

시기별 포로수용소

1. 포로의 발생과 관리

1) 포로의 발생과 처리

6·25전쟁 기간 북한군 포로는 개전 직후부터 발생하였다. 국군이 개전 다음 날인 6월 26일부터 북한군 포로를 수용했다는 기사가 언론에 보도되었다.[1] 하지만 당시 언론의 보도는 군 당국에서 언론사에 전달한 내용을 그대로 실은 선전용 기사일 가능성이 높다. 따라서 기사의 내용대로 실제로 포로의 수용이 이루어졌는지는 확인되지 않는다. 실질적으로 포로 수용이 이루어진 것은 북한군의 남침으로 서울이 점령되는 과정에서 국군의 전과로 이루어졌다.[2] 또한 춘천과 홍천 등 동부전선에서 북한군의 남침을 저지하는 북한군과의 치열한 전투 속에서 포로를 수용하였다.[3] 하지만 이 시기에 수용된 포로들은 군의 공식 통계에는 잡히지 않아 사실의 확인이 어렵다.

6·25전쟁이 발발하자 트루먼은 바로 미군의 개입을 지시하였다. 6월 27일 미군의 극동군 전방지휘소(ADCOM)가 수원에 설치되었고 맥아더를 최고사령관에 임명하였다. 미국은 공군과 해군을 먼저 투입하였고 7월 1일 미 제24보병 사단장인 윌리엄 딘이 주한미군총사령관에 임명되어 이날 미 지상군 선발대가 부산에 도착하였다. 미군의 개입으로 북한군의 남침은 지연되었지만 북의 파죽지세를 감당할 수 없어 전선은 남으로 계속 밀려났다. 이렇듯 미군과 유엔군의 참전에 따라 북한군 포로의 수용도 이루어졌다.

---

1) 『동아일보』, 1950년 6월 27일. 적1개연대가 귀순했다고 보도하였다. 『조선일보』, 1950년 6월 27일자에도 제18연대 제2대대가 총위 1명을 포함한 12명의 포로를 수용했다고 보도하였다. 이것이 최초의 북한군 포로 수용에 관한 기록이다.
2) 김기옥, 『38선 초기전투(서부전선)』, 국방부 전사편찬위원회, 1985, 84~85쪽.
3) 조성훈, 『한국전쟁과 포로』, 선인, 2010, 29쪽.

유엔군에 의한 최초의 포로 수용은 1950년 7월 2일에 이루어졌다. 이날 미국 해군과 영군 해군 순양함이 강원도 주문진 인근의 동해상에서 6척의 북한 함정과 전투를 벌여 5척을 침몰시켰는데 이때 5명의 북한군을 포로를 수용하였다.[4] 미군 제24사단 '스미스 부대'는 7월 1일 부산에 도착하여 북쪽으로 진격해 일주일 만인 7월 8일 34명의 포로를 수용했다고 보고하였다.[5] 이렇게 각종 보도와 군의 발표를 종합하면 1950년 7월 말까지 북한군 포로는 224명이었고 이 가운데 196명을 국군이 수용하였다. 그러나 전쟁 초기 정확한 포로 수용과 관리가 이뤄지지 않아 포로들의 수치가 공식적으로 정리되지 않았다.

포로의 관리가 체계적으로 이루어지지 않은 이유로는 첫째, 북한군의 공세로 전선이 계속 남하하면서 국의 운용이 조직적으로 이루어지지 않아 포로 관리 업무 또한 체계적으로 이루어질 수 없었다. 둘째, 개전 초기 실제의 전투 상황과 관계없이 국군의 전과를 과시하기 위한 선전의 목적으로 포로의 수를 허위로 가공했을 가능성이 있다. 특히 개전 초기에 이러한 면이 있었다. 셋째, 전투 중에 포로가 발생하였더라도 이를 체계적으로 관리하기 위한 방침이 없었다. 포로가 수용되면 해당 부대에서 임의로 포로를 처리했을 가능성이 높다. 따라서 개전 초기에는 포로의 발생에 비해 포로의 수집과 관리가 체계적으로 이루어지지 않았음을 알 수 있다.

북한군의 공세로 후퇴를 거듭하던 한국군과 유엔군은 8월 말 낙동강 유역에서 최후의 방어선을 구축하고 남침을 저지하였다. 낙동강 공방전 와중, 북한군 포로가 2천 명 이상 발생하였다는 기록도 있다.[6] 이렇게 수용된 북한군 포로들은 모두 부산의 수용소로 이송되었다. 8월 말에는 북한군

---

4) 김행복, 『한국전쟁의 포로』, 국방군사연구소, 1996, 13쪽.
5) 김기옥, 『신녕·영천전투』, 국방부 전사편찬위원회, 1984, 1쪽.
6) 조성훈, 앞의 책, 2010, 30쪽.

장교 60명이 투항하는 사태도 발생하였다.[7] 〈표 2-1〉에서 알 수 있듯이 공식적으로 8월 말까지 수용된 포로는 1,714명이었다. 낙동강 공방전에서 포로의 수용도 급증하였는데 9월 11일 왜관지구 전투에서는 800명의 포로가 일시에 수용되기도 하였다.[8] 그러나 북한군 포로는 9월 15일 인천상륙작전을 계기로 폭발적으로 증가하였다. 북한군 및 중국군을 포함한 공산군 포로의 추이를 월별로 정리하면 〈표 2-1〉과 같다.

〈표 2-1〉 공산군 포로의 변화 추이

시기별		전쟁 포로 (북한군, 중국군)	민간인 억류자	합계	증감	비고
1950	7.31	39		39		
	8.31	1,753		1,753	1,714	
	9.30	10,829		10,829	9,076	
	10.31	62,040		62,040	51,211	
	11.30	96,861		96,861	34,821	
	12.31	135,202		135,202	38,341	
1951	1.31	135,477		135,477	275	
	2.28	137,824		137,824	2,247	
	3.31	142,099		142,099	4,275	
	4.30	143,667		143,667	1,568	
	5.31	150,599		150,599	6,892	
	6.30	160,331		160,331	9,732	
	7.31	160,838		160,838	207	
	8.31	161,487		161,487	1,156	
	9.30	163,964		163,964	2,477	
	10.31	166,461		166,461	2,497	
	11.30	134,481	33,149	167,630	1,169	
	12.31	130,093	37,686	167,779	149	
1952	1.31	130,285	37,661	167,946	167	
	2.28	130,286	37,564	167,850	−96	
	3.31	130,311	37,542	167,853	3	

---

7) 『부산일보』, 1950년 8월 29일.
8) 국방부 정훈국 전사편찬위원회, 『한국전란1년지』, 1951, B43쪽.

시기별		전쟁 포로 (북한군, 중국군)	민간인 억류자	합계	증감	비고
1952	4.30	131,581	37,509	169,090	1,237	
	5.31	131,611	37,483	169,094	4	
	6.30	131,673	36,292	167,965	−1,129	
	7.31	131,865	18,423	150,288	−17,677	민간인 억류자 석방
	8.31	131,915	10,375	142,290	−7,998	
	9.30	131,886	10,366	142,252	−38	
	10.31	121,756	9,123	130,879	−9,373	
	11.30	121,820	10,116	131,936	1,057	
	12.31	120,689	10,126	130,815	−121	
1953	1.31	120,753	10,123	130,876	61	
	2.28	120,688	10,121	130,809	−67	
	3.31	120,723	10,115	130,838	29	
	4.30	117,150	10,112	127,262	−3,576	
	5.31	114,357	9,893	124,250	−3,102	
	6.30	87,833	9,830	97,663	−26,587	반공 포로 석방
	7.31	87,698	9,906	97,604	−59	
	8.31	28,988	84	29,072	−70,532	북한으로 인계
	9.24	0	0	0	−29,072	중립국 송환위원회로 인계

※비고: 김행복, 『한국전쟁의 포로』, 56~57쪽의 내용을 재구성하였음.

〈표 2-1〉을 보면, 우선 7월 말까지 파악된 포로는 39명에 불과하였다. 낙동강 전선의 공방전이 치열하였던 8월 말까지 북한군 포로는 2천 명을 넘지 않았다. 1950년 9월 15일 인천상륙작전으로 전세가 역전되며 9월부터 12월까지 북한군 포로가 급증하기 시작하였다. 특히 포로가 폭발적으로 증가한 시기는 10월에서 12월까지 3개월간이다. 이 시기 총 124,373명의 포로가 수용되어 전체 포로의 74%에 해당하였다.

인천상륙작전이 성공하자 북한군은 1950년 9월 23일 후퇴 명령을 내렸다. 낙동강을 넘어 부산을 점령하면 전쟁을 끝낼 수 있으리라는 기대에 부풀었지만 퇴각 명령을 내리지 않을 수 없었을 것이다. 북한군의 후퇴 과정에서 포로의 수용은 급격히 늘어났다. 서울을 점령한 유엔군과 한국군은 동으로 전진하여 북한군을 포위해 남쪽과 북쪽에서 협공을 가하였다.

이렇게 포로가 급증하자 이들을 수용할 시설과 보급 등의 문제에 어려움을 겪었다. 그러나 이 시기를 지나고 나면 포로의 수용은 그렇게 많지 않았음을 알 수 있다. 〈표 2-1〉에서 보듯이 9월 말 1만 명을 넘긴 포로는 10월 한 달 사이에 5만 명을 수용해 총 포로의 수는 6만 명을 넘었다. 11월 한 달 사이에도 3만 4천여 명 늘어나 총 포로의 수는 10만 명에 육박했다, 12월 말이 되자 포로의 수는 13만 7천 명을 넘어서 유엔군의 입장에서도 관리에 어려움을 겪을 수밖에 없었다.[9]

〈그림 2-1〉 급증하는 포로 (1950년 10월 16일, 원산비행장)[9]

---

9) 송관호, 김종운 편, 『전쟁 포로-송관호 6·25전쟁 수기』, 눈빛, 2015, 29쪽.

쉽게 끝날 것 같은 전쟁은 또 다른 변수로 인해 새로운 국면을 맞게 되었다. 1950년 10월 중국군이 참전하면서 전쟁은 국제전의 양상을 띠게 되었고 덩달아 중국군 포로의 발생도 이루어졌다. 1950년 10월 2일 새벽 마오쩌뚱(毛澤東, Mao Tsetung)은 스탈린에게 보낸 전문에서 중국군의 참전을 공식화하였다.[10] 마오쩌뚱은 이 전문에서 12개 사단으로 구성된 의용군을 1950년 10월 15일 중국공산당의 결정으로 파병할 것이라고 통보하였다.[11] 중국공산당이 참전을 결정한 지 4일 만인 1950년 10월 19일 중국은 펑더화이(彭德懷, P'eng Tehuai)[12]를 총사령관으로 하는 4개 군, 12개 보병사단, 3개 포병사단 등 총 26만 명의 중국군을 편성해 압록강을 건넜다. 1950년 10월 25일 국군 제1사단 제15연대가 북한군 복장을 한 중국군 포로를 수용한 이후 6·25전쟁 시기의 전체 중국군 포로는 21,074명에 이르렀다.[13]

중국군의 개입으로 전선은 다시 남쪽으로 밀렸다. 미군은 그동안 겪어보지 못하던 전술로 중국군의 저지에 어려움을 겪었고 결국 1951년 1월 4일 서울을 철수하지 않을 수 없었다. 서쪽에서는 평택, 중부에서는 제천, 동부에서는 삼척 등지까지 밀렸던 한국군과 유엔군은 1951년 1월 25일부터 다시 반격에 나서 2월 28일에는 한강에 도달하였고, 3월 31일에는 38선 전

---

10) 마오쩌뚱(毛澤東), 「조선으로 군대를 파견하는 결정에 관하여 스탈린에게 보내는 전보」, 『한국전쟁과 중국』Ⅱ, 7~8쪽.
11) 중국 군사과학원, 오규열 역, 『중국군의 한국전쟁사』Ⅰ, 군사편찬연구소, 2002, 298쪽.
12) 펑더화이는 1937년 중일전쟁의 발발 때부터 1954년까지 공산당 군 서열 2인자였다. 6·25전쟁 당시 중국군을 지휘했고, 1953년 7월 27일 판문점에서 휴전협정에 조인했다. 1954년 국방부장 겸 중국공산당 정치국원이 되었다. 그러나 1959년 군 사장비와 경제 분야에서의 전문기술보다는 이념적인 엄격성을 강조하는 마오쩌뚱의 대약진운동 정책이 비실용적이라고 비판했기 때문에 관직과 당원직을 박탈당하고 숙청되었다. 그러나 그의 사후인 1978년에 복권되었다.
13) 조성훈, 앞의 책, 2010, 34쪽.

역에서 공격을 전개하였다. 국군은 38선을 돌파해 17㎞까지 진출하는데 성공하였다. 미 전차부대도 이날 의정부 북쪽에서 38선을 돌파하였다.[14]

이에 맞서 중국군은 4월 하순에 제1차 춘계 공세를 전개하였고, 5월 중순에는 제2차 공세를 계속하였다. 하지만 유엔군과 한국군의 반격을 이겨내지 못하고 많은 사상자와 포로를 남기며 퇴각하였다. 유엔군의 공세와 중국군의 반격이 있었던 이 시기인 1951년 2월에서 6월 말까지 수용된 포로가 총 24,714명으로 인천상륙작전 직후를 제외하면 가장 많은 포로들이 수용된 시기이다. 이때 육군 제6사단이 용문산전투와 화천 진격전에서 2,183명의 포로를 획득하였던 것이 대표적인 전과였다.[15] 6월 19일 유엔군은 김화와 철원까지 진출하였고 6월 21에는 유엔군 전차부대가 개성에 진입하였다.[16] 이때부터 전선은 38선 주변에서 고착되어 장기전에 돌입하는 양상으로 변했다.

1951년 여름 들어 전선이 고착되자 전쟁을 중지하자는 의견이 제시되어 휴전협상이 시작되었다. 6월 28일 평양방송을 통해 북한군은 휴전회담을 제의했다. 이튿날인 6월 29일 유엔군사령부는 정식으로 공산군 측 휴전회담을 제의하였다. 이승만은 정전협상 반대 성명을 냈으나 7월 8일 유엔군과 공산군 측은 휴전예비회담을 개최하였다.[17] 휴전회담에서는 군사분계선 문제와 포로문제가 집중 논의되었다. 군사분계선은 현재의 상태로 할 것인지 38선으로 할 것인지가 주요 쟁점이었고 포로 문제는 양측 간에 포로 숫자에 대한 논의와 송환 시기와 규모 등에 대한 논의가 집중되었다. 휴전 회담이 개시된 후 치열한 고지쟁탈전이 이루어졌다. 이후 전투의 규

---

14) 이중근, 『6·25전쟁 1129일(요약본)』, 우정문고, 2014, 125쪽.
15) 조성훈, 앞의 책, 2010, 35쪽.
16) 이중근, 앞의 책, 2014, 149쪽.
17) 위의 책, 153쪽.

모에 비해 포로의 수용은 적었다. 이는 포로 문제가 정전회담의 난제로 떠오르자 나타난 현상이었다. 전투에서 포로 수용보다는 사살의 비율이 월등히 높았다.[18]

이후 포로의 수용에는 큰 변화가 없었다. 고지전이 치열하였던 1951년 8월부터 11월까지 수용된 포로가 7,299명으로 이전의 시기에 비하면 포로의 수용은 많지 않았다. 이는 휴전회담 이후 포로 문제가 발생하면서 포로의 수용보다는 사살로 작전 방침이 바뀐 것이 아닌가 하는 추정이 가능하다.

6·25전쟁 시기 전체 공산군 포로의 수치가 몇 명이었는지는 명확하지 않다. 이는 기록마다 포로에 대한 수치가 각각 다르기 때문이었는데 그 이유는 포로의 사망이나 중복 계산 등이 발생해 매일 매일의 수치가 다르게 기록되는 경우가 발생하였기 때문이었다. 포로가 사망할 경우 부산에서는 제2적군묘지에, 거제도에서는 연사리 등지의 적군 묘지에 매장하였다. 부산의 적군 포로 묘지는 현재 부경대학교 용당캠퍼스 일대라고 지역 주민들은 말한다. 증언에 따르면 감만동에 있었던 기차역에 시신이 사망해 감만동 고개를 지나 시신이 아래쪽으로 가면 유엔군이었고 시신이 산 쪽으로 올라가면 공산군이라고 하였다.

포로에 대한 수치가 담긴 자료를 살펴보면 다음과 같다. 첫째, 1951년 6월 8일 유엔군사령부에서 국제적십자사에 통보한 공산군 포로의 수는 176,733명이었다. 이 수치는 이후 정정되었는데 1952년 7월에 들어 총 163,539명으로 수정되었다. 둘째, 1951년 6월 15일에 작성한 한국군의 자료에 따르면 공산군 포로의 수는 북한군 90,143명, 중국군 39,606명, 의용군 49,405명, 여자 663명, 기타 6,165명 등 총 185,382명으로 파악하고

---

18) 1952년 10월 6~15일까지의 백마전투에서 사살 8,000명, 포로 50명, 10월 27일 ~28일의 저격능선 전투에서 사살 3,772명, 포로 72명이었다. 조성훈, 앞의 책, 2010, 35쪽; 이중근, 『6·25전쟁 1129일(요약본)』, 우정문고, 2014, 308~309쪽.

있었다.[19] 셋째, 1951년 6월 28일 국군 헌병사령부는 중국군을 43,139명으로 계산하여 공산군 포로의 수를 191,291명으로 파악하기도 하였다. 이는 중국군의 수치를 중복 계산하여 생긴 오류로 보인다. 넷째, 1950년 12월 3일 미 제8군과 제10군단은 총 포로의 수를 146,135명으로 파악하였다. 이 자료는 각 군별로 포로의 수용을 정리하고 있었는데 미 제8군이 66,200명, 제10군단이 14,236명, 한국군이 65,124명, 터키군이 54명을 수용하고 있었다. 그러나 며칠 후인 12월 7일 미 제8군, 제10군단 및 국군이 수용한 포로는 133,788명으로 차이가 난다. 이러한 차이는 민간인 석방 등의 때문으로 보인다. 다섯째, 1951년 6월 말 유엔군사령부의 자료에는 북한군 포로 144,516명과 중국군 포로 17,161명 등 총 161,677명으로 기록되어 있다.[20] 이 자료는 위의 1950년 6월 8일 국제적십자사에 보낸 포로 인원에서 사망자를 제외한 수치로 보인다.

전쟁이 끝난 후인 1954년 7월 26일 미군 적포로정보국(Enemy Prisoner of War Information Bureau Korean Section)에서는 포로의 총 규모로 북한군 포로 156,902명, 중국군 포로 22,192명 등 총 179,094명이라고 보고했다.[21] 공산군 측은 유엔군사령부가 국제적십자사에 통보한 176,733명을 근거로 휴전회담장에서 포로에 관한 문제를 논의하였고 이 수치만큼의 포로를 송환해 줄 것을 요구하였다. 이상의 자료를 바탕으로 6·25전쟁 시기 공산군 포로의 수치는 민간인 억류자를 포함해 대체로 17만 명 내외의 포로들이 수용되어 있었다는 것이 일반적이다.

---

19) 국방부 정훈국 전사편찬위원회, 『한국전란1년지』, 1951, D3쪽.
20) 조성훈, 앞의 책, 2010, 36~37쪽.
21) Enemy Prisoner of War Information Bureau(EPWIP) Korean Section, "Accounting of POW, Korean Conflict" July 26, 1954, 20/389; 재인용 조성훈, 『한국전쟁과 포로』, 선인, 2010, 37쪽.

2) 포로의 종류

약 17만 명에 달하는 공산군 포로는 다음과 같이 분류되었다. 첫째, 정규 북한군 출신 포로, 둘째, 전쟁 중에 북한군에 강제 동원되었다가 아군에 귀순한 자 및 후퇴 시에 투항해온 포로, 셋째, 남한인으로서 전쟁 중에 자진해서 북한군에 호응하여 소위 의용군이 되었다가 잡힌 포로, 넷째, 남한인으로서 전쟁 중에 강제로 의용군에 끌려 들어갔다가 잡힌 포로, 다섯째, 북한 주민으로서 피난 나오다가 유엔군에 수용된, 소위 피난민 포로, 여섯째, 공작 임무를 띠고 귀순을 가장하여 밀파한 위장 포로, 일곱째, (친공 및 반공) 중국군 포로이다.[22]

이들에 대해 구체적으로 살펴보면 첫째, 북한군 출신 포로는 국군이나 유엔군과의 전투 과정에서 포로로 수용되었는데 앞에서 언급하였듯이 대부분 인천상륙작전 이후에 수용된 인원이 많았다. 이들은 통칭 북한군 포로로 일컬어지지만 자신들의 성향을 포로수용소에서 밝히지 않았다.[23] 북한군 포로는 평균적으로 일제강점기에 4년간 교육을 받았으며 평균 나이는 24세였다. 적게는 16세부터 많게는 45세까지 분포되어 있었고, 18~35세가 전체의 80%를 차지했다. 15세 이하도 2,641명에 달했다.[24]

둘째, 귀순자 포로들로 이들의 수는 육군과 해군을 포함한 한국군이 5,681명을 수용했고, 유엔군도 이와 비슷한 규모를 수용하여 전체적으로 약 1만 명 정도로 추산된다.[25] 귀순자 포로는 북한 정치에 불만을 품은 자들이었다. 이들은 지주, 일제강점기 일본과 국내에서 교육을 받은 일종의 부르주아 계급이었다. 이들을 구체적으로 살펴보면, 우선, 조선 민주당 계

22) 김행복, 앞의 책, 1996, 27쪽.
23) 이성운, 「북한 출신 천도교 반공포로의 포로생활」, 국사편찬위원회, 2014, 30쪽.
24) 『신한민보』, 1951년 12월 20일.
25) 조성훈, 앞의 책, 2010, 46~47쪽.

열의 우익 청년 학생들처럼 북한 체제에 회의적이거나 불만이 있는 경우, 다음으로 전투 중 미군의 공습이나 장비에 열등감을 느끼고 전쟁에서 북한군이 결국 패배할 것이라는 인식에서 귀순하였다. 성기남의 경우 1950년 9월 25일 후퇴 명령을 받고 충청도 보은에서 속리산 방향으로 퇴각하던 중 교전이 벌어져 산중에 이틀을 숨어 있다 투항하였다.[26] 또한 유엔군 심리전에 영향을 받아 귀순한 경우도 있었다.[27] 유엔군은 라디오, 전단, 대형 스피커 방송 등 다양한 방법을 동원해 북한군의 귀순을 촉구하였다. 귀순자들은 인천상륙작전 이후 38선 이북으로 국군과 유엔군이 진격하자 많이 발생하였다. 미군은 1950년 11월 8일 심리전 부대인 '1전단 및 확성기 중대'(1st L&L)를 파견해 심리전을 전개하였다. 이 부대는 이듬해 '제1라디오 방송국 및 전단반'(1st RB&L)으로 확대되어 모든 전략 심리전의 작전 통제권을 행사하면서 중국군과 북한군뿐 아니라 남북한 주민들을 대상으로 한 전략 심리전을 구사하였다.[28] 국군의 심리전은 국군 정훈국의 '대적선전대'가 최초로 대구에서 발족하여 미군과 함께 심리전을 수행했는데 특히 낙동강방어선 기지를 돌아다니며 휴대용 방송장비로 대적방송을 하였다.[29] 대표적인 사례가 1950년 10월 12일부터 미군 제1기병사단에 배치되었던 한국군의 정훈국 소속의 국군대적공작대의 귀순 방송을 듣고 여현지구 80명, 송현리 40명, 금천지구 80명 등 황해도 지역에서 매일 10명씩 귀순하였다. 이들 중 80%는 방송을 듣고 귀순을 결심하였다.[30]

셋째, 남한 출신으로 북한군에 자진 입대했다가 수용된 '의용군' 포로

---

26) 성기남, 「북한 출신 천도교 반공포로의 포로생활」, 국사편찬위원회, 2014, 28쪽.
27) 조성훈, 앞의 책, 2010, 47~49쪽.
28) 이윤규, 『들리지 않던 총성 종이폭탄! 6·25전쟁과 심리전』, 지식더미, 2011, 121쪽.
29) 위의 책, 128쪽.
30) 『동아일보』, 1950년 10월 18일, 10월 22일.

가 있었다. 북한군은 서울을 점령한 후 남진을 계속하기 위해서는 보급과 병력의 충원이 필요했다. 북한은 7월 6일 '의용군 초모사업에 대하여'라는 노동당의 결정으로 의용군 모집을 남한에서 시작하였다. 북한은 남한 지역에서 이승만 잔당을 소탕하기 위해 노동자, 청년, 학생들을 전투에 참여할 것을 권고하였다. 우선 북한군은 먼저 남북으로 갈리기 이전에 남한에서 노동당원이었다가 보도연맹에 가입했던 사람들을 의무적으로 북한군에 입대시키려 하였다. 또 남한 지역에서 이전에 좌익 활동을 했거나 좌익에 동조적인 자들의 자발적인 입대를 유도하였다. 점령지역에 '인민위원회'나 '민주청년동맹'등 사회주의 단체를 만들어 주민을 가입시킨 후 북한군으로 입대시켰다. 1950년 8월 말 북한 측은 의용군의 규모가 45만 명이라고 선전하였다. 그러나 1950년 9월 말 김일성과 박헌영은 내부적으로 남한에서 동원된 병력, 즉 의용군의 규모가 10만 명이라고 밝혔다.[31] 이렇듯 북한 군은 38선 이남을 장악하고 남한 주민을 징집해 이른바 '의용군'이라고 이름 붙이고 전선의 제일선으로 투입했다. 남한 지역을 점령한 이후 3개월간 15만 명을 북한의 전투원으로 동원하였다는 증언도 있다.[32] 이들 가운데 포로로 수용된 경우를 의용군 포로라고 불렀다.

시인 김수영이 대표적인 의용군 포로였다. 그는 임화를 선망해 문학가 동맹에 가입했다가 문화공작대라는 의용군에 동원되었다. 그는 평안남도 개천에서 1개월 간 군사 훈련을 받고 평양 북쪽 순천에 배치되었다. 당시 유엔군이 평양으로 진격해 꼼짝없이 폭탄의 밥이 될 처지였다. 유엔군과 북한군이 맞붙은 야간 전투의 아수라장을 틈타 탈출을 시도하여 운 좋게 서울 충무로의 집 근처까지 도달하였지만, 경찰의 불심검문에 걸려 바로

---

31) 『로동신문』, 1950년 8월 16일; 재인용 조성훈, 『한국전쟁과 포로』, 선인, 2010, 59쪽.
32) 유경재, 『삼수갑산에서 거제도까지』, 푸른사상사, 2005, 15쪽.

포로수용소로 보내졌다.[33) 김성칠도 세포위원들의 끊임없는 선전으로 의용군 지원을 독려했다고 한다. 세포위원들은 "적어도 대학생 된 자는 지금 의용군으로 나가서 한번은 치르고 와야지만 앞으로 인민공화국에서 사람 값에 가지, 그렇지 않으면 이미 대한민국의 백성질은 했겠다, 무엇으로 속 죄할 길이 있으며, 반동이 아님을 증명할 수 있을 것이냐"라고 하면서 의용군 지원이 지도층을 위한 필수 코스라고 선전하였다.[34) 또 학생들을 학교로 집합시켜 강제적으로 의용군으로 만들었다. 학생들이 모이면 세포위원들이 입대의 필요성을 선전하고 자원입대에 찬성하는 분위기를 조성한 후 한 명 한 서명날인을 받고 "○○중학교 전원 의용군 지원"이라는 플래카드를 들고 시가행진을 하고 그 길로 곧 심사장으로 향했다.[35) 이와 같이 반강제적으로 입대한 의용군에 관해 송관호도 증언하였다. 그는 북한군에서 탈영해 고향으로 가던 중 강원도 출신 의용군 3명을 만나 이야기를 나누던 중 입대 경위에 관해 "동네에서 북한군이 갑자기 모두 학교로 모이라고 해서 책가방만 달랑 들고 왔다가 그 길로 끌려왔다"라고 들었다.[36) 의용군 입대는 북한군의 선전으로 인한 자원입대의 형식이었으나 실제는 본인의사와 관계없는 강제적인 경우가 대부분이었다.

넷째, 전쟁 기간에 민간인으로 포로수용소에 수용된 자들도 적지 않았다. 민간인 억류자로 가장 대표적인 경우는 북한군의 군수품을 수송했거나 보급품을 지원한 경우였다. 김성칠은 북한군 점령 시기 서울에서 동네의 부인들이 한 밤중에 10, 20리를 걸어가 탄환과 같은 물건을 머리에 이

---

33) 김수영, 이영준 편, 『김수영 전집』 2, 민음사, 2018, 33~38쪽.
34) 김성칠, 정병준 해제, 『역사 앞에서』, 창비, 2009, 98쪽.
35) 위의 책, 99쪽.
36) 송관호, 김종운 편, 『전쟁 포로―송관호 6·25전쟁 수기』, 눈빛, 2015, 55쪽.

어 날랐다고 하였다.[37] 이렇게 북한군은 남한의 인력을 군수품이나 보급품 운반에 동원하였다. 유엔군의 진주 이후 이런 사실이 알려지면 포로로 수용되기도 하였다. 이성운의 경우가 대표적인 민간인 억류자였다. 그는 민간인이었지만 미군에게 체포되어 평양의 포로수용소로 옮겨졌다. 그곳에서 포로 심사를 거쳐 풀려날 것을 기대하였지만 심사 인원이 한정되어 기다리다가 중국군의 개입으로 인천을 거쳐 부산의 포로수용소로 이송되었다.[38] 민간인 억류자 중 북한군을 지원했던 전화교환수, 임시 간호사, 식당의 잡부 등도 수용되었다.

다섯째, 북한 주민으로서 피난 나오다가 유엔군에 수용된 피난민 포로도 있었다. 포로수용소에서 결성된 반공 단체인 대한반공청년단 서리로 활동했던 이성운은 천도교 활동을 이유로 해주형무소에서 수감 중 북한군이 북상하는 유엔군을 피해 도망가자 탈출하여 남쪽으로 내려오던 중 포로로 수용되었다. 그는 유엔군에게 자신은 북한군이 아니라고 수차례 요청하였지만 요구를 무시당해 어쩔 수 없이 포로로 수용되었다.[39]

여섯째, 공작 임무를 띠고 위장해서 포로가 된 경우도 있었는데 대표적인 인물이 박상현과 홍철이었다. 홍철은 친공 단체인 해방동맹을 만든 인물로 알려져 있지만 정체가 드러나지 않아 실체를 파악할 수 없는 인물이다. 박상현은 포로수용소 전체를 친공수용소로 만들기 위해 위장하여 포로가 된 인물이다. 그는 이학구를 내세워 포로수용소를 친공화하는데 앞장섰다.[40] 이학구는 북한군 총좌로 포로 가운데 최고위직이었다. 다부동전투에서 포로가 된 그는 휴전회담이 체결되자 포로수용소를 좌익화하기 위해 홍

37) 김성칠, 앞의 책, 2009, 169쪽.
38) 이성운, 앞의 글, 2014, 23쪽.
39) 위의 글, 27~28쪽.
40) 송효순, 『대석방』, 신현실사, 1973, 44~49쪽.

철과 함께 해방동맹을 만들고 반공 포로를 학살하는 사건을 조종하였다. 박상현은 북조선노동당의 부위원장이었는데 포로수용소 공작을 위해 위장 투항하였다. 77수용소에 위장 수용된 박상현은 해방동맹의 조직을 인수하여 각 수용소마다 세포조직을 만들고 특수공작대를 만들어 친공 활동을 지휘하였다.[41]

일곱째, 중국군 포로는 총 21,074명이었다. 중국군 포로는 1950년 12월에 1,245명이 우천터(Woo Chen The, 포로번호 719663) 소장을 비롯하여 장성급이 6명, 영관급 41명, 위관급 600여 명, 사병 20,000여 명으로 구성되어 있었다. 미 육군 헌병사령부에서는 중국군 포로 가운데 전 국민당원 출신이 30%를 차지하고 있었고, 그 외 약 30%는 1948년 이후에 징병되었다고 분석하였다.[42] 6·25전쟁의 중국군 포로는 1950년 12월 1,245명이 발생한 이래 1951년에 대부분 포로로 수용되었다. 그 후에도 휴전이 되는 1953년 7월까지 꾸준히 소수의 포로가 발생하였다. 통계를 보면 1천여 명 이상의 대규모 포로는 1951년 4~6월, 그리고 1951년 10월에 집중적으로 발생했다. 특히 중국군 포로숫자가 급격히 증가한 시기는 1951년 4~6월 사이였다. 전체 21,074명의 중국군 포로 가운데 무려 15,489명이 이때 대거 포로가 되었다. 그 숫자는 전체 중국군 포로의 70% 이상을 차지한다.[43] 중국군 포로는 대부분 중국군 제60군 180사단 소속의 장병들이었다. 중국군 포로수용소의 주도권을 장악한 것은 이전 국민당군 출신 장교들이었다. 반공 성향이 강했던 국민당군 출신 장교들은 수용소에서 반공 조직을 만들었고, 대만으로의 송환을 요구하였다. 1952년 7월 조사에 의

41) 위의 책, 57~62쪽.
42) 조성훈, 앞의 책, 2010, 42쪽.
43) 김보영, 「한국전쟁 포로협상과 중국군 포로의 선택」, 『사학연구』 제123호, 한국사학회, 2016.9, 182쪽.

하면 대만으로의 송환을 요구한 중국군 포로는 14,251명으로 전체 중국군 포로의 68%에 달할 정도로 많았다.[44] 이렇게 송환 거부 의사가 많았던 것은 포로수용소의 성향과 포로지도자들이 강압적으로 송환 거부 의사를 표현할 것을 강요했기 때문이었다.[45]

포로 가운데 특이한 포로가 있었는데 바로 빨치산 포로였다. 전쟁 초기에 국군이 후퇴하면서 정규 병력이 부족해지자 보충된 경찰 병력이 빨치산 포로를 획득하였다. 해방 후 좌익 빨치산들은 남한 내 좌익 동조세력 외에 인천상륙작전 이후 퇴각로가 막힌 북한군들로 지리산, 덕유산, 태백산 등지에서 게릴라 활동을 하였다. 이들 빨치산 포로는 유엔군의 통제를 받지 않고 한국 정부에서 광주와 남원에 수용소를 설치해 관리하였다. 전쟁 전후 시기 남한 지역에서 게릴라 활동을 하다 생포된 빨치산은 1950년에 16,291명, 1952년에 8,831명 등 1954년 6월 말까지 총 27,698명에 이르렀다.[46]

이들 빨치산 포로는 포로와 폭도의 두 가지의 경우로 분류되었는데 첫째, 포로로 수용된 경우는 북한군이 아니더라고 북한군이 조직한 단체에 가담하여 한국에 대항한 빨치산 활동을 했다가 포로로 수용된 사람들에 해당하였다. 이들 포로들은 포로수용소에 수용되어 제네바협약에 의한 포로로 대접받았다. 둘째, 폭도는 북한군의 조직에 편입됐다고 하더라도 국군과 유엔군과의 직접적인 전투가 아닌 마을을 습격하여 주민의 의류와 식량 탈취, 양민 살해 등의 행위를 한 경우에 해당한다. 이들은 국내법을 적용해 군법회의에 회부되어 처벌하였다.[47]

생포된 빨치산은 활동 정도에 따라 사형에서 석방까지 이루어졌다. 휴

44) 조성훈, 『한국전쟁과 포로』, 선인, 2010, 246쪽.
45) 김보영, 앞의 논문, 2016, 189쪽.
46) 이태, 『이현상:남부군 비극의 사령관』, 학원사, 1990, 31~32쪽.
47) 조성훈, 앞의 책, 2010, 39쪽.

전 직후인 1953년 12월부터 이듬해 1953년 9월 말까지 생포된 402명 중 사형 40명, 석방 31명, 수용 중 사망 38명이었고 나머지 293명은 감옥에 수감되었다. 감옥에 수용된 사람들은 다시 비전향장기수, 장기 수감 중 전향자, 일반 석방자로 분류되었다. 장기 수감자에 대한 전향 공작은 지속적으로 이루어졌는데, 끝까지 전향을 거부하고 북한으로 송환된 대표적인 인물이 이인모였다. 이인모는 6·25전쟁이 발발하자 북한군 종군기자로 참전한 인물이었다. 그는 함경남도 풍산군 출신으로 종군기자로 참여하다 1952년 빨치산으로 전환해 활동 중 검거되어 7년 동안 감옥 생활을 하였다. 석방 이후 지하당 활동 혐의로 1961년 다시 붙잡혀 15년을 복역하는 등 총 복역 기간만 34년에 이르렀다. 그는 복역기간 중 한국으로의 전향을 거부하여 비전향장기수가 되었는데, 김영삼 정부 때인 1993년 3월 19일 자신의 희망에 따라 판문점을 통해 북으로 송환되었다. 당시 그의 나이는 74세였다.[48] 그는 2007년 사망한 것으로 알려져 있다. 이인모의 송환 이후 비전향장기수 63명이 2000년에 북한으로 송환되었다.

3) 포로 구성의 실상

실제 포로가 어떻게 구성되었는지를 몇 가지 사례를 통해 살펴보고자 한다. 첫째, 포로 명부를 통해 포로들의 성분을 분석한 연구가 있다.[49] 김명호는 미 국무성 자료에서 해금된 6·25전쟁납북인사가족협의회의 거제도 포로수용소 명단(가족회DB, 14,937명)과 국방부 군사편찬연구소에서 보관중인 거제도 포로수용소 명단[50]의 일부(군사편찬DB, 47,984명)의 두

---

48) 「이인모 씨 가족 재회」, 『한겨레신문』, 1993.3.20.
49) 김명호, 「거제도 포로수용소의 포로에 대한 실증적 분석」, 『통일연구』 제18권 제2호, 연세대학교 통일연구원, 2014.
50) 국방부 군사편찬연구소의 거제도 포로수용소 DB에 수록된 포로는 155,757명이다.

명단을 토대로 포로의 구성에 관해 분석하였다.

　그는 먼저 가족회DB를 통해 포로들을 연령별로 분석하였는데 14,393명 중 신원확인이 확실한 9,098명에서 16~20세가 1,917명(21.1%)로 가장 많았으며, 21~25세 1,872명(20.6%), 25~30세 1,856명(20.4%), 31~35세 1,440명(15.8%) 순으로 구성되었음을 밝혔다. 포로들은 대부분 16~35세에 집중되었고 비율은 77.9%에 이르렀다.[51] 공식 기록을 정리해보면 16세 이하 45세 이상은 소수에 그쳤고, 18세에서 35세가 86%로 큰 비중을 차지했으며, 16세 이하는 1951년 10월 당시 2,641명으로[52] 거제도포로수용자 DB의 연령별 분포와 비슷하였다.

　다음으로 포로 개인별 신분을 기준으로 군인과 민간인으로 구분해 분석하였는데 이 분류 기준을 적용해 포로의 나이와 교차 분석을 실시한 결과, 군인 66.5%, 민간인 33.5%임을 밝혔다. 그는 이를 통해 포로들 가운데 20세 이하이거나 41세 이상인 군인들은 강제 징용된 의용군으로 추정된다고 보았다.

　이어 포로들의 거주지를 분석한 결과, 남한 출신이 3,523명(유효 퍼센트 39.3%)이고, 북한 출신은 5,433명(유효 퍼센트 60.7%)이었음을 밝혔다. 포로 가운데 황해도 출신이 3,262명(21.8%)으로 가장 많았으며, 일본인 포로도 1명 있었던 것으로 나타났다. 거주지별, 군인 및 민간인 구분의 관계분석 결과에 의하면, 남한 출신 포로 3,523명(39.3%) 가운데 군인은 660명(18.7%), 민간인 2,863명(81.3%)로 나타났다. 이 분석을 통해 남한 출신 포로들은 대부분 의용군이었으며, 민간인들은 피난민으로 추정된다. 북한 출신 포로 5,433명(60.7%) 가운데 군인은 5,308명(97.7%), 민간인

51) 김명호, 앞의 논문, 2014, 16~18쪽.
52) 조성훈, 『한국전쟁과 포로』, 선인, 2010, 41쪽.

125명(2.3%)으로 나타났다. 북한 출신은 전쟁에 참전한 군인이 절대다수였음을 확인할 수 있다.

둘째, 721부대 제2대대 문화부 소속 천도교청우당원 29명의 명부를 통해 포로의 구성이 실제 어떻게 이루어졌는지 살펴보면 다음과 같다.

우선 이들의 계급은 모두 전사였다. 전사는 북한군의 최말단 계급이었다. 북한군의 계급은 장성급은 대장, 상장, 중장 및 소장, 좌관급은 대좌, 상좌, 중좌 및 소좌, 위관급은 대위, 상위, 중위 및 소위, 사관급은 특무상사, 상사, 중사 및 하사로 구분된다. 병사급은 상등병과 전사로 구분되어 있었다. 따라서 전사는 병사급에서도 가장 낮은 계급이었다. 문화부는 말단부대로 모두 가장 낮은 계급인 전사로 구성되어 있었다.

이어서 이들의 출생연도를 살펴보면 이들은 1924년에서 1931년 사이에 출생하였다. 전쟁이 일어난 1950년 당시 1924년생은 만 26세였고 1931년생은 만 19세에 불과하였다. 즉, 19세에서 26세 사이의 청년들로 구성되어 있었다. 좀 더 구체적으로 살펴보면 26세 이상이 2명, 20세 미만은 1명인데 비해 군인 적령기인 20~25세가 26명으로 전체의 89.7%를 비중을 차지했다. 따라서 721부대 제2대대 문화부는 적정 연령의 군인으로 구성된 부대임을 알 수 있다.

그리고 이들의 출신은 빈농이 28명, 중농이 1명이었다. 즉, 빈농이 96.6%를 차지해 절대다수였다. 문화부의 부대원들은 모두 빈농으로 기록되어 있어 전체적으로 경제적 환경이 좋지 않았음을 알 수 있다. 또한 이들의 지식수준은 초보적인 문자를 해독하고 의사를 표현할 수 있는 수준이었다. 구체적으로 살펴보면 문맹이 1명(3.4%), 국문을 해독하는 사람 19명(65.5%), 소학교 졸업이 8명(27.6%), 고등학교 중퇴가 1명(3.4%)이었고, 학력은 낮았으나 글자를 해독할 수 있는 사람이 28명(96.6%)으로 구성되어 초보적인 지식수준을 갖고 있었음을 알 수 있다.

끝으로 721부대 제2대대 문화부 부대원들은 모두 북한의 서부지역이었다. 출신지별로는 평안남도 19명(65.5%), 황해도 4명(13.8%), 평안북도 2명(6.9%), 자강도 3명(10.3%), 강원도 1명(3.4%)이다. 따라서 이 부대는 평안남도에서 편성되어 서부지역의 인원 일부가 보충된 부대임을 알 수 있다.[53] 결과적으로 721부대 제2대대 문화부 부대원들은 연령, 성분, 학력 부분은 북한군 포로의 평균에 속하지만 지역은 평안도와 황해도의 서북지방에 치중되었다.

셋째, 실제로 포로수용소에 어린 포로들이 많았다는 증언이 있었다. 즉, 포로 가운데 전쟁과 관련 없는 어린이나 민간인이 있었다는 것이다. 이는 위의 분석을 통해서도 확인할 수 있다. 한광호는 '인천을 거쳐 부산 거제리수용소로 들어갔는데, 포로 중에는 철없이 냇가에 물고기를 잡으러 나왔다가 붙잡힌 17, 18세의 중학생도 있는 등' 어린 포로들이 있었다고 증언하고 있다.[54] 이관순은 "유엔군이 잡은 공산군 포로 중에는 엉뚱하게도 이북에서 반공운동을 하던 우익인사들과 어린 소년들로부터 60세가 넘은 일반 민간인들까지도 상당히 끼어 있었어요."[55]라고 하여 포로의 수용이 공산군 포로에만 한정된 것이 아니었다고 증언하였다.

1953년 6월 18일 반공 포로 석방으로 탈출한 홍승덕(洪承德)은 1951년 1·4후퇴 때 고향인 평안남도 순천에서 작전 지역 내의 장정들을 모아 철수하던 미군에 이끌려 영문도 모른 채 포로로 수용되었다고 말하고 있다.[56] 그는 당시 17세의 고급중학교 학생이었는데 미군이 진주하자 학도병을 지

---

53) 성강현, 『6·25전쟁시기 천도교포로 연구』, 선인, 2017, 107~109쪽 참조.
54) 『민족의 증언』 7, 중앙일보사, 1983, 231~232쪽.
55) 위의 책, 231쪽.
56) 『경향신문』, 1986년 6월 18일, 10면.

원해 지역 내의 공산분자들을 색출하는 활동을 하였음에도 체포되어 포로가 되었다고 하였다. 17세의 학생이었던 그는 북한군이 아니었음에도 포로로 수용되었다.

넷째, 포로 심사 과정에 관한 증언이 있었다. 조민성은 포로로 수용되는 과정에서 겪은 심사를 상세히 기억하고 있었다.

> 나는 공산치하에서 소위 '의용군'으로 끌려갔다가 9월 하순에 눈에 총상을 입은 친구와 함께 대전 교외에서 미군 부대를 찾아가 투항을 했어요. 친구는 입원을 하고, 나는 부산으로 후송됐는데, 거기서 미군이 간단한 심문을 합디다. SK(남한), NK(북한)냐를 가리고, 나이·고향·소속·계급 등을 묻고 지문을 찍게 하더군요. 미군 앞에서 작업복을 입은 한국인이 통역을 하는데 몹시 서툴러요. 그래서 중학 6년의 내 영어실력으로 직접 말을 했더니 미군이 놀라면서 자기와 같이 일하자는 거예요. 포로 심문하는 조사과에서 통역을 해 달래서 승낙했더니, 즉시 옷을 갈아입히고 대우를 잘해주데요. 알고 보니 조사과에서 일하는 한국인들이 거의 '영어하는 포로'들이에요. 포로가 포로를 심문·분류하고 지문을 찍게 된 거지요.[57]

조민성은 부산을 포로수용소에서 심문을 받았는데 먼저 남한인지 북한인지 출신지를 물었다. 이어서 나이, 주소, 소속 부대와 계급 등을 말하고 지문을 찍었다고 하였다. 그는 기초적인 부분 등을 심문했다고 기억하고 있었다. 그런데 통역이 영어를 잘 못해 자신이 영어로 말하자 미군이 자기와 같이 일하자고 해서 포로를 심문하고 분류하는 일을 맡아 보았다고 기억하고 있었다.

포로 심사에 관해 송관호도 상세히 기억하고 있었다. 송관호는 1950년 11월 초에 포로로 수용되었다. 그는 미군에 의해 수용되었는데 당시 별다

---

57) 『민족의 증언』 4, 중앙일보사, 1983, 23쪽.

른 폭력을 당하지는 않았다. 다만 원산형무소에 마련된 임시수용소로 이송되었다. 원산의 포로수용소에서 심문을 받았는데 심문을 받았던 상황도 상세하게 기억하고 있었다.

> 낮이 되자 포로들에 대한 개별 심문이 시작되었다. 심문관은 군복을 입었는데 생김새가 우리처럼 생겨 미군으로는 보이지 않았다. 그는 내게 일본말로 일어를 할 줄 아냐고 물어 그렇다고 답하니 일어로 질문하였다. 그는 "당신은 어디서 왔고 대가 어디요?"라고 물었다. 나는 "북한군 45사단 소속으로 영원서 탈출해서 왔소."라고 대답했다. 그는 다시 탈영할 때 부대의 규모와 도망 당시의 상황을 물어와 나는 겪은 사실을 그대로 설명을 했다. 나는 미군에 일본인이 근무하는 것이 이상하여 일본도 연합군으로 참전했느냐고 물었다. 그는 하와이에 사는 미국 국적의 일본인으로 미군이지 일본군은 아니라고 해명했다.[58]

송관호는 미군에게 포로로 수용되어 원산형무소의 포로수용소로 이송되어 심문을 받았다. 그는 특이하게 일본어로 포로 심문을 받았다. 그 이유는 미군 가운데 미국 소속의 일본인이 있었기 때문이다. 심문 내용은 소속 부대, 탈출 경위, 소속 부대의 규모 등을 상세히 물었다. 이처럼 포로 심문은 철저하게 이루어졌다.

4) 포로의 관리

포로가 발생하자 포로를 어떻게 처리한 것인가에 관한 논의도 진행되었다. 6·25전쟁이 발발하자마자 국제적십자사는 포로의 처리에 관해서 제네바협약을 준수할 것을 요구하였다. 개전 직후인 6월 26일 국제적십자사에서는 남측과 북측 모두에게 전문을 보내 포로에 대한 제네바 협약을 준

---

58) 위의 책, 119쪽.

수할 것을 요청하였다. 한국 정부는 1950년 7월 3일 국제적십자사에 제네바 협약을 준용하겠다고 통보하였다. 이승만은 이 협약을 준수할 것을 약속하면서 포로에 대한 인도적 대우를 명령하였다.[59] 7월 4일 미 극동군사령관 맥아더도 포로를 인도주의적 원칙에 입각해 대우하라고 방송을 하였고, 트루먼 대통령도 맥아더의 선언을 승인하였다.[60]

북한 외무부장관도 남한보다 8일 늦은 1950년 7월 13일, 북한은 제네바 협약의 서명국은 아니지만 포로 처리에 있어 그 규정을 준수할 것이라고 천명했다. 남한 측은 한국정부와 유엔군사령부가 제네바 협약의 원칙에 따라 6·25전쟁 기간 남측에 수용된 포로, 즉 공산군 포로들은 제네바 협약에 의해 대우받았다. 그러나 북한군은 제네바 협약과 정신에 위반하는 행동을 하였다.

한국군은 전쟁 초기에는 서울 함락 이후 지연 작전을 펴면서 포획한 북한군 포로를 후방으로 이송하였으나, 전쟁 상황의 혼란으로 인해 후방으로 보내진 포로들이 체계적으로 수용되고 관리되지 못하였다. 이는 포로수용소의 설치가 늦어졌기 때문이었다. 한국군에 의한 최초의 포로수용소는 1950년 7월 7일 대전 포로수용소였다. 즉, 대전 포로수용소가 설치되기 이전의 포로들은 관리가 제대로 이루어지지 않은 셈이다. 대전포로수용소가 설치된 다음날 북한군 포로 5명이 수용되어 포로수용소가 가동되기 시작하였다.

남측에서 제네바 협약을 준수한다고 하였으나 처음부터 포로들이 제네바협약에 의해 대우받은 것은 아니었다. 이는 포로에 관한 한국군과 유엔군의 시각차가 존재하였기 때문이었다. 먼저 한국군은 북한군을 이원화해

---

59) 『대한신문』, 1950년 7월 13일.
60) 김행복, 『한국전쟁의 포로』, 국방군사연구소, 1996, 20쪽.

서 처리하려고 하였다. 한국군은 북한 정권을 추종하는 포로와 북한을 추종하지 않는 포로로 구분하여 관리하고자 하였다. 이선근 국방부 정훈국장은 포로를 일차적으로 장교와 사병으로 분류하고 이어서 공산주의자와 그의 동정자 및 반공주의자를 엄격히 분류한 후 이들 중 반공주의자인 소위 의용군이나 민간인억류자 등은 조속한 시일 내에 한국 정부에 인계하여 석방시킬 지침을 내렸다.[61]

　　현장 지휘관들의 반응은 더 과격하였다. 최덕신은 북한군은 합법정부인 남한정부에 대한 반역집단이며 한국전쟁은 불법적인 전쟁이라고 하면서 북한군 포로는 합법정부인 남한에 반란군이 투항한 것이라고 하였다.[62] 그는 북한군 포로는 반란군이기 때문에 자의적으로 처리해도 된다는 시각을 갖고 있었다. 이승만도 이러한 시각을 단적으로 갖고 있었다. 그는 북한으로의 귀환에 반대하는 포로, 즉 반공 포로들을 우리의 동포이며 애국청년이라고 하였다.[63] 이처럼 한국군들은 제네바협약에 의한 포로 처리 원칙과는 다른 시각을 갖고 있었다. 한국군들은 포로 가운데 공산주의자는 수용소에 수용하여 관리하고 반공주의자들을 석방시켜 북한에 대항하는 세력으로 키우고자 하는 견해를 갖고 있었다.

　　유엔군은 대체로 제네바협약에 의해 포로를 처리하고자 하였다. 유엔군을 대신해 실질적으로 포로를 관리한 것은 미군이었다. 미군은 제네바 원칙에 따라 포로를 처리하고자 하였다. 포로에 관한 관리가 미군에게 넘어간 이유는 크게 두 가지로 볼 수 있다. 하나는 1950년 7월 한국군의 작전권이 미군으로 이양되어서 포로에 관한 권리도 같이 넘어갔기 때문이었다. 그러나 이보다 더 중요한 이유는 전쟁 초기 한국군의 포로 처리에 관한 불

---

61) 『한국전란2년지』, A23쪽.
62) 최덕신, 『내가 겪은 판문점』, 삼구문화사, 1955, 27쪽.
63) 허정, 『우남 이승만』, 태극출판사, 1970, 342쪽.

만 때문이었다. 한국군은 포로가 발생하자 이들을 통제하고 관리하는데 번거로워 했고, 후방으로 이송하는 등의 절차가 발생하자 포로들을 살해하였다. 또 북한의 정보를 파악하기 위해 잔인하게 포로들을 대우하였다.[64]

5) 포로 수용 과정의 실제

포로의 수용 과정이 어떠했는지를 살펴보면 다음과 같다. 첫째, 의사소통 곤란으로 포로로 수용되는 경우가 있었다. 길두만은 1950년 10월 평안남도 순천에서 포로로 수용되었는데 그는 북한군으로 징집된 후, 한국군에 의해 포로로 수용되었다가 보급반으로 고향인 맹산까지 되돌아왔다. 석방 후, 고향에서 치안대 활동을 하던 그는 북진한 미군에게 포로로 다시 수용되었다.

> 10월 달에 피난 내려오다가 순천에서 미군 흑인들한테 이제 언어불통으로 잡혀버렸죠. 잽혀 가지고서 그거 또 잽혔는데, 이제 집에 돌려보낼 줄 알았는데 그게 아니고, 그냥 계속 뭐 지금은 알지만 그때 몰랐지 뭐 카드를 이렇게 썼는데 PW라고 이제 영어로 포로라고 써가지고 목에다 걸어놓고. 거기서 한 이틀 동안 있으니까 한국인 헌병장교가 와서 강연을 하데요? 여기는 죄 있는 사람도 있고 죄 없이 들어온 사람도 있는데 평양 가서 심사해가지고 죄 없는 사람들은 다 집으로 돌려보낸다 그거야.[65]

길두만은 자신이 이미 한국군에 의해 풀려난 상태였기 때문에 포로가 아니라고 말하고 싶었지만 미군들과 의사소통이 이루어지지 않아 포로 상태를 벗어나지 못하였다. 다만 평양의 포로수용소에서 심사를 통해 북한군

---

64) 조셉 굴든, 김쾌상 편, 『한국전쟁』, 일월서각, 1982, 198쪽.
65) 길두만, 「북한 출신 천도교 반공포로의 포로생활」, 국사편찬위원회, 2014, 28쪽.

이 아니면 집으로 돌려보내준다는 말을 듣고 평양의 포로수용소까지 이송되었다. 이성운도 길두만과 비슷하게 포로로 수용되었다. 민간인이었던 이성운은 미군들에게 포로가 아니라고 하였지만 길두만과 마찬가지로 의사소통이 이루어지지 않아 포로로 수용되었다.

> 사리원 근처에 가니까 거기 미군들 뭐 주둔도 하고 있어요. 그래 미군들이 이리오라고 그래. 그 지금까지 가도 가더라도 다 우리 신분이 이런 사람들이니까 무사통과해서 왔는데 가보자 그러구서 쭉 이제 일행끼리 같이들 갔단 말이야. 깜둥이들이야. 깜둥이들이 건부터 앉으라고 그래 무조건 그래 앉았는데 나중에 아무 소리도 안 해. 그런데 나중에는 이제 추럭, GMC 추럭이 2댄가 3댄가 와요 그걸 타라는 거야. 그래 왜 그러냐니까 그 일본놈이 하나 있어 일본놈이 통역이 있어요. 일본놈 통역이 일본말은 어느 정도 하니까 일본말로 물어봤어요. 이거 뭐냐 하니까 이게 사실 다 포로들이라는 거야. 그래 우린 사실 이런 사람이다 그래 일본놈이 고마또니 고마또니 그 안 돼 큰일이라고 자기도 큰일 났다고 하면서 그러면서 하는 얘기가 지금 뭐 할 수 없이 정세가 이러니까 요기 조금만 가면은 심사받아서 당신네 같은 사람은 다 돌려보낼 거다 이러더라구. 그래서 아 그럼 심사받으러 가자고서 추럭을 탔는데 트럭을 타고서 가니까 김천 뭐 개성 이런데 가서 추럭을 갖다대니 다 만원이라고 그러는 모양인가 봐. 그래서 나중에 끝까지 간 곳이 인천 형무소에 갔다 봐[66]

이성운은 포로가 아닌 자신을 미군에게 설명하려고 했지만 의사소통이 되지 않아 어려움을 겪었는데 당시 미군부대에 있던 일본인이 있어 통역을 요청하였다. 하지만 미군은 일단 수용한 사람을 모두 포로로 인정하고 심사를 통해 분류한다고 하였지만 심사가 되지도 않은 상태에서 김천, 개성, 인천으로 옮겨져 결국 포로 신분이 되었다. 둘째, 민간인 신분으로서 포로

---

66) 이성운, 「북한 출신 천도교 반공포로의 포로생활」, 국사편찬위원회, 2014, 27쪽.

로 수용된 경우이다. 김기식은 이성운과 비슷한 경우로 포로가 되었다.

나는 1946년 평양 진남포에서 조만식선생의 제자 안치중 씨와 함께 평양에
진주한 소련군 사령관 암살계획을 하다가 공산당한테 붙잡혀 무기징역을
선고받고 해주형무소에서 복역 중 50년 10월 16일 유엔군의 진격에 맞아
극적인 탈출을 했으나 미군 헌병한테 포로가 되고 말았습니다.[67]

김기식은 북한에서 정치활동으로 체포되어 무기징역을 선고 받고 해주
형무소에서 복역 중 미군의 진격으로 극적인 탈출을 하였다. 그는 이성운
과 같은 해주형무소에 있었는데 해주형무소에서의 탈출 장면은 이성운이
더 정확하게 기억하고 있었다. 이와 같이 김기식과 이성운은 민간인이었으
나 미군에게 포로로 수용된 경우이다.

셋째, 포로 수용 과정에서 폭력을 겪지 않은 경우이다. 성기남은 미군
에 의해 포로로 수용되었는데 미군들이 자신들을 신체적으로 억압하지는
않았다고 말하고 있다.

산에서 하루, 이십 그러니까 꼴딱 하루 있다가 뭐뭐 하나도 먹지도 못하고
굶어 있다가. 이렇게는 더 있다간 굶어 죽을 테니까 자수하러 내려가자. 그
래서 둘이서 동네 어구 동네 내려와 가지고 우리 패잔병인데 자수하러 내
려왔으니 요기나 좀 시켜달라고 그러니까 밥을 한상에다 채려다 주드라고.
게 그거 먹고 그 동네사람 주인이 요 앞에 조금 나가면 큰 길이 있는데 큰
길에 가서 서 있다가 손들면 그 차가 댕기고 사람, 군인들이 많이 지나다니
니까 손 들으라고 그렇게 가르켜주드라고. 밥 먹고 길에 나가서 좀 서 있다
보니까 사람은 한 200명 되는 거 같애요. 그저 패잔병 쫙 붙잡아 가지고 인
솔해가지고 보은군청까지 가는 거 같애요. 그래 가 손들고 있으니 '저 뒤에
가 서 있어, 서서 따라와' 그러드라고[68]

67) 『민족의 증언』 7, 중앙일보사, 1983, 234쪽.
68) 성기남, 「북한 출신 천도교 반공포로의 포로생활」, 국사편찬위원회, 2014, 28쪽.

성기남은 1950년 9월 25일 퇴각 명령을 받고 덕유산으로 탈출하던 중 미군과의 교전으로 숨었다가 포로로 수용되었다. 그는 동료와 함께 미군들에 의해 포로로 수용되었는데 포로가 될 당시 길로 나가 손을 들고 포로가 될 의사를 명확하게 밝히자 미군은 그를 포로로 수용하였다. 그가 수용될 당시에 200명 정도의 포로가 한꺼번에 수용되었고 그는 포로들의 뒤를 따라 보은군청에 집결하였다가 트럭을 타고 대전으로 이송되었다.

이창번은 964육전대로 차출되어 낙동강전선을 거처 광주까지 왔다가 북으로의 퇴각 명령을 받고 원산에서 포로로 수용되었다. 그는 미군에 의해 포로로 수용되었는데 포로로 수용될 당시 미군이 자신의 지프에 타라고 해 그대로 포로집결소로 이동하였다.

> 그저 가다보니깐 하루 굶고 나니까 혼자 떨어지니까 굶는 거예요. 여럿 있을 땐 어떡하든지 먹는데 그래서 굶고 있었는데 고 도로에 미군들이 차가 막 지나가요. 그래서 아 안 되겠다 싶어서 미군한테 손들고 나가는 수밖에 없다 해서 거기서 차가 GMC 손들고 따발총 여기다 놓구 손들고 그랬더니 미군 내리더니 애들은 겁을 안내. 그냥 총만 쏙 하더니 운전석에다 그냥 태우는 거예요. 옆에다가[69]

넷째, 반면에 포로로 수용되면서 구타를 당한 경우도 있었다. 오용삼은 포로로 수용되면서 미군에게 뺨을 얻어맞았다고 말하고 있다.

> 뭐 뭐 무슨 그런데 이제 그 뒤에 만세들을 부르고 이제 그러더라구. 그래서 뭐 우리가 잘못한 게 뭐 있어 도로 내려가자 우리도 이제 우리도 만세나 부르러 내려가자 그래서 내려가는데, 그 이제 거기 큰 거기 뭐야 저 그 대궐인가 저 큰 집 질라고 이제 그 바윗돌 들을 주춧돌 하고 쓰려고 마다놓은 것들

---

69) 이창번, 「북한 출신 천도교 반공포로의 포로생활」, 국사편찬위원회, 2014, 39쪽.

이 널려있는 벌판인데 글루 다가서 다 내려갔지 뭐야. 이렇게 내려갔더니 아닌 게 아니라 그때 이제 감둥이가 왔어. 와가지구선 쭉 다 쭉 세워 놓더라구. 그래서 이렇게 쭉 섰는데 아 우린 머릴 다 깎아 버렸거든. 그래 이제 이렇게 나는 농민모를 쓰고 있었는데 뚝 치니까 뭐 헤 빡빡한 게 보이니까 '까 댐' 하면서 따귀를 한 대 때리는데 아 코피가 줄줄 나오잖아. 야 정말 참 그나마 이렇게 저거 하고 싶은데 아 이거 어떻게 하하 참나 그래가지고 거기서 아닌 게 아니라 전부 젊은 사람들은 이제 다 이렇게 세워놓고 이제 부인들, 여자들은 다 저쪽으로 가고 그리고 이제 GMC를 갔다 대더니 GMC에 타라고 해서 그래서 대전으로 나간 거예요.[70]

오용삼은 북한군으로 참전하다 전투 대열을 벗어나 공주 인근의 마을에 들어가 민사 작전을 나왔다고 하면서 그곳에서 9월 중순까지 생활하였다. 그러다 북진하는 미군에 의해 신도안에서 포로로 수용될 당시 미군에게 폭력을 당했다. 그는 특별히 잘못한 것도 없어 폭력을 당하면서 반감을 가졌지만 어쩔 수 없는 상황이라 참을 수밖에 없었다.

김태일도 미군에게 폭행을 당하였다고 기억하고 있었다.

나는 다시 나의 손수건 백기를 웅덩이 밖으로 내밀고 전보다 더욱 세차게 흔들었다. 이윽고 나를 향한 총격이 멎으므로 다시 머리를 밖으로 내밀고 보니, 이번에는 흑인 병사 여러 명이 나에게 나오라고 손짓을 했다. 나는 죽을 각오를 하고 뛰어 나갔다. 그때 그 흑인 병사는 내게 머리 위로 두 손을 번쩍 들어 올리라고 손짓 신호를 했다. 나는 그대로 따라 했다. 그들과 나와의 거리는 불과 10~20미터밖에 되지 않았다. 나를 겨냥하고 있던 부챗살 같이 많은 총구에서 한사람이라도 방아쇠를 당겼다면 나는 그때 이미 이 세상의 사람이 아니었을 것이다. …… 이윽고 그 흑인병사에게로 가니 그는 몸수색을 했다. 바지주머니에서 따발총 탄알 20여 발을 꺼내더니 '깟댐'하면서 나의 뺨을 한번 후려갈겼다. 얼마나 다급하고 정신이 없었으며 그 무

70) 오용삼, 「북한 출신 천도교 반공포로의 포로생활」, 국사편찬위원회, 2014, 33쪽.

거운 총알이 내 바지 호주머니에 들어 있는 것도 모르고 그대로 뛰어나가 투항했겠는가! 그리고 그는 내 어깨를 가볍게 짚으면서 미군이 진군하는 반대 방향으로(후방) 가라고 손지시를 하므로 나는 그대로 따랐다.[71]

김태일은 전투현장에서 포로로 수용되었다. 그는 평양방위대의 제3방어선을 담당하는 중화에서 수도방위대 제3대대 소속으로 방어 전투에 참전하였다. 미군과의 치열한 전투 속에서 구사일생으로 살아남은 그는 백기를 들고 투항하여 포로가 되었다. 포로가 된 후 몸수색을 받다 주머니에서 총알이 발견되자 미군에게 뺨을 맞았다. 그는 당시 전투상황이었기 때문에 미군에게 의해 총살당할지도 몰랐지만 미군은 더 이상 그에게 위협을 가하지 않고 포로로 수용했다고 하였다. 양제호도 포로수용 당시 위협을 받았다고 한다.

애초때 선임하사 들을 때 근데 그 사람들이 태극기두 갖구 나가구 프랑카드도 갖구나와 보여 주더라구 하니까 중대장이 권총을 내려 놓으면서하니 나라가 지금 초토화됐는데 이래서 되겠냐구 말야 헌데 한 사람이 오더니 4명이 있었는데 "너 어디야? 어디?" 나 찾아왔어요. 사동이라 그러니까 사동 어디야?[72]

양제호는 북한군 부대에서 탈출하여 평양에 들어가다가 강동에서 국군부대와 마주쳤다. 그는 같이 탈출한 여계식이라는 친구와 함께 미군을 환영한다는 플래카드를 만들어 나갔다가 포로로 수용되었다. 국군을 환영한다고 나왔지만 자신이 입은 옷이 북한 군복이라는게 탄로나서 포로로 수용되었다. 포로로 수용된 후 플래카드를 보면서 탈출에 대해 말하자 중대장

---

71) 김태일, 『거제도 포로수용소 비사』, 북산책, 2011, 55~56쪽.
72) 양제호, 「북한 출신 천도교 반공포로의 포로생활」, 국사편찬위원회, 2014, 36쪽.

이 권총을 이마에 들이대면서 위협을 받았다.

다섯째, 투항한 경우이다. 최영걸은 포로로 수용되었을 때의 상황을 다음과 같이 기억하고 있었다.

> 나는 50년 8월 북한공산군 육전대(해병대, 북한의 특수부대-필자 주)에
> 입대, 훈련 도중 10월 17일 후퇴 명령을 받고 북으로 올라오다가 강서에
> 서 현호철(피살) 동지와 함께 자체 반란을 일으켜 소·부소대장을 격투 끝
> 에 사살하고 부대를 해산, 전여 대원들을 지휘해 유엔군에 투항하려다 평
> 양에서 미군한테 포로가 되었습니다.[73]

최영걸은 북한군 내에서 동료 현호철과 함께 반란을 일으켜 간부를 살해하고 대원들을 이끌고 미군에 귀순하였다. 이처럼 귀순하거나 투항하는 경우가 많았는데 최종회도 투항한 경우이다.

> 나는 6·25 당시 김일성대학 공과대학 재학 중이었는데, 공산군 징집을 기
> 피하여 숨어 다니던 중 50년 8월 2일에 정치부위원에게 붙잡혀 전선복구
> 대원으로 징용을 당했어요. 전선을 따라 충북 영동지방까지 내려와 작업을
> 하다가 후퇴할 대 보은군 삼승면지서로 들어가 자수를 했으나 미군한테 인
> 계되어 포로가 되고 말았습니다.[74]

포로로 수용되는 과정을 상세하게 설명해 주는 기록이 있다. 강원도 이천이 고향인 송관호는 1950년 9월 18일 징집되어 참전하였다. 평안남도 맹산에서 탈영한 그는 고향인 이천 인근인 영원에서 포로로 수용되었는데 당시의 상황을 상세히 설명하고 있다.

---

73) 『민족의 증언』 7, 중앙일보사, 1983, 199쪽.
74) 위의 책, 206~207쪽.

얼마쯤 가니 미군이 포대로 진을 치고 있었다. 미군병사 한 명이 나를 발견하고 내게 총을 겨눴다. 그는 땅을 향해 손짓하며 "다운(Down)!"하고 소리쳤다. 난생 처음 보는 미군이었고 말도 전혀 알아들을 수 없었다. 그의 손짓을 보니 엎드리라는 표시 같았다. 나는 재빨리 땅에 엎드렸다. 잠시 후 미군 한 명이 다가왔다. 커다란 손이 엎드린 내 몸을 구석구석 검색하였다. 미군은 일어서라는 손짓을 하며 "업(Up)!"하고 외쳤다. 나는 영문을 몰라 눈치를 보다 자리에서 일어섰다. 미군은 내게 "핸즈업(Hands Up)!"이라고 소리쳤다. 내가 영어를 못 알아듣자 그는 양손을 머리 위에 얹는 시늉을 했다. 나는 두 손을 머리위에 올렸다.[75]

이상에서 포로 수용 과정의 실제를 다양하게 살펴보았다. 이는 포로가 속한 환경과 수용 시기 등 조건이 달랐기 때문에 수용의 케이스도 다를 수밖에 없었다. 이들은 다양한 과정을 통해 포로로 수용되었지만 모두 포로수용소로 이송되었다.

2. 부산 포로수용소

1) 포로수용소의 건설

6·25전쟁의 전 기간에 걸쳐 수용된 포로들을 관리하기 위한 시설인 포로수집소와 포로수용소가 있었다. 포로수집소는 포로의 심문 및 후송 준비를 위하여 연대 또는 사단급 부대에 설치하였던 시설이다. 포로수용소는 후방 지역 내에 건립된 시설로서 포로를 억류해두는 곳으로 포로에 대한 행정 처리를 종결한 영구 수용소를 뜻한다.[76] 포로수용소는 임시 포로수용소와 영구 포로수용소로 나눌 수 있는데 임시 포로수용소는 통칭 포로수용

---

75) 송관호, 김종운 편, 『전쟁 포로─송관호 6·25전쟁 수기』, 눈빛, 2015, 115쪽.
76) 야전교범 19-40 『포로관리』(1990.9.30.), 10쪽.

소의 보조수용소로서 군 및 군단에서 운영하는 것이라고 정의하고 있다.[77] 하지만 6·25전쟁은 사단별로 작전이 전개되어 위의 원칙대로 시행되지 못하였다. 따라서 임시포로수용소는 포로수집소에서 수용된 포로들을 임시로 수용해 두었던 후방의 시설을 뜻한다고 하겠다. 즉, 포로수집소에서 영구 포로수용소의 중간역할을 하였다.

전체 6·25전쟁 기간을 통해서 수원, 공주, 조치원, 영동, 춘천, 제천, 하양, 원주, 충주, 대전, 대구, 영천, 인천, 서울 마포, 평양, 함흥 등에 포로수집소 또는 임시 포로수용소가 설치·운영되었다.[78] 이 시설들은 전쟁의 상황에 따라 수시로 개폐되거나 이동하였다. 포로수집소와 임시 포로수용소 시설은 군의 시설을 활용하는 것이 원칙이었으나 포로의 수가 많아지면 작전지역 내의 공공시설인 학교나 형무소 등을 징발하여 사용하였다. 따라서 포로수집소나 임시 포로수용소는 전황에 따라 시시각각으로 변하는 곳으로 관리와 운영이 체계적으로 이루어지지 않았다.

이를 좀 더 구체적으로 살펴보면 다음과 같다. 전쟁의 발발과 함께 북한군 포로가 발생하였다. 그리고 이들을 수용하기 위한 포로수용소도 만들어졌다. 전쟁 초기 포로의 수가 적었을 때에는 해당 부대에서 포로를 수용해 관리하였지만 포로의 수가 늘어나게 되자 포로를 체계적으로 관리하기 위한 포로수용소가 만들어졌다. 1948년 8월 15일 대한민국 정부 수립이 이루어지자 미 군정하에서 발족되었던 국방경비대와 해안경비대가 대한민국 국군에 편입되었다. 국군의 창설 이후 적군의 포로를 관리하기 위한 포로수용소가 만들어졌다. 1949년 11월 1일, 육군 헌병사령부 직할로 육군포로수용소가 서울의 영등포에 설치되었다.[79]

---

77) 위의 글, 10쪽.
78) 김행복, 『한국전쟁의 포로』, 국방군사연구소, 1996, 54쪽.
79) 육군 〈일반명령제61호〉 ; 재인용, 조성훈, 『한국전쟁과 포로』, 선인, 2010, 73쪽.

6·25전쟁이 발발하자 처음 포로의 관리는 국군이 담당하였다. 하지만 작전지휘권이 유엔군으로 넘어가자 포로의 관리도 유엔군이 담당하게 되었다. 유엔군 가운데에서도 주력인 미군에 의해 관리하였다. 개전 이후 3일 만에 서울이 함락되자 영등포의 포로수용소도 이동할 수밖에 없었다. 포로의 권한이 미군으로 넘어가기 전에는 일선 부대에서 수용한 포로들은 육군본부로 보냈고 이를 헌병대에서 관리하였다. 공산군 포로가 수집되자 이들을 관리하기 위한 최초로 만들어진 포로수용소는 1950년 7월 7일 대전형무소 내에 만들어진 육군형무소의 개설이었다. 이곳의 관리는 육군형무소의 헌병대가 관할하였다. 다음날인 7월 8일 대전포로수용소에 5명의 북한군 포로가 수용되어 포로수용소로서의 기능을 시작하였다. 그러나 대전이 함락되기 직전인 7월 14일 국군은 대전의 육군본부를 대구로 이동시켰고 포로수용소도 대구 송현동에 위치한 효성초등학교로 옮겨 '100포로수용소'라고 명명하였다.[80] 당시 포로의 관리는 육군 헌병사령부에서 파견된 소수의 인원이 담당하였다. 이때 포로의 수용과 관리를 담당한 인원은 장교 2명과 사병 26명이었다.

그러나 낙동강 전선의 상황이 급박해지자 대구의 포로수용소도 불안하게 되었다. 그러자 한국군은 포로수용소가 자꾸 이동하는 것이 불합리하다고 판단하고 가장 안전한 곳인 부산으로 포로수용소를 이전하기로 결정하였다. 이렇게 해서 국군은 8월 1일 부산 영도의 해동중학교를 징발해 포로수용소본부를 설치하고 대구의 시설은 포로집결소로 운영하기로 하였다.

미군이 참전한 후 전쟁의 주력부대로 활동하게 되자 미군들에 의한 포로 수용이 많아졌다. 초기 미군은 사단별로 포로를 관리하였다. 따라서 미군의 포로수용 시설은 사단별로 흩어져있었다. 미 24사단이 대전에 설치

---

80) 『한국전란1년지』, B17~9쪽; 헌병사령부, 『한국헌병사』, 대건출판사, 1952, 368쪽.

한 임시 포로수용소는 제9연대전투단(Regimental Combat Team)이 관리했다.[81] 이 미군 포로수용소에는 공주, 조치원 등에서 수집되는 포로를 수용하였는데, 7월 16일에 영동에서 이동하여 정식으로 개소하였다. 미 25사단의 포로수용소는 7월 16일 영천에 만들어졌다. 미 제24사단의 포로수용소는 7월 19일 충청북도 영동에 정식으로 개소하였는데, 이곳에서 수집·분류된 포로들은 다시 대구에 있는 미8군 포로수용소로 보내졌다.[82]

포로수용소가 체계적으로 운영된 것은 미군으로 작전지휘권이 인계된 이후였다. 작전권이 미군에게 이양된 이후 포로를 통합적으로 관리하기 위한 미군의 움직임도 발 빠르게 진행되었다. 1950년 7월 10일 미군 부산 병참기지사령부(Pusan[83] Base Command)의 헌병대장은 사령관의 지시에 따라 유엔군사령부가 관리하는 포로수용소를 설치할 장소를 물색하기 시작하였다. 아울러 포로수용소의 건설에 필요한 자재의 확보에도 나섰다. 하지만 전투부대 중심의 보급이 이루어지는 상황에서 후방인 부산에서 자재를 확보하는 것은 쉽지 않았다. 따라서 포로수용소의 건설 계획도 순조롭게 이루어지지 않았다.

포로수용소의 건설의 긴급성을 인식한 유엔군사령부는 포로수용소의 건설을 지체할 수 없다고 판단해 7월 14일 미8군사령부 요원들이 부산으로 파견하여 부산 군수사령부(Pusan Logistical Command) 관할 지역에 수용소를 설치하기로 결정하였다. 수용소의 장소는 거제리[84]로 결정되

---

81) 헌병사령부, 위의 책, 1952, 369쪽.
82) Activity Report, CIC 24th Div, 8 Jul. 50; War Diary, PM 24th Div, 15 Jul. 50; War Diary, HQ 25th Div, 15 Jul. 50; 재인용 김행복, 앞의 책, 1996, 21쪽.
83) 1984년부터 사용해 온 로마자 표기법이 2000년 7월 7일 '문화관광부 고시 제2000-8호'로 새롭게 개정되어 '부산'의 공식적인 영문표기법이 'Pu-san'에서 'Busan'으로 바뀌었다. 당시 명칭으로는 'P'가 맞다. 이하 '부산'의 영문표기법은 당시 표기법에 의한다.
84) 현재 주소는 연제구 중앙대로12001(구 주소로 부산시 연제구 연산5동 1000번지

〈그림 2-2〉 부산 포로수용소(1951.1.18.)

없고 7월 18일부터 500명을 수용할 수 있는 포로수용소 공사에 들어갔다. 이 포로수용소는 최대 15,000명 이상을 수용할 수 있는 시설로 확장하고 자 하였다. 7월 18일에 시작된 공사는 7월 24일까지 철조망의 가설을 끝 냈고 이곳에 27명의 북한군 포로들이 수용됨으로써 부산 포로수용소가 운 영되기 시작하였다. 포로수용소의 관리와 경비는 제563헌병중대가 맡았 다. 7월 26일 부산에 설치한 포로수용소의 공식 명칭이 '주한 미 제8군사 령부 1포로수용소(Camp EUSAK No.1)'이라 이름 붙여졌는데 통상 '1포 로수용소(POW Enclosure 1)'라고 불렀다. 부산의 거제리에 포로수용소가 설치됨으로써 한국군과 유엔군은 전쟁 중에 포획한 포로 전체를 통합적으 로 수용하고 관리하는 기반을 구축하였다.[85] 〈그림 2-2〉는 부산 1포로수

일대)로 현재 부산광역시청과 부산지방경찰청, 그리고 연제구청 일대를 포함한 지 역이다.
85) 김행복, 『한국전쟁의 포로』, 국방군사연구소, 1996, 22쪽.

용소의 모습이다.[86]

부산의 1포로수용소는 최초에는 250명을 수용할 수 있는 시설을 갖추었으나 천막을 추가로 배치하여 500명까지 수용할 수 있도록 만들었다. 당시 포로수용소는 24인용 천막으로 설치되었다. 이후 포로의 증가에 대비한 시설 확충이 이루어져 최대 1만 명을 수용할 수 있을 정도로 규모를 확장하였다.[87] 이렇게 부산에 포로수용소가 만들어지자 다른 포로수집소와 임시 포로수용소에서 수용한 포로들을 이곳으로 후송하였다. 따라서 부산 포로수용소는 한국군과 유엔군의 획득한 모든 포로를 수용하고 관리하는 역할을 담당하였다.[88]

전쟁 초기에는 한국군과 미국군이 별도의 포로수용소를 설치해 운영하였으나 작전권이 미국으로 이양됨에 따라 포로 수용과 관리를 일원화하는 문제가 대두되었다. 이는 포로의 심사와 효율적인 관리를 위해서도 필요성이 대두되었다. 1950년 8월 12일 한국군이 운영하던 포로수용소는 미 제8군 포로수용소로 통합되었다. 이날 부산 영도의 해동중학교에 설치되었던 한국군 영도수용소도 폐쇄되어 이곳의 포로들은 1포로수용소로 이송되었다.[89]

포로수용소의 통합과 함께 5만 명을 목표로 한 포로수용소 확장 작업이 시작되었다. 또 포로를 관리하기 위한 한·미간의 업무 협의도 이루어졌다. 포로의 급양과 경비는 한국군이, 시설과 보급, 포로 관리는 미국이 담당하기로 업무를 분담하였다.

부산 거제리의 포로수용소가 설치된 직후인 7월 30일 주한 미 제8군후

---

86) AUS005_09_00V0000_037. 포로수용소에서 200야드 거리에서 촬영.
87) War Diary, PM Eighth United States Army, 28 Jul, 50.
88) 김행복, 앞의 책, 1996, 55쪽.
89) 헌병사령부, 앞의 책, 1952, 369쪽.

방사령부는 이 지역을 사령부 건물로 사용하기로 결정하였다. 그러자 거제리의 포로수용소는 동래로 옮겨지게 되었다. 거제리가 동래에 속해 있었기 때문에 수용소의 이전에는 어려움이 없었다. 포로들은 부산의 수용소를 동래수용소라고도 불렀다. 수용소를 건설하는 작업이 시작되었고 8월 5일 공사가 마무리되어 포로를 이곳으로 옮겼다. 당시 1포로수용소의 운영을 담당한 미군 측 부대는 미 제8군 소속 제563헌병중대였으며, 8월 30일에는 포로의 관리가 부산군수사령부 소속 제8070헌병·경비·처리중대(MPEG)로 넘어갔다.

이렇듯 한 달 사이에 수용된 포로에 관한 내용이 바뀐 것으로 보아 당시까지도 한국군과 유엔군사령부간의 포로 관리에 관한 원칙이 수립되지 않았다. 포로의 관리가 체계적으로 운영되지 않은 가운데 부상 포로가 치료를 위해 일본으로 가는 경우도 발생하였다. 7월 하순 2명의 부상 포로가 일본으로 후송되었으며, 8월 하순과 9월 초순에 다시 4명의 포로가 일본으로 옮겨졌다. 9월 8일에는 6명의 포로가 도쿄병원에 입원하였다.[90]

1950년 9월 초 국제적십자사 대표 비에리(Frederick Biere)는 포로를 제네바협정에 의해 대우하고 있는지 확인하기 위해 부산의 1포로수용소를 방문하였다. 비에리는 이곳에 부상 포로 48명을 포함한 2,252명의 포로가 수용되어 있음을 확인하였다. 그는 당시의 1포로수용소에 대해 각 수용소마다 모퉁이에 위치한 막사에는 흰 페인트로 PW(포로, Prisoner Of War) 표시가 되어 있었으며, 야간에는 적십자 표시가 환하게 빛나고 있었다고 기록하였다. 이것으로 그는 1포로수용소가 제네바협약을 준수하고 있다고 판단하였다.[91]

---

90) 김행복, 『한국전쟁의 포로』, 국방군사연구소, 1996, 23쪽.
91) 위의 책, 23쪽.

미 제9군사령부는 인천상륙작전의 성공으로 획득한 북한군 포로가 증가하자 이 문제를 처리하기 위해 1950년 9월 19일자로 부산군수사령부를 해체하고 제2군수사령부(2nd Logistical Command)를 설치하였다. 이름이 바뀐 사령부의 임무와 기능은 이전의 사령부와 동일했으나, 포로 문제를 처리하기 위한 추가적인 인력 증원 및 장비의 보충이 이루어졌고 더불어 병참 기능을 효과적으로 증대시키고자 하였다.[92]

요컨대 몇 차례의 우여곡절 끝에 부산의 1포로수용소는 동래의 거제초등학교 일대로 5만 명을 수용하는 시설을 설치하는 것으로 결정하였다. 부상 포로가 발생하자 이들을 위한 시설도 증설되었다. 초기 부상 포로는 일본으로 후송되어 치료를 받았는데 이를 위해서 병원수용소가 설치되었다. 병원수용소는 수용소 내의 제3야전병원과 제14야전병원에 설치되었다.

2) 부산 포로수용소의 확장

부산 거제리에 1포로수용소가 설치되자 전장에서 발생한 포로들은 모두 부산으로 후송하고 집결되어 유엔군사령부에서 통괄하였다. 16개국으로 구성된 유엔군은 자국의 입장에서 제네바협약의 조약을 해석하였다. 그리고 각국이 가진 문화와 관습에 따라 포로들을 취급하는 것도 달랐다. 이로 인해 연합군간의 마찰과 혼란 등으로 인한 사기 저하가 우려되는 상황이 되었다. 이렇게 포로 관리에 따른 문제점을 방지하고자 전투 지역에서 포로를 수집하기 위한 최소한의 임무를 제외하고 전반적인 포로의 관리는 미군이 담당하기로 합의하였다. 또한 포로수집소를 제외한 모든 포로수용소도 미군이 맡아 운영하기로 하였다.

---

92) 위의 책, 24쪽.

미군이 포로를 관장하게 된 것은 제네바협약에 의한 포로의 대우를 실행해야 한다는 국제적십자사의 요구를 따른 것이었다. 하지만 포로에 대한 한국군의 태도가 문제가 되었다. 한국군은 북한군을 감정적으로 대해 학대하거나 살해할 가능성이 높았다. 따라서 수집된 포로는 빠른 시간 내에 미군의 통제 아래 두고자하는 의도가 있었다. 그리하여 미군은 직접적인 감독 아래, 포로수용소 관리를 위한 대부분의 인력을 배당하였다.

1950년 9월 15일 인천상륙작전의 성공으로 전세가 역전되어 포로가 급증하였다. 9월 한 달간 9천여 명의 포로가 수용되어 8월까지 있었던 포로 1,753명의 4배 이상의 포로가 부산의 1포로수용소로 몰려들었다. 부산의 1포로수용소는 몰려드는 포로들에 비해 시설의 확충이 이루어지지 않았다. 갑작스런 포로의 증가로 숙소가 마련되지 않아 약 1,100명의 포로가 노숙해야 하는 형편이었다. 또 포로들을 먹일 식품 및 급수 보급도 급속한 포로의 증가를 따라가지 못하였다.

10월에 접어들면서 제2군수사령부에서는 포로수용소 확장 계획을 수립하였다. 10월 말까지 부산 지역에 75,000명의 포로를 수용할 수 있는 시설을 만들고 11월 말까지는 추가로 25,000명의 포로를 수용할 수 있는 시설을 건설한다는 계획을 세웠다. 이러한 구상에 따라 이듬해 가을, 별도의 수용소와 병원 한 동을 건설하였다.

9월 하순부터 포로는 부산으로 쏟아져 들어왔다. 1950년 말에는 13만 5천 명에 육박하자 부산의 1포로수용소는 이렇게 많은 포로를 수용할 공간과 시설에 한계가 드러나게 되었다. 포로들이 급증하자 부산은 거제리에 2, 3, 6수용소를 증설하였다. 거제리의 수용소는 동래의 거제리에서 부산진구의 전포동까지 확장되었다. 따라서 부산의 포로수용소는 거제리의 1포로수용소에서 전포동 일대의 6포로수용소까지 설치되었던 것으로 보인다. 부산의 5포로수용소 자리는 최근까지 제일제당 건물이 들어서 있던 부산진구 전포동 743번지에 있었다.[93][94]

〈그림 2-3〉 부산 5포로수용소(1950.9.5.)[94]

부산의 서면에도 포로수용소가 있었다는 증언도 있었다. 김태일은 인천에서 화물선을 타고 부산항까지 와서 부산 서면수용소로 도보로 이동하여 수용되었다. 그는 이곳에 포로들이 많이 있었다고 기억하고 있었고 이곳에서 수영대밭의 수영비행장에 내몰려 노동에 동원되었다고 하였다. 그리고 이곳에서 거제리의 포로수용소로 이전하였다고 하였다.[95] 서면의 포로수용소도 1과 5수용소를 제외한 곳 중 한 곳으로 추정된다.

93) 유경재, 『삼수갑산에서 거제도까지』, 푸른사상사, 2005, 144쪽.
94) RG111, AUS005_09_00V0000_037.
95) 김태일, 『거제도 포로수용소 비사』, 북산책, 2011, 63쪽.

〈그림 2-4〉 부산 서면 일대의 포로수용소 전경

※출처: 『국제신문』, 2013년 5월 14일자 6면. 미군 공식 사진촬영단이 1951년 4월 9일 찍은 사진으로 사진 위의 5거리가 서면교차로이다.

1956년 개교한 전포초등학교가 개교하기 전에 이 일대에도 6·25전쟁 포로수용소가 있었다. 〈그림 2-4〉를 보면 서면 일대를 포함해 부산의 대부분이 포로수용소였음을 알 수 있다. 이 사진은 미군 공식 사진촬영단이 1951년 4월 9일 촬영한 것이다. 당시 부산에서 거제도로 포로 수송이 이루어지는 시기였다. 사진을 통해 보면 포로수용소의 규모는 사진 아래의 전포초등학교를 가운데 두고 거제리에서 서면로터리 일대까지 군 막사가 세워졌음을 알 수 있다. 사진 상단의 서면의 원이 서면로타리이고 그 위쪽이 1포로수용소가 있었던 거제리이다. 그리고 사진 상단 왼쪽에 살짝 드러난 능선이 만덕 고개이다. 사진 하단에는 집들이 촘촘하다. 고층은커녕 이층 집도 찾아보기 힘들다. 대부분 막사다. 전포초등학교 공터 주변에는 사각의 막사들이 몰려 있다. 사진에 보이는 막사들이 모두 포로수용소였다. 전

포동 방향으로 뻗어나간 수용소는 2, 3, 4, 5를 거쳐 6포로수용소까지 늘어났다.[96]

거제리도 더 이상 포로를 수용할 수 없을 정도로 포화상태가 되어 수영의 대밭 1, 2, 3수용소와 가야리에 1, 2, 3수용소가 증설되었다. 수영과 가야리의 수용소는 거제리 1포로수용소의 보조수용소였다. 수영의 대밭수용소는 현재 수영중학교와 동아중학교 일대의 인쇄창 자리에 있었다. 가야수용소는 현재 백병원 아래의 야산 일대에 자리 잡고 있었다. 가야 포로수용소의 본부는 현재 가평초등학교로 지표가 나타난다. 가야 포로수용소는 분산정책이 실시된 이후에도 약 5천 명의 반공 포로들이 수용되어 있었다. 1950년 10월이 되면 부산의 병원 수용소에 있던 포로 가운데 건강을 회복한 포로들은 모두 수영의 대밭수용소로 이송되었다.

〈표 2-2〉 부산 포로수용소 수용인원 현황(1950년 말 현재)　　　　　(단위: 명)

수용소	수용인원		계	비고
	장교	기타계급		
주 수용소 No.1	173	10,298	10,471	여 장교 3명, 여 기타계급 441명
보조수용소 No.2	1,990	33,070	35,060	
보조수용소 No.3	182	39,575	39,757	
보조수용소 No.4	4	10,812	10,816	
보조수용소 No.5	29	32,161	32,190	
제3야전병원	83	4,587	4,670	여 기타계급 32명
제4포로작업반	117	979	1,096	
스웨덴 병원	2	22	24	여 장교 2명
제14야전병원	39	2,512	2,551	
제3포로작업반	3	561	564	
제3의무대		13	13	
계	2,622	134,590	137,212	여 478명 포함

※출처: 김행복, 『한국전쟁의 포로』, 국방군사연구소, 1996, 30쪽의 표를 수정하였음.

---

[96] 『국제신문』, 2013년 5월 14일자, 6면.

포로의 증가에 따른 경비 병력도 증설하였다. 한국군은 10월 25일 제31, 32, 33포로경비대를 창설하여 포로수용소의 관리와 경비를 담당하였다. 10월 1일 38선을 돌파한 한국군과 유엔군은 10월 25일 평양을 접수하였다. 10월 28일 한국군과 유엔군은 북한 지역에서 발생하는 포로들을 수용하기 위해 평양에 2개의 포로수용소를 신설하였다. 그리고 이 수용소의 관리를 미 보병제9연대와 미 제187연대의 소총대대가 담당하였다. 또한 인천에 5만 명을 수용할 수 있는 포로수용소의 신설 계획을 만들었다.

전선에서 떨어진 임시 포로수용소는 비교적 규모가 컸다. 인천상륙작전 후 늘어나는 포로들을 수용하기 위해서 인천을 비롯하여 서울, 평양, 대전, 원주 증지에 수용소가 설치되었다. 인천의 포로수용소는 인천 소년형무소를 개조한 것으로 2,500명 정도를 수용할 수 있었다. 수용소장과 경비도 미군이 담당했다가 1950년 10월 25일 한국군 제32포로경비대대가 배치되었다. 인천상륙작전 직후인 9월 말에는 약 6천 명의 포로들이 수용되어 있어 처음 계획했던 인원의 2배 이상이었다. 그러나 11월 초에는 32,107명으로 급증해 2개 동이 더 건설되었다. 인천의 포로수용소는 12월까지 운용되다 중국군이 개입하여 전세가 밀리자 폐쇄되었고 포로들은 인천역에서 기차를 타고 부산으로 이동하거나 인천항을 통해 수송선과 화물선을 타고 부산으로 이송되었다.[97]

양제호는 인천의 포로수용소에 대해 다음과 같이 기억하고 있었다.

구술자 : 서울 용산 헌병사령부 들렸다가 거기서 또 인천으로 전환해 갔죠.
면담자 : 인천으로 당시 인천에 뭐 포로 용소가 처음으로 만들어졌다고
구술자 : 소년 형무소

---

97) 김태일, 『거제도 포로수용소 비사』, 북사책, 2011, 75쪽.

면담자 : 예에 인천 소년 형무소

구술자 : 거서 하룬가 이틀 자구선 이제 사발공장으로 갔죠.

면담자 : 사발공장은 어디? 매 인천에 있었습니까?

구술자 : 거 인천에 있었죠.

면담자 : 사발공장에서는 그럼 얼마나?

구술자 : 사발공장에서 그뭐 한 20일 있었나 근데 뭐 많이 있진 않았어요. 근데 사발
공장은 이제 가 보니까 현지 포로들이 이제 그 간부가 다 지네 간부가 거의
다 평양 사람들이더라구요.[98]

양제호는 강동에서 수용되어 서울을 거쳐 인천의 포로수용소로 수용되
었다. 그는 처음 인천 소년형무소에 설치된 포로수용소에 있다가 사발공장
에 설치된 포로수용소로 옮겼다. 그에 의하면 인천 포로수용소도 한 곳에
설치되어 있었던 것이 아니라 여러 곳에 설치되어 있었음을 알 수 있다.
특이한 점으로 인천의 사발공장에 수용되어 있었던 포로들은 대부분 평양
출신이었다고 그는 증언하고 있다.

이성운도 인천 포로수용소에 수용되었다가 부산으로 이송되었는데 인
천 포로수용소에 대해 다음과 같이 기억하고 있었다.

> 인천형무소에 갔다 부려놓는데 7~8천 명이 갔다 있는데 마대 뒤집어쓰고
> 이건 뭐 산송장이야. 당장에 무슨 거지들 모아논 것처럼 이렇게 되어있더라
> 구. 그래 물어봤지 당신네들 무슨 사람이야. 하니까 북한군 포로라고 말이
> 야 하 이거 큰일 났구나. 그래 할 수 없이 거기서 그대로 그냥 알랑미밥 주
> 는 거 얻어먹으면서 거기서 며칠 더 지냈어요. 지냈는데 하루는 또 기차빵
> 통을 갔다 들이대더니[99]

---

98) 양제호, 「북한 출신 천도교 반공포로의 포로생활」, 국사편찬위원회, 2014, 37쪽.
99) 이성운, 「북한 출신 천도교 반공포로의 포로생활」, 국사편찬위원회, 2014, 28쪽.

민간인으로 해주형무소에 수용되었다가 탈출한 이성운은 인천의 포로수용소로 옮겨졌다. 그가 기억하고 있는 인천 포로수용소도 양제호와 마찬가지로 인천형무소였다. 그는 이곳에서 열악한 환경 속에서 생활하다 부산의 수용소로 이송되었다.

평양의 포로수용소는 1950년 10월 20일경 설치되어서 미 제1기병사단과 제2사단이 관할했다가, 10월 25일 평양을 완전히 장악하자 인천에서 파견 나온 국군 헌병 파견대와 제33포로경비대대가 포로의 감시, 배식 등 포로수용소 관리를 맡았다. 평양의 포로수용소는 3개의 구역으로 마련되어 있었는데, 1구역 포로수용소는 평양형무소, 2구역 포로수용소는 양곡창고, 3구역 포로수용소는 평양 방직공장에 설치되었다.[100] 북한지역을 점령한 이후 함흥, 원산, 흥남 등지에도 포로수용소가 설치되었다.[101]

길두만은 평양의 포로수용소에 대해 다음과 같이 기억하고 있었다.

> 그래서 평양 가서 그때는 뭐 그 평양방직공장 거기 있는데 거기는 폭격을 해가지고 위가 훤하게 하늘이 다보여요. 그 바닥은 완전 세멘바닥이요 세멘바닥에 거기가 그냥 꿇어앉아서 사는 거요. 근데 먹을 거라곤 순시 삶은 거. 그걸 하루에 요만큼씩 주고 안줘요. 아무것도 없어요. 뭐 시설도, 식당이 없으니까 줄 수도 없는 거지. 그래가지고 그래 난 했는데 그때 한 수만 명이 거기가 집결 해있었어요. 그냥 면회심사를 이제 처음부터 하루에 한번 하는데. 근대 우리가 15대대인데 7대대까지 했다는데 중공군들이 청천강으로 넘어와 버렸거든요. 청천강까지 나오니까 인천으로 이동시킨 거예요.[102]

---

100) "Alley, John A, Jr Colonel, MPC, Army Provost Marshal to Office of the Provost Marshal" Jan.4, 1967, 14/338. 5쪽; 재인용 조성훈, 『한국전쟁과 포로』, 선인, 2010, 75쪽.
101) "HQ, X Corps to CINCFE, Tokyo" Dec, 11, 1950, 679/388; 재인용 조성훈, 위의 책, 75쪽.
102) 길두만, 「북한 출신 천도교 반공포로의 포로생활」, 국사편찬위원회, 2014, 28쪽.

10월에 평안남도 순천에서 포로로 수용된 길두만은 평양으로 옮겨졌는데 평양 방직공장에 있었던 3구역 포로수용소에 수용되었다. 그의 말에 의하면 평양 포로수용소의 환경을 열악했음을 알 수 있다. 평양 방직공장은 폭격으로 지붕도 없는 상태였고 공장의 시멘트 바닥에서 주먹밥을 받아먹으며 생활했다고 하였다. 그는 평양 포로수용소에 있다가 중국군이 청천강을 넘어오자 인천의 포로수용소로 이송되었다.

　　서울에는 영등포와 마포에 포로수용소가 있었다. 영등포의 포로수용소는 유엔군 제1임시포로수용소로 당시 미 제8군의 중요한 포로집결소로서, 원주에서 이송된 포로들을 수용했다가 부산으로 옮겨졌다.[103] 마포형무소에도 포로수집소(Mapo Prisoner of War Collecting Centre)가 설치되어 있었다. 형무소에 있는 4개의 건물 중에서 하나는 군인 포로, 또 하나는 민간인 억류자, 다른 하나는 부상자, 그리고 나머지 하나에는 인천 임시포로수용소로 옮기려고 준비 중인 부상자들이 수용되어 있었다. 이곳의 경비는 한국군과 미군이 공동으로 담당했으며, 10월 2일 국제적십자사 대표의 방문 보고에 의하면 북한군인 및 민간인 842명이 수용되어 있었다. 서울에서 수집된 포로 가운데 북한군 군복을 입은 포로들은 인천으로 즉시 이송되었다. 〈그림 2-5〉은 인천 포로수용소를 방문한 맥아더의 모습이다.[104]

---

103) 헌병사령부, 『한국헌병사』, 대건출판사, 1952, 383쪽.
104) RG342, AUS033_03_02V0000_254.

〈그림 2-5〉 인천 포로수용소를 방문한 맥아더[105]

　　대전에도 포로수용소가 설치되어 있었고 안성, 제천, 수원 등지에도 수
용소가 만들어져서 포로들을 임시로 관리하였다.[106] 유엔군의 2포로수용
소는 원주에 1951년 9월 15일 개소하였다.[107] 이외에도 동해안의 파한리에
유엔군의 임시수용소가 1951년 4월 4일 개소되었다가 12월 1일 폐쇄되었
다. 파한리의 수용소가 폐쇄되면서 주문진에 수용소가 신설되었다. 충주에
있던 유엔군 임시 수용소는 1952년 2월 10일 시 형무소에 설치되었다.[108]

---

105) AUS005_06_02V0000_456
106) "ICRC" Feb, 15, May 23, Oct, 6, 1951, 12/389.
107) "ICRC" Oct, 18, Nov, 29, 1951, Feb, 12~13, April, 6~7, 1952, 12/389;
　　 HQ, EUSAK, "Command Report" Dec, 1951, 군사편찬연구소, SN 1514, 19
　　 쪽; 재인용 조성훈, 『한국전쟁과 포로』, 선인, 2010, 76쪽.
108) "ICRC" May, 18, 1951, 12/389.

중국군의 참전은 전쟁의 상황을 다시 바꾸었다. 기존의 전투부대와 다른 스타일의 중국군은 한국군과 유엔군을 혼란에 빠트렸다. 중국군의 공세에 밀린 한국군과 유엔군은 후퇴하지 않을 수 없었고 덩달아서 평양의 2, 3포로수용소는 폐쇄되어 인천의 포로수용소로 이송되었다. 12월 4일까지 24,697명의 포로가 평양으로부터 인천으로 이송되었다. 그 결과 인천 포로수용소는 63,319명의 포로를 수용하게 되었다. 그러나 중국군의 공세는 38선 이남까지 지속되어 인천의 포로수용소도 이동하지 않으면 안되었다. 인천의 포로들은 12월 중순에 모두 부산의 포로수용소로 긴급 이송되었다.

중국군의 공세로 서울이 다시 함락되자 포로들은 일시에 부산의 포로수용소로 집결되었다. 12월 말에 부산의 포로들은 14만 명에 육박하였다. 1950년 12월 27일 부산의 1포로수용소를 방문한 국제적십자사 대표 비에리가 파악한 공산군의 포로들은 한국군 136,596명, 중국군 616명으로 모두 137,212명이었다. 이들 포로 가운데 북한군 장교는 2,615명이었고, 중국군 장교는 7명이 포함되어 있었다. 부산의 포로수용소는 거제리의 7개 수용소에 가야리와 수영의 대밭에 각각 3개 수용소를 두었는데 각 수용소마다 1만 명 이상이 수용될 정도로 포로 관리에 어려움을 겪었다.

포로가 급속히 증가하자 이들을 수용할 공간과 시설이 태부족하였다. 그리고 이들을 경비하는데 필요한 병력과 안전성의 문제 등 여러 가지 문제가 발생하였다. 특히 포로들을 먹이고 입혀야 하는 병참상의 재원도 문제였다. 이렇게 포로의 급증에 따라 문제점이 등장해 이를 해결하기 위해 새로운 포로수용소를 건립하는 안이 마련되었다.

부산 포로수용소에서는 포로 간의 이념 갈등은 심하지 않았다. 하지만 수용소 안 친공 포로들의 활동이 있었고 이를 저지하기 위한 유엔군의 활동이 있었다.

위의 〈그림 2-6〉은 1950년 10월 24일 부산 포로수용소에서 친공 포로들이 수용소를 장악하기 위해 만든 인공기를 Rock of the Marne 연대에서 노획한 것이다.[109] 피플로프(Peplof) 대령과 프리젤레(Frizzelle) 소령이 노획한 인공기를 들고 찍은 사진이다.

3) 부산 포로수용소의 축소

6·25전쟁 기간 부산은 피난민들의 유입으로 인한 급격한 인구증가와 이에 따른 피난민 관련 행정사무로 어려움을 겪었다. 부산 인구는 1949년 5월 473,619명으로 50만 명에도 미치지 못하였다. 1950년 10월 중국군의 개입이후 피난민이 부산으로 집중적으로 밀려들어왔다. 1950년 12월 말 부산 인구는 1,023,099명으로 불어나 100만 명을 돌파하였다. 실제 유동

---

109) RG111, AUS005_06_02V0000_883.

인구를 포함하면 1950년 말 부산의 인구는 120만 명을 기록하였다. 이후 인구 포화 상태를 해결하기 위한 당국의 소개 방침에 따라 제주도, 거제도 등지로 피난민들이 옮겨갔으나 전쟁 기간 중 부산의 인구는 백여만 명으로 추산된다. 1951년 2월 10일에 실시된 부산시 인구조사에 의하면 일반 시민의 인구가 889,000명으로 조사되었지만 유동인구를 포함하면 임시 수도 기간 부산은 '인구 백만의 도시'였다.

몰려드는 피난민의 수용과 관리를 위해 1950년 9월 8일 피난민수용임시조치법을 공포하여 공공건물은 물론 개인 건물에까지 피난민을 수용하였다. 그해 겨울 중국군의 침입으로 다시 피난민이 밀려오자 공공건물, 대형 가옥, 요정, 여관, 극장 등을 광범위하게 개방하였다. 그리고 시 당국은 정부 사회부와 합동으로 시내의 전 주택을 조사하여 피난민을 받아들일 수 있는 가옥에는 입주명령서를 발부하였다. 부산의 주민들이 피난민을 선뜻 받아들이는 경우도 많았으나 이에 반해 집주인이 입주허가서를 무시하고 입주를 거부하거나 과도한 방세를 요구하는 일이 생기기도 하였다. 이런 조치에도 공간이 부족하자 피난민들은 공터, 도로변, 언덕, 산 할 것 없이 틈이 있으면 움막과 같은 집을 지었다. 부산의 도심지인 용두산 전역은 일시에 판잣집이 차지하였다.

인구증가로 인한 쓰레기 처리 문제는 부산시의 가장 골치 아픈 업무로 대두되었다. 대규모 피난민의 유입으로 쓰레기와 분뇨가 감당하지 못할 만큼 길거리에 쌓이기 시작하자 외국인의 악평은 피할 수 없었다. 어느 외국 통신에서 '부산은 악취의 도시'라는 기사가 실릴 정도로 심각했다. 그러자 이승만 대통령은 분뇨 문제에 대해 정부 관리에게 단속 지시를 내리고 시내를 시찰하기도 하고 몇 차례 국민 담화까지 발표하였다. 담화는 전쟁 수행을 위해 외국인들이 많이 드나드는 '국제도시 부산'이 청결한 이미지를 가져야 한다는 내용이었다.

그리고 일반차량의 운행도 많아졌지만 국군과 유엔군의 각종 군용 차량이 넘쳐 교통 문제가 심각하였다. 당시 부산의 도로는 좁고 한가운데에 전차가 다녔으며 전차길 양옆으로 차가 다녀야 했다. 더욱이 길가에 판잣집이 들어서서 혼란이 더하였다. 이에 부산시에서는 군용차의 원활한 소통을 위해서 주요 도로의 통행을 일부 제한하는 조치를 취하기도 하였다. 과중한 교통량으로 파괴된 시내 간선도로를 포장하기 위한 공사를 시행했지만 도로 형편은 좀처럼 나아지지 않았다. 이렇게 부산이 피난민과 정부 부처가 공존하고 있는 가운데 포로수용소까지 있어 부산의 도시 기능의 마비 상태에 이르렀다. 이를 해결하기 위한 방안의 하나로 포로수용소의 이전이 이루어졌다.[110)]

1950년 11월 27일 포로수용소가 거제도에 신설되는 안이 마련되어 부산의 포로수용소는 축소되고 있었다. 거제도 포로수용소가 건설되면서 부산의 포로들은 거제도로 이송되어 포로수용소 건설에 동원되었다. 이 기간 동안에도 각지에서 수용되는 포로들은 일단 부산으로 집결되어 심사를 받았다. 1951년 2월 말까지 부산의 2, 4포로수용소의 포로 53,588명이 거제도로 이송되었다.

이해 4월에는 1,700명의 포로가 수원, 제천, 대전, 하양에 있는 포로수송 캠프에서 처리되었다. 5월 25일과 31일의 7일간 약 4,750명의 포로가 원주 한 곳에서 처리되었다. 5월 말까지 유엔군 관할 하의 공산권 포로 154,734명 중에서 115,884명이 거제도로 이송되었고, 계속해서 다른 인원은 수송 중에 있었다. 6월 말까지는 14만 명 이상의 포로가 거제도로 수용되었다.

---

110) 김인호 외, 『부산 근현대사 산책』, 국학자료원, 2017, 250쪽.

이렇게 거제도로 포로들이 이송되자 부산의 포로들은 7,000명에서 10,000명 사이를 오르내렸다. 14만 명의 포로가 빠져 나가자 부산의 안전 문제가 어느 정도 해결되었다. 부산 포로수용소의 포로 대부분이 이송되자 부산의 포로수용소가 가지고 있던 "1포로수용소"라는 명칭도 거제도로 옮겨지게 되었다. 이로써 거제도는 명실상부한 최대의 포로수용소가 되었으며, 부산의 포로수용소는 거제도 포로수용소의 보조적인 위치가 되고 포로수용소의 명칭도 10포로수용소로 바뀌었다.

부산의 포로수용소는 10포로수용소로 명명되고 대부분의 포로가 거제도로 이송되면서 기능이 축소되었다. 10포로수용소는 주로 질환이 있는 포로, 여성 포로, 민간인억류자 등만이 남아 있었다. 이에 따라 10포로수용소는 제14야전병원의 통제를 받았다. 환자들의 규모는 가장 많을 때 10,800명이었고 최소였을 때 7,574명이었다.

1951년 포로의 대부분이 거제도로 이송된 이후 부산의 포로수용소에서도 이념 대결이 진행되었다. 1951년 8월에 부산의 포로수용소에서 심상치 않은 움직임이 있다는 첩보가 입수되었다. 포로경비대의 지휘관은 그 정보를 심각하게 받아들이고 8월 11일부터 경비를 강화하는 조치를 내렸다. 8월 15일 일몰 후 수용소 내에서 긴장감이 고조되었다. 한 수용소 막사에서 노래가 시작되자 연쇄적으로 다른 막사에서도 반응이 나타나 따라 불렀다. 이렇게 되자 한국군 경비병과 포로 사이에 흥분과 긴장이 고조되기 시작하였다. 포로들은 의도적으로 경비병에게 욕설을 가하였다. 이렇게 열기가 고조되자 포로들은 집단적으로 철조망 울타리로 밀려와 경비병들에게 돌을 던졌다. 반공 포로 막사에서는 여기에 대항해 친공 포로 막사를 향해 돌을 던졌다.

친공 포로와 반공 포로의 투석전은 밤이 깊어져도 끊이지 않았다. 경비병들은 양측의 대항이 고조되자 포로들이 집단으로 탈출한 것을 우려하게 되었고 결국 포로들을 향해 사격을 가하게 되었다. 이 사건으로 8명의 포로가 사망하고 22명이 부상을 당하였다. 부산의 병원수용소에 있었던 길두만은 부산 병원 수용소의 친공 막사에서 극적으로 반공 막사로 탈출하였다고 구술하였다.[111]

당시 병원에 있었던 거제리 포로수용소에 관한 내용을 보여주는 기사가 1952년의 한 잡지에 소개되어 당시의 모습을 어렴풋이 그려볼 수 있다. 거제리 포로수용소는 당시 부산의 서면 로타리 버스종점에서 약 2㎞거리에 위치하고 있었다. 수용소는 큰 길에서 사이길로 접어들어 정문까지는 약 500m의 거리를 두고 위치하고 있었다.[112] 수용소에는 면회실이 있어서 면회를 위해 찾아오는 사람들로 북적거렸다. 포로들은 서신을 통해 가족이나 친지, 친구들과 연락을 해서 수용소에 필요한 물품 등도 조달받을 수 있었다.

현재 부산에는 포로수용소가 있던 지역에 특별하게 표시가 되고 있지 않다. 1950년 9월은 유엔군 산하 스웨덴 야전병원이 현재 롯데백화점이 있는 부산상고 자리에 들어섰다. 부산의 포로수용소가 들어서고 늘어나면서 거제리에서 서면 일대는 일대 전환을 맞았다. 지금의 부산시청 자리는 애초 포로를 관리하던 군부대 있었던 곳으로 1980년대 말까지 향토보병사단으로 존립했다. 서면의 태화쥬디스 자리 뒤편 신신호텔 자리로는 육군형무소가 1955년 7월 들어서 1962년 6월까지 재소자를 구보시켰고 배식 때마다 줄을 세웠다.[113] 이처럼 부산의 거제리에서 서면과 전포동 일대는 6·25전쟁 시기 포로수용소가 있었다. 그리고 포로수용소가 폐쇄되면서 앞

---

111) 길두만, 「북한 출신 천도교 반공포로의 포로생활」, 국사편찬위원회, 2014, 31~32쪽.
112) 이재순, 「거제리포로수용소 방문기」, 『신인간』 통권 제196호, 1951.12, 16쪽.
113) 『국제신문』, 2013년 5월 14일자, 6면.

에서 언급한 전포초등학교 등 각종 공공기관과 공장들이 들어서 부산의 중심부를 형성하여 오늘에 이르고 있다.

〈그림 2-7〉 부산 5포로수용소 자리에 들어선 공장

※출처: 『국제신문』, 2013년 6월 11일자 6면. 1953년 8월 포로수용소가 폐쇄되면서 이병철이 인수하여 제일제당 공장을 설립, 사진은 1950년대 제일제당 공장 모습. 현재는 아파트가 들어서 있음.

부산 거제리 포로수용소는 1953년 7월 27일 휴전협정이 조인되고 8월 5일부터 포로송환 개시(9월 6일 송환업무 완료)되면서 폐쇄되었으며, 이후 포로수용소 자리였던 연제구 연산동 1000번지 일대에는 한국군 군부대인 53사단(육군 7376부대) 사령부가 자리 잡게 되었다. 이곳에 자리 잡고 있었던 군부대는 1980년대 말 이전과 함께 1990년 11월 부지를 매수하여 1994년 1월 18일 착공하여 1998년 1월 10일 준공하였고, 1998년 1월 20일 개청하여 오늘에 이르고 있다.

4) 부산 포로수용소에서의 생활

포로들은 부산의 포로수용소에 대해 어떻게 기억하고 있을까? 포로들의 기억 속의 부산 포로수용소의 모습은 다음과 같다. 우선 부산의 포로수용소를 수용소본부와 동래수용소로 기억하는 경우가 있었다.

> 부산에 처음에 와가지고 막 그 지금 기억에 거제, 거제리라고 그 거제 그 수용소, 본부 수용소가 있었는데 거기서 이제 포로번호도 발급도 하고 그랬는데 거기서 포로번호 받고 ……거기서 포로번호 받아가지고 거기서 3일인가 4일 거기서 아마 숙영을 한 거 같고. 그 논바닥에 천막을 치고서 그때 지냈다가 거기서 이송을 해가지고 어 동래 수용소, 동래? 남북 수용소가 있는데 남수용소에 우리가 수용된 거 같애[114]

성기남의 증언에 따르면 포로로 수용된 이후 포로수집소와 임시포로수용소를 거쳐 부산의 거제리 포로수용소로 이송되었다. 그는 본부 포로수용소에서 간단한 심사를 받고 포로번호를 부여 받았다. 이곳에서 3~4일간 머문 후 그는 동래 포로수용소의 남수용소로 배속되었다. 성기남이 있었던 수용소는 2포로수용소로 추정된다. 그는 동래의 포로수용소에서 특별한 경험을 하였는데 그 내용은 다음과 같다.

> 밖에, 남수용소에 있을 적에 밖에를, 그 관리하는 그 국군 관리병이 인솔 하에 나갈 수가 있는데 한 십, 한 열 명 정도씩을 데리고 이따금 나가서 한 바퀴 돌아오고 했는데 그중에 나도 그 사람 덕으로 했는지 끼여서 한 두어 번인가 나갔던 거 같애. 나가서 뭐 목욕도 하구 들어오고 …… 동래 그 일본 숙소 일본사람들이 쓰던 관사 같은 게 있더라고 근데 거기에 이제 목욕탕이 크게는 아니지만 조그만 개인 목욕탕을 물 끓이는 데가 있어가지고 거기에

---

114) 성기남, 「북한 출신 천도교 반공포로의 포로생활」, 국사편찬위원회, 2014, 29쪽.

물 데워가지고[115]

성기남이 부산의 동래 포로수용소로 수용된 시기는 1950년 9월 말에서 10월 초였다. 당시까지만 해도 포로들에 대한 경비가 철저하게 이루어지지 않아서 경비병들이 포로들을 수용소 밖으로 인솔하여 목욕도 시키고 시내 구경도 시켰던 일도 있었다.

길두만은 부산으로 이송되어 본부 수용소를 거치지 않고 바로 가야 수용소로 이송되었다고 하였다.

> 인천에서 하룻저녁 자고 부산으로 부산 가서 있다가 부산 가야 수용소에서 겨울을 났죠. 가야 수용소에서 겨울을 나는데 거기서 …… 한 개에 수용소라면 거의 한 5천 명 정도 돼요. 근데 거 그케 많은 사람들이 가야 수용소에 있었죠. …… 겨울 나면서 식사는 적고 그러게 밤이면 미군들이 그 역전에 데려가서 목재 운반을 시켜요.[116]

길두만이 포로로 수용된 시기는 1950년 10월로 기억하고 있었다. 이 시기는 포로가 급증하던 시기여서 본부 수용소를 거치지 않고 가야 수용소로 이송되어 포로 심사를 받은 것으로 보인다. 양제호도 평안남도 강동에서 포로로 수용되어 서울을 거쳐 인천의 포로수용소로 이송되었다가 부산의 포로수용소로 이송되었는데 그는 수영대밭 수용소로 이송되었다.

> **면담자** : 예 뭐 하여튼 포로라는 게, 그럼 여기 사발공장에 있다가 인천에 사발공장에 있다가 그 다음에는 또 어디로?
> **구술자** : 부산으로 갔죠

---

115) 위의 글, 29~30쪽.
116) 길두만, 앞의 글, 2014, 28쪽.

면담자 : 그다음엔 부산. 부산 어디로 오셨습니까?

구술자 : 3수용소라구 어딘지 모르겠더라구

면담자 : 그 당시 3수용소

구술자 : 아니 3수용소가 아니라 그 저 수영 수용소

면담자 : 수영? 예예

구술자 : 거 들어오는 거 받는데

면담자 : 아 예예 들어오는 거 딱 보니까 수영 수용소 적혀...[117]

　부상자들은 바로 부산의 야전병원으로 옮겨졌다. 양택조는 팔공산전투에서 북한군 장교에게 총을 맞고 낙오되어 부상 상태로 수용되어 부산의 야전병원으로 옮겨졌다.[118] 그 후 포로수용소의 병원에서 3개월간 치료를 받고 거제도로 이송되었다.

　오용삼은 대전에서 부산의 동래 포로수용소로 이송되었다.

면담자 : 대전에서 부산으로?

구술자 : 그래서 이제 부산 내려가서 아닌 게 아니라 동래

면담자 : 예예, 동래수용소?

구술자 : 동래수용소로 가라고 해서 거기 가서 아닌 게 아니라 살았지요. 내가 거기 가가지고서 아닌 게 아니라 식사 당번을 나보고 이제 하라구[119]

　오용삼이 포로로 수용되었던 시기도 성기남과 마찬가지로 9월 말에서 10월 초였다. 이 시기까지는 부산의 동래수용소로 집결되었다. 10월 초를 지나 포로의 수용이 급증하면서 수영과 가야로 이송되었다. 민간인이었던 이성운도 수영의 대밭수용소로 이송되었다.

117) 양제호, 「북한 출신 천도교 반공포로의 포로생활」, 국사편찬위원회, 2014, 38쪽.

118) 양택조, 「북한 출신 천도교 반공포로의 포로생활」, 국사편찬위원회, 2014, 32쪽.

119) 오용삼, 「북한 출신 천도교 반공포로의 포로생활」, 국사편찬위원회, 2014, 34쪽.

부산에 수영비행장이 있어 수영비행장에 참대밭 수용소라는 데가 있습니다. 참대밭 수용소에 갔다 내려놓더라구 근데 보니까 논바닥인데 전부 가마니만 깔아놓고서 텐트만 쳤어. 그래 뭐 할 수 없지 거기 들어가서 보니까 심사받았냐 심사받았다는 사람도 있고 그래요. 나중에 며칠 지나니까 심사하는 것 보니까 뭐 카드를 하나씩 줘. 이게 뭐냐 하니까 포로등록증이라는 거야 포로가 완전히 된 거야 카드받았으니까, 뭐 여하간 과거에 너는 뭘 했던 지간에[120]

이창번은 원산에서 수용되어 부산 거제리를 거쳐 수영대밭 수용소로 이송되었다. 그가 포로로 수용된 시기는 1950년 12월이었다. 그는 거제리에서 약 한 달 가까이 있다가 대밭수용소로 이송되었다.

그때 그래가지고 바로 이제 그 저쪽에 대전으로 어떻게 열차에다 태워가지고 대전에 왔다가 대전에 하룻밤 그 형무소에서 재워가지고 부산으로 내려가지고 그 거제리 수용소라고 있는데 거제 거기 도착한 게 아마 12월 달쯤되서, 50년 12월 달쯤에 거제리 수용소에 도착했을 거예요.[121]

평양에서 태어난 맹의순은 1950년 7월 31일 남쪽으로 피난 내려오다 북한군에 붙잡혀 낙동강 전선까지 내려왔다 탈출에 성공하였다. 그러나 1950년 9월 15일 대구 북서방 5리 지점에서 미군에게 포로로 수용 당하였다. 그에 의하면 미군은 당시 최전선 2마일 안에서 잡힌 사람은 모두 포로로 취급하였고 따라서 맹의순도 포로로 수용되었다. 그는 바로 부산의 포로수용소로 이송되었는데 그의 기억에 의하면 부산의 포로수용소는 6개의 동으로 구성되어 있었고 맹의순은 내과병동인 4수용소에 수용되었는데,

---

120) 이성운, 「북한 출신 천도교 반공포로의 포로생활」, 국사편찬위원회, 2014, 28쪽.
121) 이창번, 「북한 출신 천도교 반공포로의 포로생활」, 국사편찬위원회, 2014, 40쪽.

옆의 5수용소는 폐결핵 환자들이 수용되어 있었다고 한다.[122] 그의 증언에 의하면 맹의순은 병원수용소로 이송되었다고 보인다.

수용소의 내부가 어떻게 이루어졌는지에 대해 길두만은 다음과 같이 설명하고 있다.

> 미군 천막 하나에 한 60명 내지 70명을 수용시키거든요. 그리고 그 논밭을 이렇게 떼다갔다 천막을 쳐 놓고 가운데를 이 홈을 파가지고 사람이 왔다 갔다 해 만들고 조금 돋아가지고 언덕이 있어요. 그리고 언덕에 요기 양짝 에서 사람이 자는 거예요. 자는데 나갔다 들어오면 자리가 없어요.[123]

그는 수영대밭의 포로수용소를 설명하고 있다. 수용소 천막은 논이나 밭의 평평한 곳에 설치하였고 하나의 천막에는 60~70명의 포로를 수용하였다. 천막의 내부 가운데로 홈을 파서 사람이 이동할 수 있도록 약간 돋아서 언덕처럼 만들었다. 그리고 낮은 곳에서 포로들이 잠을 잤는데 수용된 포로가 많아서 중간에 화장실이라고 갔다 오면 누울 자리가 없을 정도로 비좁았다고 하였다.

송관호도 부산의 포로수용소에 대해 기억하고 있었다.

> 우리는 부산 수용소로 갔다. 입감 수속으로 입었던 옷을 모두 벗고 카키색 의 군복으로 갈아입었는데 앞과 뒤에 PW(Prisoner of War)라고 적혀 있었 다. 말 그대로 전범이 된 것이다. 개인 사물로 밥사발, 나무젓가락, 그리고 담요 한 장씩을 지급받았다. 식사로 밥을 주는데 쌀알이 가늘고 길며 풀기 가 전혀 없어 한 그릇을 다 먹어도 밥을 먹은 것 같지 않았다. 사람들은 말 이 베트남 쌀로 지은 안남미라서 그렇다고 했다. 우리는 거기서 하룻밤을

---

122) 신재의, 「맹의순의 삶과 포로수용소에서의 선교」, 『한국기독교와 역사』 제41호, 한국기독교역사연구소, 2014.9, 163쪽.
123) 길두만, 앞의 글, 2014, 29쪽.

지내고 그 다음날 서면수용소로 갔다. 그때 군번이라며 내 번호를 알려주는데 '63849'라고 했다. 나는 그때부터 포로수용소의 포로가 되었다. 우리는 천막생활을 했다. 천막 한 동에 80명씩 수용되어 매우 비좁았다. 잠은 맨 땅위에 가마니를 깐 후 그 위에서 담요 한 장을 깔고 덮고 잤다. 겨울이라 날씨가 추웠지만 사람들이 부대끼며 온기로 견딜 만했다.[124]

송관호는 부산의 거제리 수용소본부에서 PW라고 새긴 옷을 갈아입고 수용소 생활을 시작했다. 개인에게 필요한 밥그릇과 젓가락, 그리고 담요를 배급받았다. 그리고 그는 다음날 서면의 수용소로 이송되어 생활하였다. 서면의 수용소에서는 천막생활을 했는데 천막에는 80명의 포로가 있었다고 기억한다. 천막에선 지급받은 가마니와 담요를 깔고 덮으면서 겨울을 났다.

포로들은 수용소에서 대부분 노역에 동원되었다. 송관호도 노역에 동원되어 일했는데 미군으로부터 일을 못해 구타를 당하기도 하였다.

다음날부터 제2부두로 차출 작업이 되었다. 어제 일을 계속하게 되었다. 그런데 우리를 감시하던 한국인 경비가 포로인 우리들이 말을 잘 안 듣는다고 욕을 하고 때렸다. 옆에 있던 미군이 말려 다행히 더 심한 봉변은 당하지는 않았다.[125]

포로들의 증언을 종합해 보면 포로들은 포로수집소와 임시 포로수용소를 통해 부산의 거제리수용소 본부로 이감되었다. 그 후 임시 포로수용소에서의 자료를 바탕으로 최종 심사를 통해 포로번호를 부여받고 PW가 앞뒤로 적힌 포로복과 담요 한 장, 생필품 등을 지급받았다. 1950년 10월 이

---

124) 송관호, 김종운 편, 『전쟁 포로─송관호 6·25전쟁 수기』, 눈빛, 2015, 122쪽.
125) 위의 책, 127쪽.

후 포로로 수용된 경우는 수영대밭 수용소와 가야 수용소로 분산하여 포로 생활을 시작하였다.

3. 거제도 포로수용소

1) 거제도 포로수용소의 설치

6·25전쟁 시기 포로수용소의 대명사인 거제도 포로수용소는 전쟁 초기부터 건설되어 운용되었던 것은 아니었다. 위에서도 언급했다시피 전쟁 초기에는 부산의 거제리에 1포로수용소가 설치되어 모든 포로들을 수용하고 관장하였다. 하지만 중국군의 개입으로 인천과 평양의 포로수용소가 폐쇄되자 모든 포로들은 일시에 부산으로 이송되어 부산의 포로수용소는 포화상태가 되었다. 이렇게 되자 부산의 포로수용소를 옮기자는 의견이 유엔군사령부에서 대두되었다.

부산은 전쟁 중에 임시수도가 되면서 행정기관이 주재해 있었고 피난민들까지 몰려 포화상태가 되었다. 포로의 증가로 인한 관리 문제가 힘들어지자 유엔군사령부에서는 수용소의 이전 문제를 논의하게 되었다. 1951년 1월 6일 미 제8군사령관 리지웨이(Matthew B. Ridgway)는 맥아더(Douglas MacArthur) 유엔군사령관에게 포로 처리 문제에 관한 관심을 표명했다. 그는 전장에서 멀리 떨어지지 않은 곳에 14만 명의 포로가 존재한다는 사실에 우려를 표했다.[126] 수용소 이전에 관한 리지웨이의 건의에 대해 맥아더는 포로를 미국 본토나 일본으로 이주시키려는 구상을 하였지만 여러 가지 문제점이 나타나 제주도로 이전하는 것으로 고려해 결정하였

---

126) 매듀 B. 리지웨이, 김재관 역, 『한국전쟁』, 정우사, 1981, 229쪽.

다. 그러자 리지웨이는 "이미 피난민으로 초만원이 되어 있다는 점, 용수가 부족하다는 점, 또 이 섬이 오랫동안 공산주의의 온상이었다는 점, 그리고 피난한 한국정부가 이 섬을 임시정부 장소로서 사용할 가능성이 있다는 점"[127] 등을 들어서 제주도로의 포로수용소 이전을 거부했다. 하지만 중공군의 반격으로 서울을 상실하자 제주도 포로수용소 안이 결정되었다.

제주도 포로수용소 안을 보고받은 미육군본부에서는 합동참모본부에 의뢰하여 포로문제를 논의하였다. 논의 결과 유엔군사령부 내에 포로를 두는 것에는 찬성했으나 어떤 포로도 미국 영토로 들어오는 것은 반대하였다. 또한 포로 분산 수용을 위해 제주도 안도 폐기되었고, 거제도 안이 급부상하였다. 당시 리지웨이는 거제도도 섬이라는 같은 조건, 육지로부터 짧은 이동거리, 용수 문제 등을 해결할 수 있다는 측면에서 적격이라는 판정을 하였다. 이에 따라 거제도의 몇 개 읍을 수용소 부지로 선정하고 본토의 유엔군 관할 하에 있는 포로를 이동시키는 이른바 "알바니 작전"이 수립되어 거제도로의 포로 이동이 본격 시행되었다. 처음에는 6만 명 수용 규모로 계획되었으나 나중에는 22만 명의 포로를 수용하고 지원하는 것으로 바뀌어 모든 포로를 거제도로 수용하는 것으로 결정되었다.[128]

거제도는 경남의 남해안 중심부에 위치하고 있으며, 우리나라에서 두 번째로 큰 섬이다. 동쪽으로는 부산 가덕도와 직선거리 9km에 위치하고, 서쪽으로는 통영시를 사이에 두고 있으며, 북서쪽 해안은 진해만을 끼고 진해·마산·고성과 마주하고 있다. 면적은 402.64km²이고 62개의 부속 섬으로 구성되어 있다.[129] 6·25전쟁 당시 거제도의 인구는 118,000명이었

---

127) 김행복, 『한국전쟁의 포로』, 국방군사연구소, 1996, 61쪽.

128) Command Report, HQ EUSAK, Feb. 51, 25~26쪽 ; Command Report, HQ 2d Log Comd, Jan, 51, 232쪽 ; 재인용 김행복, 위의 책, 62쪽.

129) 거제시청(http://www.geoje.go.kr/index.geoje?menuCd=DOM_000000105001003001)

다. 전쟁이 발발한 후 거제도 원주민에 1951년 흥남에서 내려온 1만여 명의 피난민을 포함해 다수의 피난민이 거제도에 들어와 인구가 증가하고 있었다. 거제도 또한 좌익들의 활동이 많았던 곳이었다. 그래서 거제도에 포로수용소를 설치하는 것에 대해 유엔군사령부에서는 반대하고 있었다. 하지만 제주도 포로수용소 건립 안건이 부결되면서 다른 대안이 없었기 때문에 부득이 거제도에 포로수용소를 설치하기로 하였다. 리지웨이도 거제도에 포로수용소를 설치하는 것에 대해 "상식으로서는 생각할 수 없는 일로서, 좋지 않는 조건 중에서의 선택일 뿐"[130]이라며 거제도에 포로수용소를 설치하는 것에 대해 못마땅한 태도를 보였다.

거제도가 제주도에 이어 국내에서 두 번째 큰 섬으로 거제도에 포로수용소를 건설하겠다고 결정을 내렸지만 포로수용소를 신설하는 것은 생각처럼 쉬운 일은 아니었다. 우선 거제도는 개발이 많이 이루어지 않은 상태여서 포로들이 이동해야 할 항만시설과 도로시설이 정비되어 있지 않았다. 더욱이 포로수용소 건설을 위한 장비가 드나들 수 있는 도로 시설도 되어 있지 않았다. 해상으로는 포로와 화물을 수송하기 위한 항만 시설과 공간도 부족하여 이를 위한 기반 공사가 먼저 실시되어야 했다. 또한 거제도는 평지보다는 야산이 많은 섬이라서 포로수용소의 설치가 쉽지 않았다. 섬의 평평한 곳은 대부분 논으로 구성된 농경지였기 때문에 이곳을 수용할 경우 물을 빼고 복토를 해서 말려야 했다.

1950년 11월 27일 유엔군사령부는 거제도에 포로수용소 설치 공사를 시작하였다. 포로수용소가 설치된 지역은 고현출장소 관할인 고현·문동리(북한군 포로), 장승포읍 관할인 수월·해명(중공군 포로), 수월리 주작골

---

130) Command Report, HQ EUSAK, Feb. 51, 25~26쪽; Command Report, HQ 2d Log Comd, Jan, 51, 232쪽; 재인용 김행복, 『한국전쟁의 포로』, 선인, 1996, 63쪽.

(여자 포로), 양정·수월리(북한군 포로), 고현·수월리(남한 출신 의용군), 연초면의 송정리(포로공동묘지) 등이었다.[131] 독봉산을 사이에 두고 고현리쪽 평지와 계곡, 그리고 반대편 수월리쪽의 계곡과 평지가 지정되었다. 도로의 개설과 일운면 고현출장소 장평비행장 등의 360만 평의 농토와 임야를 징발하여 불도저로 밀어 구획을 정리하고 야전용 천막을 설치하였다. 이 부지 중에는 3천여 호의 농가도 포함되었으며, 사전 통보나 어떠한 보상도 없이 징발당해 철거되었다.

이로 인해 거제도 원주민들은 피해를 많이 입었다. 당시 거제도 원주민으로 거제읍 고현리에서 농업을 했던 원주민 유상언(劉尙彦)은 당시의 상황을 다음과 같이 설명하고 있다.

> 50년 11월 초부터 논밭은 무조건 징발해서 불도저로 밀어대고 군용 텐트로 임시 막사를 만듭디다. 51년 초 봄에 폭풍이 불어 텐트 막사가 모두 날아가는 소동이 벌어진 후 반 영구식 막사를 지었어요. 피란민 중에서 수용소 물자로 한 밑천 잡아가지고 부산시장으로 진출한 사람도 많았습니다. ⋯⋯ 그리고 수용소 설치 부지 안에 있던 원주민들은 처음부터 피해가 컸고요. 수용소 설치 당시 고현 일대의 주민은 1천 4백 가구에, 징발된 토지가 2백 50만 평, 가옥이 3천여 호였습니다. 휴전 조인 후 수용소가 폐쇄될 때 신봉권 씨와 내가 제일 먼저 돌아와 원주민 복구 대책위원회를 만들었어요.[132]

유상언은 1950년 11월 초부터 포로수용소 토지의 수용과 포로수용소의 건설이 시작되었다고 기억하고 있었다. 고현 일대의 토지 대부분과 3천여 호의 가옥이 징발되어 고통을 입었다고 하였다. 전쟁 중이라 이들에 대한

---

131) 전갑생, 「거제도 포로수용소 설치와 포로의 저항」, 『제노사이드연구』 제2호, 한국 제노사이드연구회, 2007.8, 101~102쪽.
132) 『민족의 증언』 4, 중앙일보사, 1983, 30쪽.

특별한 보상은 없었다.

처음 유엔군사령부는 거제도에 포로수용소의 규모를 6만 명에서 9만 명 정도로 계획하였다. 고현 일대에 설치된 고현 포로수용소는 천막으로 막사를 설치했으나, 1951년 봄 태풍으로 텐트 막사가 모두 훼손되어, 일부 막사에 시멘트를 사용하였다. 1951년 1월 10일에는 정찰대가 포로수용소의 부지 선정을 위해 거제도를 방문했다.[133] 본격적인 포로수용소의 건설은 1951년 1월 15일에 시작해서 8월 15일까지 완수할 계획이었으나 건자재의 부족과 건설 중에 발생한 태풍과 폭우로 인해 그해 12월 15일까지 지연되었다. 포로수용소의 건설에는 수용소 인근의 민간인과 부산에서 거제도로 이동한 포로들이 동원되었다. 수용소가 건설되고 있는 도중에 포로들이 거제도로 이송되기 시작하였다.

1952년 2월 4일 포로 3,015명이 거제도로 처음 이송되었고, 2월 말까지 53,839명의 포로들이 부산에서 거제도로 옮겨졌다. 이때 이송된 포로는 부산의 2수용소와 4수용소에 수용되어 있던 포로들이었다. 이들 포로들은 거제도로 이송됨과 함께 수용소 건설에 동원되었다. 1951년 2월 말 포로 이동 시기의 포로 현황은 〈표 2-3〉과 같다.

〈표 2-3〉 포로수용소 이동시기의 포로 현황(1951년 2월 28일 현재)　　　　　(단위: 명)

포로수용소		인원수	비고
부산	1수용소	5,787	
	3수용소	38,395	
	5수용소	31,880	
	병원	10,146	
거제도		53,588	거제도로 이송된 부산의 2, 4수용소의 인원
계		139,796	

※출처: 김행복, 『한국전쟁의 포로』, 국방군사연구소, 1996. 65쪽.

133) 조성훈, 『한국전쟁과 포로』, 선인, 2010, 79쪽.

3월 1일 주요 본부 및 부대가 거제도로 이동했으며, 3수용소 포로들은 3월 12일까지 거제도로 이동했다. 이렇게 해서 3월 말까지 부산에서 거제도로 이송된 포로의 수는 총 98,799명으로 10만 명에 육박했다. 당시 매일 포로들이 2천 명씩 거제도로 옮겨지고 있었다. 갑작스런 포로수용소의 건설과 동시에 추진된 포로들의 유입으로 거제도 포로수용소는 포로들을 원활하게 관리하기 위한 준비를 갖추지 못하였고, 이후 거제도 포로수용소에서 일어날 수많은 사건들의 배경으로 작용하였다. 그리고 수용소는 10만 명을 넘어서면서 한계를 넘어섰고 다시 확장하지 않을 수 없었다.

거제도로 포로들이 이송되기 시작하였던 1951년 2월부터 원주와 영등포 등에 설치되어 있었던 미 제8군사령부 관할 포로수집소들과 한국군이 운영하던 포로수집소에서는 계속해서 부산으로 포로들을 집결시켰다.

1950년 5월 말까지 전체 유엔군 포로 154,734명 중 115,884명의 포로가 거제도로 수용되어 거제도가 포로수용소를 대표하는 곳으로 자리 잡게 되었다. 상대적으로 부산의 포로는 7,000명에서 10,000명 사이를 오르내렸다. 포로가 거제도로 이동함으로써 부산은 포로 문제로부터 자유로울 수 있었고 시민의 안전도 담보되었다. 부산의 수용소가 거제도로 이동함에 따라 한국군 경비대대도 같이 옮겨졌다. 부산의 포로수용소는 주로 질환이 있는 포로를 비롯해 여성 포로, 민간인 억류자 등이 남았다.

〈그림 2-8〉은 1952년 거제도 포로수용소의 배치도이다. 그림의 검은색으로 표시된 수용동은 반공 포로수용소이고 회색으로 표시된 수용동은 친공 포로수용소이다. 그림 가운데의 독봉산을 사이에 두고 왼쪽의 고현리 일대와 오른쪽의 신현리 일대에 포로수용소가 건설되었다. 그리고 포로들을 관리하기 위한 수용소 본부, 제8137헌병단, 제64야전병원 등이 만들어졌다. 거제도 포로수용소는 크게는 제6~9구역 및 특별 동으로 건설

되었다. 거제도 포로수용소의 전체 수용소는 60·70·80·90의 4개의 구역(Enclosure)과 28개의 수용소(Compound)으로 구성되었다.

〈그림 2-8〉 거제도 포로수용소 배치도[134]

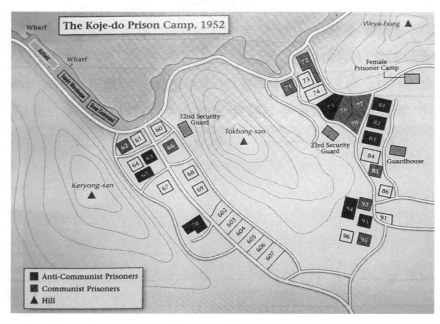

고현리 일대의 중앙 계곡에는 제6구역(60~69수용소)과 제7구역으로 분류되는 70수영소가 있었다. 그리고 장교를 수용하기 위한 602에서 607 수용소가 계곡 안쪽에 자리 잡고 있었다. 독봉산 아래쪽에 중앙 계곡을 경비하기 위한 32경비대대가 설치되어 있었다.

동부 계곡에는 제7구역(71~78수용소), 제8구역(81~86수용소), 제9구역(91~96수용소)이 있었다. 여자 포로수용소가 8구역 오른쪽에 설치되어 있었다. 그리고 제7~9구역을 경비하기 위한 33경비대대가 7구역의 가운

134) 조성훈, 위의 책, 2010, 82쪽.

데에 설치되어 있었다. 그리고 제7구역과 제8구역의 사이에 수용소 본부가 설치되어 있었다.

각 수용소에는 처음에는 4,500명을 예상하고 거기에 맞는 시설로 건설하였다. 하지만 포로의 수가 늘어나면서 각 수용동에 배치되는 포로들도 증가하였다. 가장 많은 포로들이 수용되어 있었던 72수용소는 8,500명이 수용되어 있었고, 86수용소는 8,150명으로 8천 명 이상을 수용해 처음 예상했던 수용인원의 2배에 달하는 경우도 있었다.

〈그림 2-8〉과 같이 1952년의 수용소는 친공과 반공의 대결이 한창 이루어지고 있었던 1952년 초의 상황으로 보인다. 1952년 봄이 되면서 포로들의 분리 심사가 이루어져 반공 포로들은 내륙의 수용소로 이전되었다. 따라서 〈그림 2-8〉에 나타난 수용소는 1951년 여름에서 1952년 초까지의 거제도 포로수용소의 모습이다. 당시 포로수용소는 각 수용소마다 철조망이 쳐 있었고 구역마다 다시 철조망으로 둘러싸여 있어 각각의 구역이 구분되었다. 특히 76수용소에는 30개의 막사가 있고 이중으로 철조망이 쳐져 있었다. 각 수용소의 안에는 50~60명씩 배치되는 막사의 대열을 이루고 있었다.

수용소의 건설과 함께 포로의 이송이 시작되었는데 1951년 1월 중순부터 포로들이 옮겨오기 시작하여, 그해 6월께 민간인 억류자 5만 4천 명, 중국 북한의용군 2만 명, 여자 포로 3천 명을 포함해서 총 17만 6천여 명이 수용되었다. 당시 거제도 포로수용소에는 17개의 수용소가 있었는데 60·70·80·90 단위의 숫자로 표시되었다. 원래 남한 출신 포로들은 61·62·63 등 6단위로 시작되는 막사에 수용하였고, 북한 출신 포로들은 75·76 등 7단위의 수용소에 수용하였다. 휴전회담이 시작되기 이전의 초기에는 이념적 성향에 따라 좌익과 우익의 분류가 이루어지지 않아서 북한군 포로들은 한곳에 모아두었다.

거제도 포로수용소의 62수용소는 북한으로 송환을 희망하는 민간인억류자가 수용되었고, 63과 65수용소는 반공적인 민간인 억류자들이 수용되어 있었다. 70단위의 수용소 가운데 76과 77수용소는 친공 포로들이 장악하였고 나머지 수용소는 반공 포로들이 접수하였다. 8구역 가운데 81, 83수용소는 반공 포로들이 장악하고 있었고 85수용소는 친공 포로들이 장악하고 있었다. 95수용소는 중립적인 것으로 알려져 있지만 실제는 친공 포로들이 장악하고 있었다. 그러나 수용소는 포로 대표인 연대장의 성향에 따라 친공과 반공도 바뀌기도 하여 유동적이었다. 76수용소는 대표적인 친공 수용소였고 82수용소는 대표적인 반공 수용소였다.

거제도 포로수용소의 경비는 미군 측의 CIE(비밀경찰), CIC(육군 방첩대), CID(해군 특무대), G2, S2, 미군 92, 94, 95, 289, 595, 555, 552부대, 헌병대대 187, 공병연대 3234, 3137헌병부대 및 국군 107, 108, 109연대, 202, 201, 878, 132, 301, 373, 587, 33대대, 48연대 등이 담당하였다. 특히 1951년 4월 8일 헌병사령부 작전명령 제16호에 따라 포로경비 임무를 담당하고 있던 제31, 32, 33대대 등 3개 대대를 총괄하여 포로경비연대로 발족시켰다. 1951년 4월 9일 초대 포로경비연대장은 김도영(金道榮) 육군 대령이었다. 포로경비대는 1951년 4월 16일 일운면 고현리 제32대대 7중대 내에 연대본부 임시사무소를 설치하고, 이전의 제33대대 부관 박현섭(朴鉉燮) 육군 대위를 연대 부관으로 임명하였다. 초기 경비대는 장교 8명, 사병 23명으로 업무를 시작했으나, 1951년 5월 3일에 미군경비대로부터 장비를 받아 일운면 장평리에 정식 사무소를 개설하였다. 당시 한국군 포로경비대가 담당하고 있던 포로는 1951년 6월 28일 현재 중공군 43,139명, 북한군 91,273명, 의용군 49,441명, 피난민 1,072명, 여자 671

명, 기타 5,695명으로 총 191,291명이었다.[135] 당시 1950년 10월 13일 포로수용소의 편성을 살펴보면, 수용소장, 본부(중령 소장, 대위 부관, 2응전령), 본부소대, 행정반, 교도반, 경비반, 보급반으로 나누어져 있었다.

단위 수용소에는 취사장, 의무실, 숙소, 학교, 예배당 등의 시설이 설치되어 있었다. 포로 숙소는 노천에 천막을 친 것으로 이곳의 적정규모는 24인이었으나 실제로는 50~80명에 이르렀다.[136] 천막 수용으로는 포로를 감당할 수 없게 되자 수용소 당국에서는 천막을 점차 영구막사(Barrack hut)로 전환시켰다. 1951년의 10월에 들어서면 포로의 절반 정도가 영구막사에서 생활하게 되었다. 1952년 1월 초에는 막사가 이미 400개 동이 완성되었으며 170개 동 정도가 건설 중이었다.[137]

수용소 내부에는 여러 시설이 설치되어 있었다. 우선 범죄자들을 감금하기 위한 영창이 있었다. 영창에는 도망자나 규율위반자를 처리하기 위해 필요했다. 포로들은 이러한 영창을 '몽키하우스(Monkey House)'라고 불렀다.[138] 수용소는 운동을 할 수 있는 연병장이 수용소의 한 가운데에 위치하고 있었고, 각 대대별로 운동경기가 이루어졌다.

또 수용소에는 3천 개의 침대를 보유한 제64야전병원이 있었다. 최초의 거제도 포로수용소의 포로병원은 1951년 3월 8일 임시로 만들어졌다. 이후 수용소 당국에서 추가로 천막을 설치해서 350~400명의 환자의 수용할 수 있는 침대를 만들었다. 이후 지속적으로 수용소 내의 병원을 증설하여 제545, 546종합의무실, 제64야전병원, 제38예방의료부대, 제2보병사단 의료

---

135) 위의 기록은 앞에서 언급하였듯이 중국군 포로를 이중으로 계산하여 포로가 19만 명 이상이라고 계산하고 있었다.
136) 송관호, 김종운 편, 『전쟁 포로-송관호 6·25전쟁 수기』, 눈빛, 2015, 121쪽.
137) 조성훈, 앞의 책, 2010, 83쪽.
138) 성기남, 「북한 출신 천도교 반공포로의 포로생활」, 국사편찬위원회, 2014, 32쪽.

중대, 제187공정연대 의료중대가 거제도에 만들어졌다. 특히 제64야전병원은 포로의 질병을 관장하는 수용소였다. 이곳 이외에 2천 5백 개의 침대를 가지고 있는 2개의 별관 부속병원(요양소)이 또 설치되어 있었다.

포로수용소와 내륙을 연결하는 시설도 확충하였다. 이 시설은 포로의 양륙 및 물자의 수송을 위해서 반드시 필요한 시설이었다. 이곳에 5개소의 LST 상륙 해안과 수상부두가 있는 항구가 만들어졌다.[139] 포로수용소를 관리하기 위한 미군과 카투사, 한국군의 여가를 위한 시설이나 배구장, 배드민턴 코트, 소프트볼 코트. 축구장, 복싱장 및 테니스코트 등도 마련되었다.[140]

포로의 분산 작전을 실시하기로 결정하던 시기인 1951년 12월 초 미 군 사고문단은 전후 거제도 포로수용소를 한국군의 훈련소로 만들려고 하였다. 즉 포로수용소의 관리시설 이외에 미군 병력이 여가를 즐길 수 있는 조립식 주택 시설과 13만 명 이상의 전쟁 포로들을 수용할 수 있는 막사들이 있었고, 조립식으로 지어진 3,000개의 병상이 있는 병원 등 대규모의 반영구적인 병영을 만들 수 있는 모든 조건들을 갖추고 있었다. 따라서 이 시설을 한국군의 훈련소로 전환시키려고 제안을 하였다. 그러나 이 계획은 실행되지 못하였다. 다만 용초도의 수용소는 북한으로부터 귀환한 국군 포로들이 잠시 수용되었다.

1953년 3월에 거제도 포로수용소는 폐쇄되었다. 이후 수용소 자리에는 거제시청과 학교 등의 공공기관이 들어섰다. 그리고 나머지는 원주민에게 반환되었다. 산업화와 도시화에 따라 거제도 포로수용소 일대도 고층 빌딩들이 들어서 포로수용소의 자취를 찾을 수 없을 정도가 되었다. 거제시에서는 전쟁 당시의 포로수용소를 알리기 위해 포로수용소 유적관을 1999년

---

139) 전갑생, 「거제도 포로수용소 설치와 포로의 저항」, 『제노사이드연구』 제2호, 한국 제노사이드연구회, 2007.8, 100쪽.
140) "Historical Report for January 1952" Feb.1, 1952, 5740/407.

10월에 완공하였다. 2002년에는 유적관을 포함하고 시설을 확충하여 포로수용소 유적공원을 만들었다. 용초도와 봉암도 등 부속도서에 설치되어 있던 자리에는 안내 표지판만 설치되어 있다.

2) 포로 관리를 위한 조직

포로 수용소 사령부는 수용된 포로를 관리하기 위한 조직으로, 처음에는 미 제8군 예하부대였던 부산 군수사령부가 관할하였다. 1950년 7월 13일을 기해 포로 수용과 관리를 위한 조직이 만들어졌지만 이는 어디까지나 군수사령부의 일부를 포로 관리에 할애한 수준에 지나지 않았다. 이후 증가하는 포로를 전담하기 위해 1950년 9월 19일 제2군수사령부가 만들어졌다. 부산의 포로수용소 시기는 제2군수사령부에서 포로 관리를 전담하였다. 거제도의 포로수용소 건립은 제3군수사령부에서 맡았으나 포로의 관리는 여전히 제2군수사령부에서 관할하였다. 그러나 실제로 거제도의 포로수용소는 제3군수사령부 예하의 제60종합보급창(60th General Depot)에서 관리하였다. 그러나 군수사령부나 보급창은 주 임무가 전투에 필요한 보급 지원이었기 때문에 포로들에 대한 관리가 체계적으로 이루어지지 않았다. 당시 거제도 포로수용소장도 1~2개월 만에 교체되는 등 포로 관리를 위한 체계적인 운용도 이루어지지 않았다.

포로를 전문적으로 총괄하기 위한 기구인 포로수용소사령부는 1952년 8월 장승포에 설치되었다.[141] 포로수용소사령부가 만들어진 계기는 돗드 소장의 피랍 사건이었다. 1952년 5월 7일 76수용소 포로들은 거제도 포로수용소장 돗드(Dodd, Frances)에게 경비들의 폭행과 수용소 내의 수색을

---

141) 주영복, 『내가 겪은 조선전쟁』 2, 고려원, 1991, 253쪽.

구실로 면담을 요구했다. 박상현 등 친공 포로 20여 명은 돗드 소장을 수용소 안으로 납치하였다. 돗드를 납치한 친공 포로들은 공산 포로에 대한 학대를 중지할 것 등의 요구사항을 내걸고 농성에 들어갔다. 이에 유엔군사령부에서는 콜린을 신임 수용소장으로 임명하여 포로들의 요구조건을 일부 수용하여 돗드 소장을 구출하였다. 돗드 소장은 납치된 지 3일만인 5월 10일 22시 30분에 석방되었다.[142]

〈표 2-4〉 포로수용소 기구[143]

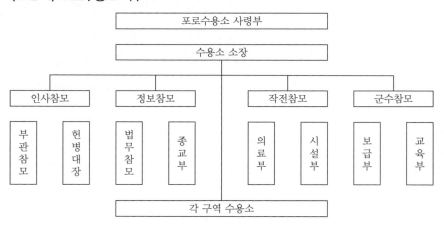

돗드 소장이 납치되자 미 제8군사령부는 포로수용소에 대한 인식을 전환하여 우선 1952년 7월 한국후방기지사령부(KCOMZ)를 창설하여 포로수용소를 관할하도록 하였다. 이어서 1952년 8월 1일에는 제2군수사령부를 한국후방기지사령부의 예하 부대로 편입시켰다. 그리고 후방기지사령부는 포로의 수용, 보호, 통제 및 이용 등을 책임지도록 했다. 포로수용소

142) Tompson, Edwin A, *Koje-do*, 1952, 11~12쪽.
143) 조성훈, 『한국전쟁과 포로』, 선인, 2010, 87쪽.

아래에는 전국에 산재한 13곳의 포로수용소와 1곳의 민간인억류자수용소가 속해 있었다. 그 중에서 규모가 가장 컸던 수용소가 거제도 포로수용소였다. 포로수용소를 관장하기 위한 포로수용소 사령부는 다음과 같이 구성되어 있다.

〈표 2-4〉을 보면 알 수 있듯이 첫째, 포로수용소는 일반 행정기구와 헌병대로 나누어진다. 일반 행정기구에는 수용소장의 밑에 인사참모, 정보참모, 작전참모, 군수참모 등 4명의 행정 참모가 있었다. 그리고 수용소장을 보좌하는 부관참모, 헌병대장, 법무참모의 3개 부서와 종교부, 의료부, 시설부, 보급부, 교육부의 5개 실무부서가 있었다. 이 중 정보참모는 포로관리에 중요한 역할을 하였는데 포로의 탈출과 사건 등에 관한 업무를 맡았다. 보급부와 의료부와 시설부 등은 15만 명에 달하는 포로와 1만 명 규모의 유엔군 장병의 보급, 의료지원 및 시설 유지 등을 담당하였다. 종교부는 유엔군과 포로들에게 종교 생활을 하도록 권장하기 위해 군종 등을 두었고, 교육부는 포로들에게 체제 우월을 전파하는 이념 교육과 각종 기술 교육을 담당하였다.

1951년 7월 휴전 협상이 시작된 이후 포로에 대한 보급이나 종교와 의료서비스와 같은 일반 행정보다는 포로의 통제가 보다 중요한 과제로 대두되어 포로를 직접적으로 관리하는 헌병대를 강화시켰다. 거제도 포로수용소는 초기 제60종합보급창에서 제92, 93, 94헌병대와 제8026부대 등이 관리하였다. 그러나 수용소 내에서의 포로들의 이념갈등이 심화되자 1951년 10월 5일 제8137헌병단(MP Group, Army Unit)을 창설하였다. 그리고 이 시기에 포로들의 사건을 조사하기 위한 방첩대(CIC)도 만들어졌다. 제8137헌병단이 포로의 통제에 성과를 보이자 1951년 12월에 들어와 제60종합보급창의 감독 기능을 없앴다.

〈표 2-5〉 제8137헌병단 조직[144]

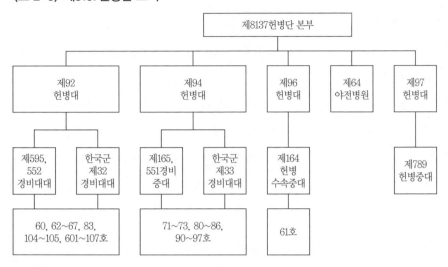

〈표 2-5〉에서 보듯이 제8137헌병단은 산하에 제92, 제94, 제96, 제97 헌병대가 편성되어 있었다. 그리고 또 그 산하에 한국군 경비대대의 지원을 받고 있었다. 각각의 헌병대는 자신이 관할하는 수용소가 정해져 있었다. 예를 들어 제92헌병대는 60, 62~67, 104~105, 601~607포로수용소의 경비를 관장했는데 이를 위해 산하에 제595, 552경비대대와 한국군제32경비대대를 두었다. 그러나 부대의 편제는 유동적인 면도 있어서 제164 헌병 수속중대는 처음에는 제97헌병대에 편제되었다가 이후에 96헌병대 소속으로 옮겼다. 특이한 점은 제64야전병원이 제8137헌병단에 소속되었다는 점이다. 이는 포로들의 사망사고가 발생하면 시신이 이곳으로 실려와 사망진단서가 발부되고 사건 조사가 이루어지기 때문이었다. 1951년 9월 17일 발생하였던 85포로수용소에서의 친공 포로에 의한 반공 포로 학살 사건이 발생하였을 때에도 시신이 제64야전병원으로 옮겨져 9월 18일 사망

---

144) 조성훈, 『한국전쟁과 포로』, 선인, 2010, 89쪽.

진단서가 발부되었다.[145] 그리고 사건의 조사가 같이 이루어졌다. 이러한 이유로 해서 제64야전병원은 제8137헌병단에서 관장하였다. 제64야전병원은 총 3천 개의 침대를 보유하고 있었고 각각의 수용소마다 의무실이 설치되어 있었다.

1951년 5월 25일 한국의 국방부는 제31, 제32, 제33포로경비대대를 육군 참모총장 지휘에서 배제시키면서 동시에 미 제8군사령관의 지휘 아래 배속시켰다. 경비대원들은 포로수용소의 외곽 경비로 배치되면서, 미군의 감독 아래 경비 임무를 수행하였다. 이보다 앞선 1951년 2월 24일에는 육군본부 직할의 제1060보급부대가 육군이 담당하는 포로수용소의 병참의 지원을 하였다.[146]

수용소를 경비하는데 운용된 병력은 1만 명 내외였다. 이를 구체적으로 살펴보면 다음과 같다. 1951년 말까지 한국군과 유엔군을 합쳐서 경비 병력은 9,000명 수준이었다. 그러나 이듬해인 1952년 3월경 헌병 1,350명, 보병연대 3,675명, 한국군 3,840명 등 10,215명으로 늘어났다. 미군 당국은 수용소를 근무하는 미군의 사기 진작을 위해서 1951년 9월부터는 병력을 6개월 단위로 교대시켰다.

국군 경비병은 기본적으로 수용소의 외곽 경비와 포로의 작업장에 대한 경비를 주로 맡았다. 그런데 포로수용소 초기에 국군 경비병과 포로간의 갈등이 자주 발생하였다. 이는 국군경비병이 이데올로기적으로 포로들에 대한 적대감 때문이었다. 국군은 당시 단시간 내에 민간인을 교육해 헌병으로 양성해 헌병대대를 창설하였고 이들 중 일부를 거제도 포로수용소의 경비에 투입시켰다. 따라서 이들은 전투 경험이나 의욕이 부족한데다가

---

145) 성강현, 『6.25전쟁 시기 천도교 포로 연구』, 선인, 2017, 196쪽.
146) 「국본 일반명령 (육) 41호, 「일반명령철」 군사편찬연구서 사료 629; 재인용 조성
    훈, 앞의 책, 88쪽.

포로에게 적대적이었고. 때로는 매우 감정적이었다.[147]

이로 인해 국제적십자사 대표는 한국군 경비병이 일반적으로 미군에 비해 어리고 경험이 없으며 질이 낮다고 평가했다. 그는 그들이 포로에 대한 권한의 남용을 막기 위해 미군의 긴밀한 감독이 필요하다고 건의했다. 유엔군사령부는 국제적십자사의 건의를 받아들여 미군의 증원과 카투사를 투입하고 수용소장의 한국군 경비병에 대한 통제권을 강화시키도록 하였다. 그리고 군사고문단을 통해 한국군 경비병의 질을 높이라는 건의도 하였다. 하지만 수용소에서 포로와 한국군 경비병 사이에 사건이 자주 발생하자 관리 능력의 부족을 이유로 한국군의 철수까지도 제기되었다.[148] 이는 미군에 비해 포로에 대해 적극적으로 개입하려는 과정에서 갈등이 나타났기 때문이었다.

포로수용소가 유엔군사령부의 소속이어서 유엔군에 의해 관리되어야 한다는 의견도 대두되어 1952년 말 네덜란드군이 행정지원과 수용소의 부두지역 경비를 지원했다. 그리고 돗드 소장의 피랍사건 이후 유엔군의 연합군적 요소의 강화가 추진되어 영국군, 캐나다군, 그리스군이 각각 1개 중대를 파견하여 포로 경비를 담당하였다.[149] 하지만 포로 관리는 대부분 미군과 한국군에 의해 이루어졌다. 또한 한국군의 사기를 높이는 방안으로 미군과 같은 수준의 장비와 시설을 제공하고 병력과 교육 훈련을 늘리고자 하였다. 포로수용소는 전반적으로 미군이 중심이었다. 미군은 다른 국가의 부대 배치를 꺼렸는데 그 이유는 다른 나라의 유엔군 전체가 미군의 7%의 병력에 해당할 정도로 소수였고 그 유지 비용도 미군에 의존했기 때문에 한국군을 통해 효율적으로 포로수용소를 경비하려 하였다.

---

147) 헌병사령부, 『한국헌병사』, 대건출판사, 1952, 15쪽.
148) 조셉 굴든, 김쾌상 편, 『한국전쟁』, 일월서각, 1982, 611쪽.
149) 『동아일보』, 1952년 5월 27일.

3) 거제도 포로수용소로의 이동 시기 포로들의 생활

북한군 포로의 거제도 이동 시기의 생활을 살펴보면, 먼저 성기남은 초기 부산에서 거제도수용소로 이동 직후 열악한 환경에 대해 증언하고 있다.

> 뭐 그러니까는 그때 당시에 가니깐 추워서 뭐 얼음이 바짝바짝 얼 때도 있었거든. 봄이 봄이지만 그래서 그렇고 논바닥에다 물이 질쩍질쩍한데다 뭐 깔개라는 게 에 천막 같은 거, 그 군인들 천막 치는 요 그거 가지고 깔고 하니깐 습기가 차가지고 뭐 많이 병들도 났어. 후송들 되는 사람들도 꽤 있었고. 그래서 사월 달쯤 들어서면서 정리가 되어가지고 거스끼니 그 하수구제도 치고 마른땅이 되고 하니깐 그때부터는 뭐 생활하는데 그렇게 어렵지 않게 생활한 거 같애.[150]

성기남에 따르면 거제도에 2월 말은 아직 추위가 풀리지 않은 시기였다. 포로수용소가 다 정비되지 않은 상태에서 거제도로 이송된 포로들은 열악한 환경에 놓이게 되었다. 수용소는 물이 질퍽한 논바닥에 만들어져 처음에는 미군들의 우의를 깔고 생활할 정도로 환경이 열악하였다. 추위와 습한 수용소 바닥으로 인해 환자가 발생하였고 적지 않은 포로들이 후송되었다. 이런 열악한 환경을 포로들은 자력으로 정비할 수밖에 없었다. 질퍽한 수용소 바닥에는 흙을 깔아 돋우고, 하수도 시설을 만들며 천막 주위로는 배수로를 내는 등 수용소를 정비하는데 두 달 가까이 걸렸다. 거제도로 건너온 후 몇 달은 수용소를 정비하는 시기였다.

이런 상태에서 포로들은 거제도로 수용되어 사망하는 경우도 있었다. 성기남은 초기 거제도 포로수용소는 논바닥에 우의를 깔고 생활했는데 아침에 일어나며 물이 흥건해 힘들었다고 하였다. 건강이 좋지 않은 포로들

---

150) 성기남, 「북한 출신 천도교 반공포로의 포로생활」, 국사편찬위원회, 2014, 30쪽.

은 열악한 환경을 이겨내지 못하고 죽는 경우가 많았다고 한다. 거제도의 제63야전병원에 3천 개의 침대가 있었다는 것은 그만큼 환자들이 많았다는 것을 의미한다.

중국군은 거제도에서 4개의 수용소에 분할 수용되어 있었다. 유엔군 수용소 당국은 그 중 규모가 큰 2개의 수용소는 반공 포로들이, 다른 2개의 수용소는 친공 포로들이 수용되고 있었다고 판단하였다.[151]

중국군 포로였던 류첸지엔은 1951년 3월에 압록강을 건너 참전하였다. 그는 북한강에서 미군과 전투를 벌이다 후퇴 명령을 받고 도망가다 미군에게 포위되었다. 산 정상에서 총탄을 쏘며 저항했지만, 교전 후 조용해지자 날씨가 맑아지면서 생포되었다. 그는 부산을 거쳐 거제도의 66수용소로 이송되었다. 그는 66수용소에서 "반공을 조직하자."라는 말은 들었지만 얼마후 86수용소로 옮겨졌다. 그는 86수용소의 분위기를 다음과 같이 말하고 있다.[152]

> 86수용소는 그렇게 심각한 정도가 아니다. 친공과 반공 사이에 협상을 하기도 했다. 친공 중에도 몇 명이 대만에 온 사람이 있다. 어제 나는 자료에서 공평하지 않은 부분에 대해 친구와 의견을 교환했는데, 친공한다는 몇몇이 결국 대만에 왔는데, 이런 부분은 언급되지 않는다.[153]

중국군 포로 장저쓰는 1951년 9월 13일 400여 명의 중국군 포로들과 같이 거제도 86수용소로 이송되었다. 거제도 포로수용소의 중국군 포로는

151) 김보영, 「한국전쟁 포로협상과 중국군 포로의 선택」, 『사학연구』 제123호, 한국사학회, 2016.9, 187쪽.
152) 정근식·김란, 「두 갈래길, 중국지원군 포로의 생애서사: 장저쓰와 류첸치엔의 구술사에 기초하여」, 『구술사연구』 제7권 제1호, 한국구술사학회, 2016, 40쪽.
153) 2015년 10월 1일, 대만 지룽, 류첸지엔과의 인터뷰; 재인용 정근식·김란, 위의 글, 40쪽.

71, 72, 86수용소에 수용되었다. 이 가운데 71포로수용소는 친공 포로가 장악하였고 72, 86포로수용소는 반공 포로가 장악하였다. 1951년 7월 2일 72수용소 5대대 안에서 인여량(印汝亮) 등 179명이 '중국애국청년반공구국단'을 결성했고, 86수용소에서는 왕존명(王尊銘), 고종령(賈鐘靈) 등이 주동이 되어 '반공항아애국청년동지회'를 조직했다. 72수용소의 장고대대에서는 위세희(魏世喜), 왕유민(王有民) 등이 1951년 6월 3일 준비회를 개최한 후 '중국국민당 제63지부'를 조직했다.[154] 친공 포로가 72수용소로 이송되자 친공 포로들은 단식투쟁을 벌여 14명의 포로를 71수용소로 이전시키기도 하였다.[155]

4) 거제도 포로수용소의 설치와 원주민의 실상

이태순 거경문학 사무총장은 자신의 부모님이 거제도 원주민이었는데 포로수용소가 설치되면서 고통을 받았다는 것을 들었다고 기억하고 있었다.

> 고현에서 평화롭던 나의 부모님은 살던 집을 징발당해 쫓겨나갔다가 만삭으로 힘드신 어머니가 마침내 휴전협정 직후 혼란스러운 고향으로 돌아와 포로들이 떠난 수용소의 시멘트 찬 바닥에서 임시 기거를 하며 나를 낳으셨다.[156]

이태순의 이야기처럼 거제도 포로수용소가 설치되면서 고현, 수월리 일대의 주민들은 토지를 징발당하였다. 거제도민들의 고통은 처음 포로수용소가 설치되었을 때만 있었던 것은 아니었다. 포로수용소에 문제가 발생

---

154) 김보영, 앞의 글, 2016, 185쪽.
155) 정근식·김란, 앞의 글, 2016, 27쪽.
156) 「포로수용소와 나」, 『거제방송』(인터넷신문), 2016. 6. 12. (http://www.geojenews.co.kr/news/articleView.html?idxno=47915)

하면 인근의 주민들에게도 피해가 갔다. 1952년 5월 거제도 포로수용소는 돗드 소장이 피랍된 후 경비를 강화하고 수용소 주변의 민간인을 소개시켰다. 제익근은 당시의 상황에 대해 다음과 같이 증언하고 있다.

> 52년 돗드 피랍사건이 난 후 수용소 주변의 민간인 2천1백16가구에 24시간 안에 소개령이 내렸어요. 우리가 소개한 후 계룡국민학교를 제외한 모든 가옥과 건물을 태워버립디다. 장사에 능한 피란민이 돈뭉치만 가지고 홀쩍 떠났지만, 토박이 원주민들은 일시에 생활터전을 잃고 피해가 많았습니다. 대부분 살림도구는 그대로 두고 나갔으니까요. 소개된 주민의 3분의 1은 집단 수용되고, 나머지는 친척집을 찾아갔어요.[157]

거제도 포로수용소의 설치로 인해 거제도 원주민들은 많은 피해를 입었다. 수용소 인근의 소개가 공산 포로와 간첩의 접선을 막기 위한 것이어서 수긍할 수밖에 없었지만 생필품 하나도 챙기지 못하고 소개되어 상당한 어려움을 겪게 되었다. 실제 전투가 벌어지지 않았던 남쪽의 섬 거제도에서 6·25전쟁은 실존하고 있었다. 어느날 갑자기 자신들이 살고 있던 터전에 포로수용소를 건설한다고 하면서 토지와 가옥을 징발당한 거제도민들에게 전쟁은 악몽과도 같았다. 고현과 수월 일대의 주민들은 생활 터전을 잃고 친척집에 더부살이하거나 외지로 가야했다.

5) 거제도 포로수용소에서의 이념 대결

거제도 포로수용소에서는 포로들의 소요사태가 끊이지 않았다. 특히 1951년 휴전 회담이 시작하자 포로들의 이념 대결의 장으로 변하였다. 이러한 조짐은 1951년 6월부터 나타나기 시작하였다. 부산의 포로들이 대부

---

157) 『민족의 증언』 7, 중앙일보사, 1983, 30쪽.

분 이송된 이 시기에 북한군 장교 출신들이 있는 72수용소에서 문제가 발생하였다. 1952년 6월 18일 72수용소에서 위생 검사와 급식 문제가 발단이 되어 포로들이 식사를 거부하고 소요를 일으켰다. 이들은 노래를 부르며 깡통을 두드리고 돌을 던지면서 저항하였다. 이들의 시위는 다음날 아침까지 지속되었다.

북한군 장교 포로들은 인근에 있는 '모든 구역의 통제권'을 요구하였다. 수용소 측에서는 그들의 요구를 수용할 리 없었다. 포로들은 식사를 정리하기 위해 수용소로 진입한 작업반에게 돌을 던져 미군 장교와 사병 몇 명이 부상을 당하는 사태가 벌어졌다. 포로들은 이후에도 만세를 외치며 문을 향해 돌진하기 시작했다. 이렇게 포로들이 돌진하자 경비병은 포로들을 향해 사격을 가했다. 그때서야 포로들은 투석과 노래를 멈추었다. 이 과정에서 3명의 포로가 죽고 8명이 부상당하였다. 이 사건은 포로들이 일으킨 조직적 저항의 첫 사례였다.[158]

1951년 7월 10일 휴전회담이 시작되자 수용소 내의 분위기는 고조되었다. 포로들은 휴전회담이 시작되자 곧 전쟁이 종식될 것이라고 생각했다. 이렇게 송환이 현실적인 문제로 대두되자 송환 문제를 놓고 포로수용소가 들끓기 시작하였다. 포로 중에는 북한이나 중국 본토로의 송환을 거부하고 남한이나 대만을 선택하는 의향을 보이는 포로가 많았다. 이는 포로의 1차 심사를 통해서도 확인되었다.

포로 가운데에는 북한의 고위 간부로서 포로로 위장하여 포로수용소로 잠입한 경우도 있었다. 이들은 북한 정부의 밀명을 받고 일부러 포로가 되어 수용소의 지휘관을 배후에서 조종하는 실질적인 리더였다. 이들은 수용소 인근의 민간인이나 피난민을 매수하여 외부와 연락을 취하고 전언이나

---

158) 김행복, 『한국전쟁의 포로』, 국방군사연구소, 1996, 113쪽.

투석, 시호신호 등을 통해 타 지역의 수용소와 연락하여 암암리에 친공 조직을 결성하였다. 이들은 꺼리만 있으면 수용소 측에 시비를 걸어 저항하기 시작하였다.

이러한 저항의 대표적인 사례가 앞에서 언급한 여름 제복 사건이었다. 제2군수사령부에서 포로의 여름 제복으로 빨간 색상의 짧은 상하의를 배급하였다. 중국군 포로들은 아무 말 없이 수용하였지만 북한군 포로는 이에 격렬하게 반대하였다. 그들은 빨간 제복을 수용소 밖으로 던지면서 격렬하게 저항하였는데 그 이유는 붉은 색 제복이 자신들을 '빨갱이'로 몬다는 것이었다. 이 와중에 한국군 헌병 한 명이 옷 더미에 깔리는 사태가 발생하자 경비병이 발포하여 3명의 포로가 사망하였다.[159]

반공 포로들도 빨간 제복에 대해 거부감을 나타내었는데 그 이유는 북한군 포로들과 달랐다. 반공 포로들은 일제강점기 죄수들에게 붉은 옷을 입혔다면서 이에 반대했다. 결국 빨간 제복은 친공 포로와 반공 포로 양측 모두가 반대해 철회되었다.

8월 들어 소요는 더욱 과격화되었다. 65수용소에서 포로들과 경비병이 충돌하여 포로 3명이 사망하고 26명이 부상을 입는 사고가 발생하기도 하였다. 1951년 하반기에 체포한 북한 포로 첩보원은 포로수용소 내에서 소동과 폭동을 일으키기 위해 훈련 받았으며 그 임무를 수행하기 위해 위장 포로가 되었다는 진술을 확보하였다.[160] 이를 보고 받은 미 제8군사령부의 사령관 밴 플리트(Van Fleet, James Alward) 대장은 포로수용소의 경비 병력을 지속적으로 증원시켰다. 1951년 말에는 포로수용소의 경비병력이 9,500명으로 증원되었다. 그러나 제2군수사령관은 포로 관리를 위해

159) 위의 책, 115쪽.
160) 송효순, 『대석방』, 신현실사, 1973, 60쪽.

15,000명이 필요하다며 증원을 더 요구하였다.

거제도 포로수용소에서 발생한 대표적인 이념 대결 사건으로는 첫째, 2·18사건이라 불리는 송환 심사에 대한 항거폭동, 둘째, 9·17폭동으로 1951년 추석을 전후해서 친공 포로들이 수용소 장악을 위해 85포로수용소에서 일으킨 반공 포로 학살 사건, 셋째, 돗드 포로수용소장 피랍사건, 넷째, 봉암도와 용초도 사건 등이 있었다.

친공 포로와 반공 포로의 이념 대결로 인한 포로 학살 사건이 발생하자 수용소 측에서는 포로를 심사해 친공 포로와 반공 포로로 분리하고자 시도하였다. 그러나 반공 포로들이 장악한 수용소에서는 심사를 거부해 반공 포로와 중립 수용소에서 포로심사를 하였다. 제1차 포로심사는 1952년 4월에 실시하였다. 심사 결과 송환을 희망하는 공산군 포로가 39,344명, 송환 거부 포로가 82,825명, 미심사 포로가 47,330명이었다. 송환 거부 포로가 예상 외로 많자 휴전 회담에서 공산 측에 수용되어 있는 국군 포로의 귀환에 악영향을 미쳤다. 따라서 재심사에 돌입하였다. 재심사 결과 송환 희망 83,722명, 송환 거부 83,222명이었다.

1952년 5월에 발생한 돗드 소장의 피랍사건 이후 포로 분산 정책이 결정되었다. 송환 거부 포로들을 내륙으로 이전하고 송환 희망 포로만 거제도에 남기도록 하였다. 포로의 성향에 따라 분리 하는 '분산(Spreadout) 작전'은 1952년 4월 19일부터 5월 1일 사이에 진행되었다. 이에 따라 송환 거부 포로는 내륙으로 이송하였다.

4. 분산기 포로수용소

1) 대형 포로수용소의 문제점

민간인 억류자를 포함한 약 17만 명에 달하는 포로들이 성향에 관계없이 수용되면서 포로수용소에서는 친공 포로와 반공 포로의 갈등이 표출되기 시작하였다. 1951년 하복 사건으로 시작된 포로들의 시위는 더욱 강해졌다. 수용소를 장악해 후방에서 타격을 가한 친공 포로들은 수용소에서 잔학하게 반공 포로들을 살해하면서 수용소의 갈등을 표면화시켰다. 1952년 들어 친공 포로들에 의한 수용소 내부 조직의 발전과 함께 소요와 폭동사건이 기승을 부렸다. 거제도 포로수용소에서는 2월에 약 20건의 사건이 일어났고, 3월과 4월에도 각각 25건의 사건이 발생하였다.[161]

이처럼 친공 포로와 반공 포로들 사이에 전쟁과 같은 투쟁이 지속되어 학살과 잔학 행위가 난무하였다. 이러한 포로간의 갈등을 해결하기 위해 유엔군사령부는 포로의 '분산(Scatter)·분산(Spreadout)' 정책을 수립하였다. 1952년 4월 4일 리지웨이 유엔군사령관은 북한과 중국군 포로의 송환 여부에 대한 심사와 분리계획을 승인했다. 심사가 끝난 송환 거부 포로는 새로운 7개 지역으로 분산시키는 것도 포함되었다. 이 계획에 따라 4월 8일 밴 플리트 8군 사령관은 포로의 심사를 지시했다.[162]

---

161) 김행복, 앞의 책, 68쪽.
162) 「포로의 심사」, 1952.4.2., G-5, 383.6, 127/319; Office of the S-4, HQ, UN POW Camp No.1, "Command Report" May 3, 1952, 5741/407; 재인용 조성훈, 『한국전쟁과 포로』, 선인, 2010, 228쪽.

<표 2-6> 제1차 포로 심사 결과(1952.4)   (단위: 명)

	송환 희망 포로	송환 거부 포로	심사 거부 포로
북한군	25,609	31,252	39,471
남한 출신 포로	4,321	11,521	263
중국군 포로	5,617	14,072	1,147
민간인 억류자	3,797	25,980	6,449
합계	39,344	82,825	47,330

〈표 2-6〉에서 보이듯이 제1차 포로 심사의 결과 송환 희망 포로는 39,344명, 송환 거부 포로는 82,825명로 송환 거부 포로, 즉 반공 포로가 압도적으로 많았다. 심사를 실시하지 못한 포로도 47,330명에 달했다. 심사를 거부한 포로는 일부 반공 포로수용소를 제외하고는 친공 포로가 장악한 수용소에 속해 있었기 때문에 송환 희망 포로로 분류할 수 있다. 따라서 송환 희망 포로는 86,674명으로 전체 포로의 51.9%였고, 송환 거부 포로는 82,825명으로 48.9%를 차지해 큰 차이가 나지 않았다.

유엔군 측에서는 포로 심사의 결과를 4월 19일 공산 측에 통보하였다. 북한 측은 이승만과 장제스이 결탁하여 포로 송환에 압력을 가했다고 비난하는가 하면 제네바 협약을 위반했다고 주장하였다. 공산 측에서는 북한군 포로와 연계하여 유엔군 및 국군 포로 문제와 연결 지었다. 유엔군 측에서는 4월 28일과 5월 2일에 공산 측의 비행장 복구 건설에 제한을 두지 않고, 북한에 억류된 유엔군 포로 12,000명과 송환을 희망하는 북한군 포로 7만 명을 교환하자는 협의안을 제출하였다. 그리고 심사 결과에 대한 공산 측의 반발을 무마하기 위해 포로에 대한 재심사와 공산 측이 제시한 유엔군 포로 12,000명의 명단을 받았다.[163]

유엔군 측에서는 송환 거부 포로가 많은 것에 북한이 반발하자 재심사에

---

163) 육군본부정보참모부, 『판문점』 상, 245~248쪽.

서는 송환을 유도하기로 하였다. 1차 심사보다 재심사에서 송한 거부 포로가 많아질 경우 공산 측의 반발을 염려하지 않을 수 없었다. 유엔군 측에서는 재심사에서 남북이 아닌 제3국인 중립국을 선택하는 방안도 모색하였다.[164] 또 포로 재심사를 위한 중립기구의 설치에 따른 유엔군 간의 의견 차이와 북한 측의 태도 변화로 인해 유엔군 측은 중립기구 수립 없이 단독으로 6월 23일부터 30일까지 약 1주일 만에 전격적으로 포로 재심사를 끝마쳤다.

〈표 2-7〉 포로 재심사 결과(1952.6.23~6.30) (단위: 명)

	송환 희망	송환 거부	합계
북한군 포로	62,347	34,196	96,543
중국군 포로	6,550	14,251	20,801
남한 출신 북한군 포로	4,689	11,622	16,311
남한 출신 민간인	10,136	26,153	36,289
합계	83,722	86,222	169,944

〈표 2-7〉의 인원수는 약간의 변동이 있었지만 큰 틀에서는 변화가 없었다. 재심사 결과 최종적으로 송환을 희망한 포로는 83,722명이었다. 유엔군 측에서는 재심사 결과 송환 거부 포로가 다소 늘어나자 우려해 공산 측에 통보하는 것을 미뤘지만 심사의 공정성을 들어 7월 13일 휴전 협상에서 통보하였다. 포로의 재심사에 대해 소련의 외상인 비신스키(Vyshinsky, Andrey)는 11월 10일 심사 과정이 불공정하고 국제법이 준수와도 거리가 멀다고 비판했다. 이에 유엔군 측에서는 송환 거부 포로의 처리를 위한 중립국을 통한 해결 방안을 모색하지 않을 수 없었다.

---

164) 『남북관계사료집』 12, 국사편찬위원회, 1952, 221쪽.

2) 분산 정책의 결정과 시행

분산 작전은 앞에서 언급한 것처럼 재심사 과정에서 전격적으로 이루어졌다. 재심사를 끝마치지 않았음에도 분산 작전을 실시하게 된 것은 수용소 내에서의 친공 포로와 반공 포로의 갈등이 심화되었기 때문이었다. 2·18사건[165]과 4·10사건[166]으로 친공 포로와 반공 포로의 충돌이 본격화되자 유엔군 측에서는 서둘러 분산작전에 돌입하였다. 2·18사건으로 인해 수용소장이 돗드

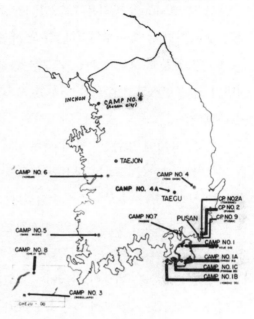

〈그림 2-9〉 분산기 포로수용소 지도

※출처: 『우리문화신문』, 2018.12.3.

(Dodd, Francis T.)로 교체되었다. 그러나 5월 7일 돗드 소장이 친공 포로들에 의해 납치되는 사건이 발생하여 수용소장은 콜슨(Colson, Charles F.)으로 다시 교체되었다. 콜린은 친공 포로의 요구 조건을 일정 부분 수

---

165) 2·18사건은 62수용소에서 민간인억류자를 재심사하려는 과정에서 친공 민간인 억류자들이 우익포로를 살해하자 수용소 측에서 재심사를 강행하자 민간인 억류자들이 폭동을 일으켰고 이를 진압하기 위해 발포해 78명이 사망하고 38명이 부상을 당한 사건이다.

166) 4·10사건은 95포로수용소에서 재심사 과정에서 포로들이 경비병에게 돌을 던지가 국군 경비병이 발포하였고 이에 맞선 포로들이 들고 일어나 충돌하였다. 이로 인해 미군 대위 1명과 국군 4명, 중상 5명이 발생하였고 포로들은 3명 사망, 부상 57명이 발생하였다.

용하여 돗드를 석방시킬 수 있었다. 돗드 소장의 피랍사건으로 수용소 분산 작전은 급물살을 탔다.

분산(Spraedout) 작전은 1952년 4월 19일부터 5월 1일까지 약 13일 간의 짧은 기간 동안 이루어졌다. 분산 작전은 글자 그대로 송환을 희망하는 포로인 친공 포로와 송환을 거부하는 포로인 반공 포로를 분리시키는 것이었다. 북한으로의 송환을 거부한 포로들은 육지로 이송시키다. 여기에 해당하는 포로들의 숫자는 재심사의 인원과 비슷한 약 82,000명이었다. 이들은 육지에 세워진 4곳의 새 수용소와 제주도로 이송되었다. 송환을 거부하는 북한군 포로는 부산의 11포로수용소(가야), 광주의 15포로수용소, 논산의 16포로수용소로 이송되었다. 그리고 남한 출신 포로는 마산의 12포로수용소로, 남한 민간인 억류자는 영천의 14수용소로 옮겨졌다. 송환 거부 중국군 포로들은 제주도 모슬포에 새로 만들어진 13포로수용소로 보내졌다. 송환을 거부한 한국인 남녀환자 포로는 부산 동래에 새로 문을 연 10포로수용소의 부설 수용소로 보내졌다. 반대로 내륙에서 거제도로 보내진 경우도 있었는데 부산에 있던 송환 희망 여자 환자 포로들은 부산에서 거제도로 옮겨졌다. 분산 작전이 완료된 이후의 포로수용소의 상황을 정리하면 〈표 2-8〉과 같다.

〈표 2-8〉 분리·분산 작전 실시 이후 포로수용소 및 수용인원(1952년 8월 기준)[167] (단위: 명)

수용소 명칭		위치 및 좌표	포로의 성격	수용인원 수
변경 전	변경 후			
POW Camp 1	POW Camp 1	거제도 (DP650590)	송환 희망 북한군 및 민간인	47,381
POW Encl 17	POW Branch Camp 1a	거제도 저구리 (DP646426)	송환 희망 북한군	11,973

---

167) 김행복, 『한국전쟁의 포로』, 국방군사연구소, 1996, 75쪽 참조.

수용소 명칭		위치 및 좌표	포로의 성격	수용인원 수
변경 전	변경 후			
POW Encl 18	POW Branch Camp 1b	용초도 (DP595435)	송환 희망 북한군	8,084
POW Encl 19	CI Branch Camp 1c	봉암도 (DP582454)	송환 희망 북한민간인	9,151
POW Encl 10	POW Camp 2	부산(병원) (EP071919)	혼합	3,932
POW Encl 10 (anx)	POW Branch Camp 2a	동래(부속병원) (EP117956)	혼합	
POW Encl 11	POW Branch Camp 2a	서부산 (EP026889)	송환 거부 북한군	4,333
POW Encl 13	POW Camp 3	모슬포 (BM453766)	송환 거부 중공군	14,000
POW Encl 21	POW Branch Camp 3a	제주시 (BN679106)	송환 거부 중공군	5,887
CI Encl 14	CI Camp 4	영천 (DQ952792)	송환 거부 북한군	8,010
POW Encl 15	POW Camp 5	광주 (CP034911)	송환 거부 북한군	10,827
POW Encl 16	POW Camp 6	논산 (CR290000)	송환 거부 북한군	10,292
POW Encl 12	POW Camp 7	마산 (DP601917)	송환 거부 민간인	10,216
POW Encl 20	–	안마도※		
총				144,086

※ 안마도의 포로수용소는 용수 부족으로 일찍 폐쇄됨. 또 이 기간에 송환을 희망하는 민간인 억류자와 포로의 통제를 강화하기 위해 거제도 수용소를 재편하였다. 수천 명의 단위 수용소를 500명 규모로 축소하였다. 그리고 거제도 인근의 부속 도서인 용초도와 봉암도에 소규모 수용소를 만들어 소란을 일으키는 극렬 친공 포로들을 분리 수용하였다. 또한 중국군 포로는 제주도로 이송시켰다.

포로들의 성향에 따른 분산 작전이 완료되자 유엔군 측에서는 뒤이어 1952년 5월~7월의 3개월간 '소산(Breakup) 작전'에 돌입하였다. 소산 작전이란 수용소를 세분화, 소규모화하는 것을 의미한다. 소산 작전은 7만 명의 포로를 3등분해서 거제도, 제주도 그리고 육지에 분산 수용하는 것이 골격이었다. 이를 위해 거제도와 제주도의 여러 곳에 이전의 수용소보다 관리하기 편리한 보조수용소를 건설하였다. 기존의 수용소는 5~6,000명이 대규모로 수용되어 있어서 수용소 관리 당국에서 포로들의 점검을 위해 수용소로 들어갈 수가 없었다. 포로자치제라는 명분으로 수용소는 포로들이 자율적으로 관리하고 있어서 이러한 문제점을 개선하기 위해 소산 작전이 이루어졌다.

새로 만든 수용소에는 500명을 수용할 수 있는 4~8개의 작은 수용동(Compound)을 만들었다. 이렇게 수용소를 세분하여 적은 인원을 기본 단위로 하는 소규모 수용소를 만들었다. 새 수용소의 건설은 1952년 5월부터 시작되었고 실질적인 수용개시일은 6월 10일이었다. 친공 포로들은 이 작전에 동의하지 않을 경우 유엔군 측에서는 무력으로 이 작전을 수행하려고 결정하였다. 이를 위해 일본에 주둔하고 있던 미군의 제187공정연대와 네덜란드 대대, 영국, 캐나다, 그리스 중대 등을 거제도로 증원하여 대비하였다. 5월 14일 포로수용소장직을 맡은 보트너 준장이 이 작전을 지휘하였다.

6월 4일 제38연대는 보트너 소장의 명령으로 2대의 전차를 앞세우고 60, 85, 96수용소를 차례로 돌진하여 인공기 깃대를 뿌리 뽑고 묶어있던 반공 포로 85명을 구출한 후 이들을 새 수용소로 이동시켰다. 6월 10일에는 악명 높은 친공수용소인 76수용소를 진압하였다. 보트너 소장은 새 수용소로의 이동을 권유했지만 친공 포로들은 칼, 창, 낫, 천막 폴대, 가솔린 폭탄 등으로 무장하고 수용소 주변에 파놓은 참호에 들어가 저항하였다. 보트너 소장은 탱크를 동원해 수용소 진입을 명령하자 제187공정대대는 유탄발사기, 최루가스, 총검 등으로 포로들을 참호에서 몰아내구 수용소 안으로 돌입하였다. 약 3시간 가까운 접전 끝에 포로들은 결국 굴복하여 트럭에 실려 새 수용소로 이송되어 지문을 채취당하고 새로운 포로번호를 부여받고 포로 복장을 지급받았다. 76수용소의 상황을 지켜보았던 73수용소의 포로들도 순순히 이동하였고 이튿날인 6월 11일 77수용소는 별다른 저항 없이 평화적으로 이동에 동의하였다.

3) 분산기의 포로수용소

(1) 거제도 포로수용소

소산 작전 이후 거제도에는 〈그림 2-9〉에서 보이듯이 1개의 주 수용소와 3개의 보조 수용소가 건설되었다. 주 수용소는 기존의 거제도 포로수용소(1포로수용소) 자리에 그대로 존치되었다. 주 수용소에는 송환을 희망하는 북한군 포로 및 민간인억류자 47,381명이 수용되어 있었다. 이는 집중기 수용 인원의 1/3에 불과한 숫자였다. 거제도 포로수용소의 보조수용소는 저구리, 용초도, 봉암도에 각각 설치하였다. 저구리에는 송환 희망 북한군 포로 11,973명이 수용되었고, 용초도 역시 송환을 희망하는 북한군 포로 8,984명이 수용되었다. 이들은 거제도 포로수용소에서 문제를 일으킨 극력 친공 포로들이 주를 이루었다. 봉암도에는 송환을 희망하는 민간인 억류자 9,151명이 수용되었다. 거제도의 각 보조수용소는 약 1만 명 규모의 포로를 수용하여 소산 작전, 즉 세분화 정책이 잘 이루어졌음을 알 수 있다.

먼저 용초도 포로수용소는 친공 포로를 수용하기 위해 만들어졌다. 평온한 어촌마을이었던 용초도에 포로수용소 건설을 위해 용초마을 120여 가구 500여 명의 마을 주민들은 졸지에 집과 농토를 잃고 각지로 유랑하는 피난민 아닌 피난민 신세가 되는 상황에 처해졌다. 이렇게 용초도에 포로수용소가 설치된 이유는 사람이 살고 있는 용초도를 무인도라고 잘못 알고 있었기 때문이었다. 특히 용초도 포로수용소는 극렬 친공 포로를 수용하기 위해 만들어졌다.

〈그림 2-10〉 용초도 포로수용소 유적[168]

용초도 지도(『국제신문』, 2015.5.6.)

용초도 포로수용소 흔적
(『국제신문』, 2015.5.6.)

윤경호가 용초도 소장에게 보낸 편지[163]

용초도 포로수용소 저수시설

---

168) AUS035_03_00C0004_074.

용초도 주민들에 따르면 1952년 5월 유엔군 공병대와 국군 공병대가 LST함을 앞세우고 용초도와 인근 추봉도의 추원마을로 들어와 수용소 막사를 건립하고 섬 전체를 수용소로 만들었다고 하였다. 한 달 만인 1952년 6월에 수용소 건설이 끝나 악질 친공 포로 4,000여 명이 이송되자 이곳은 친공 구호와 총성이 난무하는 광란의 도가니로 변했다고 증언하였다. 수용소 건설로 인해 거주지를 소개당한 마을주민들은 본섬의 합포 마을과 친척집으로 갈 수 밖에 없었다. 용초마을(큰마을, 작은마을)에는 군 막사와 수용시설 등으로 인해 시가지를 방불케 했다고 주민들은 기억하고 있었다.

남부면 용초도에서 3개의 수용소가 설치되었다. 첫 번째 다포마을 수용소는 현재 여차 마을로 들어 길목의 야산에 설치되었다. 이곳에는 포로수용소가 있었다는 팻말만 있을 뿐 모두 밭으로 변해 포로수용소의 흔적은 남아있지 않다. 두 번째 저구리 수용소는 바닷가 위쪽의 탑포가는 길 옆에 설치하였다. 세 번째 명사 수용소는 현재 명사초등학교 앞산 일대에 설치되었다. 당시 초등학교에 다니던 마을주민 김남조 씨(75세)는 "그때가 지금처럼 보리타작이 한참이던 무렵이라며 우리 국군과 유엔군이 먼저 들어와 작은 마을에 식당과 교회를 먼저 짓고 포로들을 수용할 천막을 쳤다"고 기억하고 있었다.[169]

포로수용소가 설치되자 당시 섬 주민들은 피난 갈 생각도 못한 채 열흘 정도는 포로들과 함께 생활했으나 포로들의 난동과 폭력으로 양민인 섬 주민들은 친척집이나 인근 합포 난민 수용소로 소개됐다고 말했다. 현재 용초도 선착장 입구에는 그때 당시의 포로수용소가 있었던 사실과 역사적 배경, 현재 잔존하는 유적들의 위치를 알려주는 안내 표지판을 제작해 수용소가 있었던 것을 알려주고 있다. 주민들은 마을 입구에 있는 표구나무 아

---

169) 거제포토(http://www.geojephoto.com/bbs04/3326)

래서 포로들과 경비대의 살육전이 벌어지기도 했고 또 어떤 사람들은 걸어서 들어와 주검이 되어 지나가기도 했다고 말했다.

〈그림 2-11〉 봉암도 포로수용소 유적

봉암도(추봉도)포로수용소 유적 안내도

봉암도 포로수용소(마을 뒤쪽의 밭)

봉암도 포로수용소 모형도

봉암도 포로수용소 자량정비소 유적

　현재 작은 마을의 포로수용소 흔적은 당시의 포로감옥 만이 원형대로 남아있고 그때 당시의 막사나 교회, 경비부대 등의 잔해는 찾아보기가 힘들다. 주민들은 포로수용소의 대략적인 위치는 파악하고 있었으나 지금 그곳에는 배양장이나 논밭으로 변해 흔적을 찾기란 쉽지가 않았다. 마을 중앙을 가로지르는 농로를 따라 산중턱에 오르면 당시 포로들의 식수원으로 사용된 소류지(간이수원지)가 원형대로 남아있다. 직경15m 정도의 이 소류지는 인공으로 조성된 저수탱크로 물이 부족했던 섬에서 포로수용소 측에서 빗물 등을 받아 모아 식수로 사용했던 것으로 보인다.

용초마을의 포로수용소는 세 구역으로 나뉘어 있었는데 그중 한 군데가 재 너머 논골에 있었다. 유엔군은 이곳에 철조망을 치고 포로들을 수용했다. 주민들에 따르면 제싯골 왼쪽 언덕배기에는 수용소의 우두머리를 비롯한 장교 막사와 중요 군 장비 시설물 등이 들어서 있었으며 보통 한 구역에는 7~8개의 수용소에 100여 명의 포로들이 수용됐다고 기억하고 있었다.[170]

다음으로 봉암도 포로수용소 역시 용초도 포로수용소와 마찬가지로 친공 포로를 수용하기 위해 만들어졌다. 봉암도(추봉도)는 현재 통영시 한산면으로 추원마을에 포로수용소가 건설되었다. 2003년 추원마을의 어촌계장 이형기 씨(당시 70세)에 따르면 1952년 5월 이 마을은 산중턱까지 전체가 포로수용소로 변했다고 증언하였다. 포로수용소 설치되어 있었던 자리는 수용소가 철거된 이후 주민들이 복구했음에도 불구하고 현재 남아있는 시멘트 블록 조각과 몽돌들이 산 능선과 밭 주변에 남아 있어 당시의 흔적을 엿볼 수 있다. 지금도 예곡마을과 추원마을을 이어주는 동반령에는 국군 경비대와 미군이 게양했던 국기게양대가 원형 그대로 남아있고, 몽돌을 깔아 만든 헬기장, S1에서 S4 막사돌담 등도 남아 있다. 또 추봉초등학교가 있는 예곡마을에는 미군 보급창고와 식당, 포로수용소가 있었다고 전하고 마을 밭 언덕에는 보급창고 및 포로수용소 잔해가 남아있다.[171]

봉암도의 포로들은 거제도 포로수용소의 76, 73, 77수용소에 수용되어 있었던 극렬 친공 포로들었다. 1952년 6월 4일부터 6월 17일 사이에 봉

---

170) 거제포토(http://www.geojephoto.com/bbs04/3326)
171) 거제포토(http://www.geojephoto.com/bbs04/3328)

암도로 수용된 친공 포로들은 처음에는 수용소의 규칙을 잘 따랐으나 차차 불평이 늘어나자 수용소 측과 갈등이 발생하였다. 1951년 12월 4일 수용소 당국에서 포로들의 피복과 소지품 등을 검열하려들자 포로들은 이를 거부하고 대규모 폭동을 준비하였다. 12월 6일 친공 포로들의 폭동 계획을 입수한 수용소 당국에서는 만약의 사태에 대비하였다.

12월 7일 친공 포로 1,500명이 전투 훈련을 실시해 수용소의 분위기를 전투 분위기로 고조시켰다. 이어 친공 포로들은 10일에는 수용소 병원의 미군 행정병을 구타했고, 11일에는 제1동의 경비병을 습격하는 폭동 사건을 연이어 일으켰다. 이어 14일에는 6개 소구역의 포로 3,600명이 합세하여 탈출을 시도하는 대규모 시위를 감행하였다. 이렇게 친공 포로의 시위가 확산되자 한국군 경비부대는 시위를 진압하기 위해 수용소 안으로 진입하였다. 한국국 경비병이 수용소로 진입하자 포로들은 돌을 던지며 저항했고 이에 경비병들이 저항하는 포로들을 진압하기 위해 발포하여 85명의 포로들이 사살되고 수백 명의 포로가 부상당하였다. 이처럼 봉암도 포로수용소에서 친공 포로들은 과격한 친공 구호를 외치며 극렬하게 저항하였다.

주민들은 포로들은 포로수용소를 탈출하다 총살을 당한 경우도 있었고 탈출에 성공해 바다로 나갔지만 결국 바다에 빠져 시체로 발견되는 경우도 있었다고 기억하고 있었다.

(2) 광주 포로수용소

분산 작전과 함께 광주에도 북한군 포로수용소가 1952년 4월 건설되기 시작하였다. 광주의 포로수용소는 3곳에 건설되었다. 1수용소는 광산군 서창면 상무대 비행장에, 2수용소는 서창면 별전리 사월산에, 3수용소는 서창면 금호리에 설치되었다.

처음 포로수용소가 설치된 곳은 상무대 경내였던 곳으로 현재의 서구 치평동 김대중컨벤션센터 건너편이었다. 포로 수용 인원이 늘어나면서 수용소를 증설하여 서구 금호동 공군 화약고 자리 곁에 수용소가 하나 더 만들어져 포로들을 분산 수용하였다. 이후 수용 인원이 증가와 함께 본격적인 수용소 건설이 이루어져 벽진동 사월산(99.7m)자락 상촌과 벽진 동네 사이에 두었다. 당시 금부동네에 살았다는 기광용 씨(82세)는 그때 금호동 포로수용소는 보병학교 화생방교육장과 통신학교 실습장으로 쓰이다가 장성으로 옮겨간 뒤 비어있다고 했다.

3개 단위 수용소로 구성된 광주 포로수용소의 포로 숫자는 1953년 6월 당시 1만 610명이었다. 광주 포로수용소의 경비의 경비를 위해 미군 335명, 한국군 969명이 등 약 1,300명의 병력이 동원되었다. 포로수용소의 관리 책임은 당시 한국전 작전권을 이양 받은 미군이었고 한국군은 미군을 보조하였다.

이와 달리 서석동에 있던 수용소는 인천상륙작전으로 퇴로가 막힌 북한군과 한국군의 부산 후퇴 때문에 북한군 치하에 들어갔던 수복지구의 북한군 부역자들이 입산해 지리산을 중심으로 활동했던 빨치산(남부군)들을 잡아 수용했던 수용소였다. 당시 빨치산의 토벌은 한국군과 경찰이 맡았으므로 미군에 넘길 경우 전쟁 포로로 북한에 송환해야 할 처지라 비록 유격전으로 군경을 괴롭혔을지라도 민간인 신분의 폭도로 취급해 일시 수용한 뒤 죄질에 따라 석방하거나 사형에 처하기도 하고 형무소로 보내기도 하는 임시수용시설이었던 셈이다.

이 시설이 상무대 포로수용소에 앞서 1951년 초에 전남대학교 의과대학 옆에 생긴 것은 대부분의 빨치산이 영양실조나 병에 걸려 있었고 토벌작전으로 부상당한 사람이 많아 치료의 편익 때문이었다. 미군이 관리하던 북한군 포로수용소와 구분해 1952년 이후 포로라는 이름을 빼고 광주수용소로 불렀다. 이 수용소에는 불갑산, 추월산 가마골, 화순 백아산 등에서 활동하던 공비들이나 지리산 토벌작전 때 잡힌 남부군 포로들이 수용되었다.

이들은 국가보안법이나 형법적용 이전에 '전시하 비상사태특별조치법'이나 '국방경비법'에 의해 군법회의에 회부되었으므로 일반범법자와 구별해 포로로 취급했다. 지리산 공비 중에는 북한군 정규군 낙오병들이 포함되어 있었으므로 남한 출신 부역자와 구분해 서석동 수용소 포로 중 402명의 정규 빨치산을 가려내 40명은 총살하고 38명은 수용중 병으로 죽고, 150여 명은 부산 포로수용소로 보내져 북송되었으며, 31명은 석방했다.[172] 나머지 중 전향 권유를 뿌리치고 계속 북한행을 고집한 미전향수들은 장기형을 내려 형무소에 보내졌다. 1993년 판문점을 통해 송환된 이인모는 그 중 한 사람이다. 그는 북한군 종군기자로 참전했다가 낙오한 뒤 지리산에 들어가 빨치산신문을 발행하던 중 붙잡힌 광주수용소 출신이다.

서석동 수용소의 수용 인원은 계속된 공비 토벌로 5만여 명이 붙잡혀왔으나 심사 후 석방이 계속되어 북한군 반공 포로수용소보다 먼저 폐쇄되었다. 일부 자료에는 서석동 포로수용소 이름을 중앙포로수용소로 기록한 곳도 있다. 이곳 헌병대장은 광산 출신 송인섭(宋仁燮)소령이었고, 그는 제대 후 전남도청과장을 거쳐 진도군수를 지냈다. 1962년 전남 병무청이 들어선 학동 69번지 건물이 당시 광주중앙 포로수용소 본부이다. 이 수용소는 상무대 포로수용소에 앞서 1953년 3월 28일 해체되었다. 그렇다고 이곳 임무가 중단되었던 것은 아니었다. 지리산 공비토벌작전은 1955년 3월 3일 박갑출 등의 사살로 끝나는 동안 2만 8천778명이 사살되고 4천930명이 생포되었으며 2만 3천749명의 귀순자를 받아들였다.[173]

---

172) 조성훈, 『한국전쟁과 포로』, 선인, 2010, 39쪽.
173) 『광주시사』, 광주시사편찬위원회, 1980, 568쪽.

거제도 포로수용소에서 광주 포로수용소로 이송되는 포로들은 거제도에서 여수항으로 이송되었다. 여수항에서 내린 포로들은 무개화차를 태워졌는데 무개화차는 밖에서 잠궈 안에서는 열수가 없었다. 포로들의 증언에 따르면 거제도에서 여수로 이송될 때 태풍이 몰아쳐 포로들이 크게 고생하였다. 광주 포로수용소는 거제도의 81, 82, 83포로수용소의 평안도 출신 포로들이 주로 이송되었다.[174]

<그림 2-12> 광주 포로수용소의 과거와 현재[175]

광주 중앙포로수용소 정문
(광주시,『사진으로 보는 광주 100년』, 1989, 165쪽.)

광주 중앙포로수용소
(광주시,『사진으로 보는 광주 100년』, 1989, 165쪽.)

광주 포로수용소 정문의 현재 모습

이승만의 광주 포로수용소 방문 (1952년)

174) 김태일, 『거제도 포로수용소 비사』, 북산책, 2011, 109~111쪽.
175) 광주 포로수용소의 현재 모습은 독립기념관(http://sajeok.i815.or.kr/i815/view_region/1473).

(3) 논산 포로수용소

논산의 6포로수용소는 1, 2, 3수용소로 구분되어 한 지역 내에 11,038명의 반공 포로들이 수용되어 있었다. 논산 포로수용소는 논산읍 은진면 토량리(현 논산시 연무읍 안심리) 일원에 설치되어 있었다. 이곳은 6·25전쟁이 끝난 후 116육군병원으로 사용됐다. 2013년 포로수용소가 있었던 지역의 일부에는 군인 숙소가 신축되었고 나머지는 대부분은 공터로 남아있다. 현재 이곳에서 포로수용소가 있었다는 아무런 흔적도 찾아볼 수 없다.

논산 포로수용소는 1952년 봄부터 1953년 9월까지 1년 6개월간 운영되었다. 포로의 분산 정책이 결정된 후 약 1만 명을 수용할 수 있는 포로수용소가 건설되었는데, 논산에 포로수용소가 있었다는 것을 기억하는 지역 주민은 그닥 많지 않다.

당시 논산육군훈련소에 근무했던 이상재(83세·논산, 참전 당시 하사근무) 씨는 1953년 6월 18일 논산 포로수용소 반공 포로 석방 시 상부의 명령을 받고 출동해 반공 포로 석방을 방해하기 위해 엄포사격을 했다고 상세하게 기억하고 있었다.

〈그림 2-13〉 논산 포로수용소의 포로[176]

논산 포로수용소의 포로 모습   논산 포로수용소의 배식 모습

---

176) 슈트름게슈쯔의 밀리터리와 병기(http://blog.naver.com/pzkpfw3485/220422992436)

이 씨는 포로의 탈출 현장으로 와서 사격을 했는데 포로들에 대한 직접적인 사격은 하지 말고 엄포 사격만 하라고 명령을 받고 "당시 총을 들고 긴박하게 출동했던 순간이 생생하다. 직접 사격을 하지 않고 엄포 사격만 했다"고 회상했다. 이 씨는 포로가 다치지 않도록 공중을 향해 사격을 했다. 이 씨는 실제 포로들에 대한 조준 사격은 미군들에 의해 자행되어 사상자가 많이 발생했다고 하였다.[177]

6·25전쟁에 미군으로 참전하였던 어빙 포츠맨티어는 6월 18일 아침 자신이 논산 포로수용소에 도착했을 때 최소 60~70구의 포로가 총탄에 맞아 숨졌던 것으로 기억하고 있었다. 어빙은 포로들의 시신들을 수용소 내 건물에 옮겨놓은 것까지는 기억하고 있었지만 그 이후에 이들의 시신이 어떻게 처리되었는지는 기억하지 못했다. 그러나 어빙의 기억은 정확하지 않았다. 기록에 의하면 논산 포로수용소에서 탈출하다 사망한 포로는 2명이었고 부상당한 포로가 2명이었다. 어빙은 도망하다 체포되어 다시 붙잡힌 포로들까지 전부 사망한 것으로 기억한 듯하다.

이때를 포함해 논산 포로수용소에서 사망한 포로들의 유해로 추정되는 무덤은 논산 포로수용소 인근라고 주민들은 추측하고 있었다. 제116육군병원에서 근무했던 윤인기(74세·논산시, 참전 시 하사관 근무) 씨는 "1981년도로 기억한다. 건물을 짓기 위해 작업 중 백여 구에 가까운 유해가 두 곳에서 발견됐다. 포로들 사체로 추정했다"라고 하면서 "작업을 멈추고 유해를 발굴해 수용소 터 다른 곳에 유해를 매장해 막걸리를 놓고 제사를 지내줬다"고 기억하고 있었다. 공식적이지는 않지만 포로로 추정되는 유골 100여 구를 이장해 매장했다.

---

177) 「반공 포로 6천여 명 추정 수용소 터 흔적도 없어」, 『중도일보』, 2013년 6월 5일, 1쪽.

그러나 이후 이 지역에 택지가 개발되면서 포로들의 유골로 추정되는 무덤은 사라져버렸다. 윤인기 씨는 이에 대하여 "수용연대가 이동하며 (포로들의 무덤이 있던 곳에) 90년대 군인 및 민간아파트가 들어섰다. 지형이 변했지만, 어렴풋이 유해를 매장했던 장소가 기억난다."고 하면서 "같은 민족으로 넋이라도 위로해주는 게 맞지 않나 싶다. 발굴 작업에 나서면 유해를 찾을 수 있을 것으로 기대한다."고 증언했다. 당시 국군으로 참전했던 홍의식(84세·논산시, 참전 시 병장 근무) 씨도 "포로들 간 싸움을 벌이기도 했다. 당시 시신을 수용소 터 어디에 묻었다는 이야기를 들었다"며 "반공 포로가 탈출할 때 주민들이 아궁이에 숨겨주기도 했다. 이후 논산에 자리 잡거나 한국군에 입대한 이들도 있다"고 전했다.[178]

(4) 부산 포로수용소

분산기 부산의 포로수용소는 부산시 연산2동 신리에 위치한 거제리 2포로수용소의 병원수용소가 주 수용소였다. 거제리의 2포로수용소의 분견소가 반여동에 설치되어 있었다. 그리고 가야리의 9포로수용소는 송환을 거부하는 북한군 포로가 수용되어 있었다. 부산의 가야 포로수용소의 일부 북한군이 미군부대인 하이자루 부대에 용역을 나갔는데 이들을 하이자루 분견소라 불렀다. 부산의 포로수용소는 거제도 포로수용소가 설립되기 이전인 1951년 봄까지는 1포로수용소로 불렸으나 거제도 포로수용소가 건설되면서 1포로수용소의 명칭도 양도되어 10포로수용소로 바뀌었다. 그리고 통칭 가야 포로수용소라 불리는 서부산 포로수용소는 11포로수용소가 되었다.

---

178) 「반공 포로 6천여 명 추정 수용소 터 흔적도 없어」, 『중도일보』, 2013년 6월 5일, 1쪽.

그러나 수용소의 명칭이 재정비되어서 부산의 모든 수용소는 2포로수용소로 조정되었다. 제10병원수용소는 제14야전병원의 통제를 받았는데 제14야전병원의 자리는 육군기술병학교가 있었던 현재 선수촌아파트에 위치하고 있었다. 좌표상으로 10포로수용소의 주소는 부산시 연산2동 신리로 등록되어 있었고 이곳은 현재 연제구청 부근이다. 10포로수용소의 부속 수용소인 동래분견소는 반여동에 설치되어 있었다. 좌표상의 위치는 현재 반여동 태광실업 자리이다. 11포로수용소인 서부산 수용소는 통상 가야 포로수용소라고 불리었다. 좌표상으로 위치는 개금동 가평초등학교 자리이다. 이외에 부산에 포로와 관련된 장소는 전쟁 포로의 무덤이 있었다. 미군의 도면을 통해 확인할 수 있는 위치는 현재 부경대학교 용당캠퍼스 자리이다.

〈그림 2-14〉 부산 가야 수용소 본부 자리(현 가평초등학교)

〈표 2-9〉 분산기 부산의 포로(1953년 6월)　　　　　　　　　　　　　(단위: 명)

수용소 명	인원	비고
거제리 2수용소(병원)	2,976	병원수용소
반여동 분견소	89	〃
서부산(가야 9수용소)	3,938	
하이자루 분견대	94	
합계	7,097	

〈표 2-9〉는 분산기 부산의 포로수용소의 수용 인원으로 반공 포로 석방 직전의 현황이다. 당시 부산의 포로수용소에는 총 7,097명의 포로가 있었다. 가야 수용소라고 불리는 서부산 포로수용소에 3,938명으로 가장 많이 수용되어 있었고, 병원수용소인 거제리에는 2,976명, 반여동의 분견소에 89명이 수용되어 있었다. 하이자루 분견대는 현재 부산시민공원이 있었던 미군의 하야리아 부대에 배속되어 있던 포로였다. 이들은 주로 미군부대의 배식 등을 담당하고 있었다. 원용덕 헌병총사령관은 반공 포로 석방을 1953년 6월 18일 0시를 기해 반공 포로를 석방하기로 했다. 이를 위해 각 지역의 포로수용소에 영관급 장교를 파견해 반공 포로 작전을 수행하기로 하였다. 부산에는 헌병대 지도과장을 맡고 있던 김진호 중령이 파견되어 가야 포로수용소를 방문해 작전을 반공 포로에게 설명하였다. 6월 18일의 반공 포로 석방은 부산의 경우 실질적으로 가야 수용소와 반여동 분견소 2곳에서만 이루어졌다. 거제리 2수용소에서는 석방 작전이 실패하였다. 거제리 일대는 미군부대가 밀집되어 있어서 새벽 2시 40분에 탈출을 시도하였지만 미군 경비대의 발포로 발각되어 탈출로가 봉쇄되었다.[179]

---

179) 부산의 거제리 병원수용소의 길두만과 하이자루 분견대에 파견되었던 이창번은 거제리 병원과 하이자루 분견대에는 6월 18일 반공 포로 석방이 이루어지지 않았다고 구술하였다.

분산기 부산의 포로수용소 가운데 병원수용소에 수용되었던 길두만은 부산 병원포로수용소에 대해 다음과 같이 기억하고 있었다.

> (1952년 2월달에) 갑자기 열이 막 나고 그러니까 병원에서도 웬만하면 퇴원시켜가지고 원대 복귀시키거든요 그런데 병이 원체 중하니까 부산 2수용소로 거의 완전히 병원으로 이전을 시킨 거죠. …병원생활 쭉 했지요. 2수용소에서 동래수용소로 가 가지고[180].

길두만은 거제도의 73포로수용소에 수용되어 있다가 갑자기 열이 나서 거제도에서 치료를 받아도 차도가 없자 부산의 병원수용소의 2수용소로 이송되었다. 길두만은 당시 수용된 동래병원의 2수용소가 중국군 포로들이 많아서 이곳에서 탈출을 감행하였다고 하였다. 그는 2수용소를 탈출하여 5수용소로 이송되었다.[181]

이창번은 부산 포로수용소의 하이자루 분견대에 소속되어 있었다. 그는 하이자루 분견대에 대해 다음과 같이 기억하고 있었다.

> 그때 우리가 간 게 한 구십명 갔어요. 근데 그 부산진, 그저 부산역에 가있던 애들도 철수하다가 탑차에다가 실어논는 거예요.

이창번은 하이자루 분견대에 소속되어 있던 포로들을 90명 정도로 기억하고 있었다. 위의 〈표 2-9〉를 보면 하이자루 분견대의 포로가 94명 수용되어 있었음을 알 수 있다. 하이자루 분견대의 포로 수용 인원에 관한 이창번의 기억은 정확했다. 그는 하이자루 분견대로 선발되어 갔다고 기억하고 있었다.

---

180) 길두만, 「북한 출신 천도교 반공포로의 포로생활」, 국사편찬위원회, 2014, 31쪽.
181) 위의 글, 33쪽.

구술자 : 선발돼게지구 그 하야리아(하야리아 – 필자주) 글루 간 거예요. 갔는데 거기
　　　　에는 미군부대 안에다가 요 가장자리에다가 수용소를 하나 만들어 놓고 요
　　　　기에다 쓰랬는데 미군과 똑같은 시설에 샤워장 다 장치해 놓고 뭐 깨끗하게
　　　　아주 특별 그게 수용소하구 틀리죠.

면담자 : 예에

구술자 : 거게다 해놓고 세군데 식당에 나가는 거예요. 그러니깐 장교식당하고 스텝
　　　　메소리라고해게지고 영관장교들만 식사하는 데가 또 있었어요 그게 있었고
　　　　부산역에 그 또 식당이 하나 있었어요. 역에

면담자 : 예 파견돼서

구술자 : 역에 하나 있었는데 세 군데 나갔는데 게 일이 좀 많아 가지고 하루 나가서
　　　　아침 여섯시에 나갔다가 저녁 아홉시쯤 돌아오고 다음날 쉬고 그니까 뭐

면담자 : 근무조건도 쫌?

구술자 : 좋았죠. 그니깐 뭐 그때는 양식도 하고 커피 마시고 일하면서 그 바람에
　　　　6·18을 못나간 거예요.[182]

　　이창번에 따르면 부산의 가야 포로수용소의 포로 가운데 학력이 높고
나이가 어린 포로들을 선발해서 하이자루 분견대에 파견시켜 미군부대의
식당에서 보조일력으로 일하는 소위 '쑈리[183]'로 활동하였다. 하이자루 분
견대는 미군부대인 하이자루 부대에 포로수용소를 만들어 이곳에 수용되
어 있었다. 이들에 대한 대우는 일반 포로에 비해 상당히 좋아 미군과 거
의 똑같은 생활을 하였다. 하이자루 분견대의 포로들은 미군 영관장교 식
당과 부산역의 미군 식당, 그리고 또 한 군데 등 3곳의 미군 식당을 아침
6시부터 저녁 9시까지 하루에 15시간씩 일했다. 이창번은 이곳에서 성실
히 식당보조원으로 일해 미군으로부터 미국으로 유학을 지원해 주겠다는
말을 듣기도 하였다.

---

182) 이창번, 「북한 출신 천도교 반공포로의 포로생활」, 국사편찬위원회, 2004, 45쪽.
183) 심부름하는 아이를 속되게 이르는 말.

(5) 마산 포로수용소

분산 작전의 시행과 함께 마산에도 포로수용소가 건설되었다. 마산에 만들어진 포로수용소는 12포로수용소로 명칭이 정해졌다. 마산으로 이송된 포로는 남한 출신으로 북한군에 입대했다 수용된 포로였다. 마산의 포로수용소는 마산의 청량산 아래인 월영동에 건설되었다. 마산의 포로수용소는 국군통합병원 옆에 설치하였는데 이는 포로들의 질병을 치료하기 위한 이유도 있었다. 마산의 포로수용소는 청량산 아래 가포고개 못 미쳐 있는 건화맨션 밑에 있었다. 전쟁이 끝나고 포로수용소 자리는 예비군훈련장으로 사용되었다.

포로수용소의 일부는 한국철강이 인수하여 공장으로 활용되었다. 이곳은 마산시가 확장되면서 택지개발이 이루어져 (주)부영이 부지를 매입하여 아파트단지가 건설되었다. 이곳 주민들에 따르면 포로수용소 터에는 터널식 방공호(ㄱ형)가 3곳이 있어 출입이 가능했다고 하였다. 그러나 현재는 아파트가 만들어져 높은 콘크리트 옹벽이 세워져 방공호가 있던 곳은 흔적

〈그림 2-15〉 마산 포로수용소 유적

마산 포로수용소 자리. 사진 아래 평평한 곳에 수용소 흔적이 보인다.

을 찾을 수 없는 상태이다.

　마산의 포로수용소의 수용 인원은 초창기에는 송환을 거부하는 북한군 포로와 민간인억류자를 포함해 10,000명이 넘었다. 그러나 10월 3일의 민간인 억류자 석방으로 마산 포로수용소는 4,000명 내외의 송환 거부 북한 포로가 수용되어 있었다.

(6) 영천 포로수용소

　분산 작전과 함께 영천에도 포로수용소가 건설되었다. 영천의 포로수용소는 개전 초기인 1950년 7월 영천 시장통의 말죽거리터에 육군공병대와 함께 미 25사단 산하 포로수용소가 설치되기도 했었다. 이후 부산과 거제도의 포로수용소 설치로 각지의 포로수용소와 수집소가 폐쇄되면서 이곳의 수용소도 폐쇄되었다. 그러나 분산 작전이 실시되자 예전의 포로수용소 자리에 다시 포로수용소가 설치되어 송환을 거부하는 포로와 민간인 억류자 8,010명이 수용되었다.

　영천 포로수용소에는 이승만 대통령이 시찰차 방문한 적이 있었고 훗날 반공 포로 환영식도 이승만이 참여한 가운데 개최되었다. 영천 포로수용소에서는 수용소가 건설된 초기인 1952년 5월 29일에는 포로들의 폭동이 발생하였다. 일어나기도 했었고 그 후에도 포로들의 시위가 간간히 있었다고 한다. 그 외에도 미군들이 공산당의 사주를 받아 폭동을 모의했다며 경북도의원을 무단 체포, 납치하는 사건도 발생해 지역민들의 빈축을 샀었다고. 그 외에도 격전지였던 영천전투에서 발생한 북한군 포로를 수용하기 위해서 현재의 영남대학교 영천병원 부지 근처에 임시수용소를 설치하기도 했었다고 한다.

영천 포로수용소 자리. 현재 대형마트와 건물들이 들어서 있다.

완산동 일대와 영천시장 뒤편에 위치해 있었던 옛 공병대 부지는 택지개발이 되면서 2017년 현재 공병대 앞쪽에 아파트 단지가 조성되었다. 또한 공병대 부지도 영화관과 고은힐즈라는 복합몰이 들어오는 등 개발이 진행되면서 포로수용소의 모습은 찾아볼 수 없다.

(7) 제주도 포로수용소

1951년 7월부터 포로수용소 내의 이념갈등이 격화되면서 수용소를 차지하기 위한 좌우익간의 살해 사건이 발생하여 포로를 심사한 후 반공 포로를 분산시키는 정책이 실시되었다. 중국군 포로도 이러한 이념 갈등 속에서 분리 심사가 이루어졌다. 분리 심사 결과 중국군 가운데 송환 희망 포로는 6,660명, 송환 거부 포로는 14,251명으로 32%만 송환을 희망하였다. 이는 국민당군 출신 장교들의 반공 활동의 영향이 컸기 때문이었다.

분산 작전에 따리 중국군 포로는 제주도로 보내졌다. 중국군 송환 희망 포로 5,800여 명은 제주비행장 내에 만들어진 수용소로 이송되었고, 송환을 희망하는 중국군 포로 14,000여 명은 모슬포에 만들어진 포로수용소로 옮겨졌다. 모슬포 포로수용소는 4월에 만들어지기 시작하여 5월 포로가 수용되기 시작하였다. 제주도의 포로수용소는 13포로수용소로 명칭이 정해졌다. 제주시의 포로수용소는 현 제주공항인 정뜨르비행장 안에 6월부터 만들어지기 시작하였다.

〈표 2-10〉 분산 정책 시기 수용소별 중국군 포로 현황(1953.2.28.)

수용소번호	위치	포로성향	중국 국적
1	거제도	친공	13
2	부산(동래)	친공	426
2	부산(가야)	반공	427
3	제주도	친공	5,911
8	모슬포	반공	14,298
합계			21,075

제주도로의 중국군 포로 이송은 1952년 6월 중국군 포로 5,600명이 LST상륙함에 태워져 모슬포항으로 들어오면서 시작되었다. 제주도 포로수용소의 정식 명칭은 모슬포의 포로수용소는 '13포로수용소', 제주비행장에 있는 포로수용소는 '21포로수용소'로 정해져다. 7월에 들어 친공 중국 포로 3,000여 명도 제주시로 이송되어 제주비행장 안의 수용소로 이송되었다. 이렇게 제주도에는 크게 제주시와 모슬포 두 곳에 포로수용소가 설치되었다. 분리심사 분산 시기 후 중국군 포로의 수용현황은 위의 〈표 2-10〉과 같다.

모슬포에 포로수용소가 설치된 이유는 물 때문이었다. 제주에서 그나마 물 사정이 좋은 산이수동 인근에 수용소를 건설하였다. 모슬포에는 2동

〈그림 2-17〉 모슬포 포로수용소(제주도 포로수용소) 전경과 유적

※출처: The Times of Northwest Indiana Internet, 미군 칼 그로스(Carl Grose) 촬영.

제주특별시 산이수동 해안도로 맞은편 마늘밭에 포로수용소의 벽면만 남아있다.

의 수용소가 있었는데 하나는 현재 산수이동에 있었고 하나는 모슬포비행장(앙뜨르비행장)에 있었다.[184] 모슬포의 중국군 포로들은 이곳에 수용되어서 작업에 동원되었는데 대표적인 활동이 모슬포성당 건설이었다. 모슬포성당은 아일랜드 출신 설리번 군종 신부가 사목활동을 펼치면서 기초공사와 벽면 공사를 했는데 이때 중국군 포로들이 참여하였다. 현재 모슬포성당은 신축되었고 중국군 포로들이 만든 성당은 식당으로 사용되고 있다. 또 모슬포에 수용된 중국군 포로들을 모슬포와 사계리 간 도로 건설에 동원되었다.[185]

제주도의 중국군 포로들 중 제주비행장 포로수용소에 수용된 친공 중국군 포로들이 시위와 자살 사건을 많이 벌였다. 이중 대표적인 사건이 1952년 10월 1일 중국의 공산정권 수립 3주년을 맞아 행사 시위였다. 행사를 마친 친공 중국군 포로가 시위를 전개하자 포로수용소를 경비 중이던 미군 2개 소대가 출동하여 진압하는 과정에서 큰 충돌이 벌어졌다. 시위를 진압하는 과정에서 중국군 포로 45명이 사망하고 120명이 부상을 입었다. 이 사건을 조사한 UN군 사령부 헬렌 소장은 "폭동은 집단 탈주 공작의 일환으로 시작되었으며 탈주 후에는 한라산 공비들과 합류할 계획까지 세운 사실이 드러났다."라고 발표했다. 이 사건 이후 미군에 대한 중국군 포로들의 감정이 극도로 나빠져 순찰 중인 미군 장교를 덮쳐 집단폭행을 가하는 사건이 발생하기도 했다.

당시 제주비행장 내 중국군 포로수용소 주위에 살던 어영부락, 사수동, 다호동, 도두동 주민들은 이들이 철수하는 날까지 불안감을 떨칠 수 없었다. 또한 모슬포에 수용된 반공 포로들은 모슬포 비행장(앙뜨르비행장)에

---

184) 「중공군 포로수용소 벽체만 남아」, 『제주신보』, 2018년 10월 10일.
185) 「대정읍 산이수동 중공군 포로수용소」, 『제주신보』, 2013년 1월 29일.

격리 수용되어 비행장 입구에서 사계리 방면으로 가는 길을 확장 보수하는 일에 동원되기도 했다. 그러나 중공군 포로의 수용으로 인해 모슬포 산이수동에 살던 주민들이 삶의 터전을 잃고 소개 생활을 해야 하는 등 포로수용소는 제주도민들에게 많은 피해를 주었다.

휴전회담이 종료된 후 유엔군사령부는 송환을 희망하는 중국군 포로 5,640명을 배와 육로를 통해 비무장지대에 설치된 포로 송환 장소로 이동시켜 1953년 8월 5일부터 9월 6일까지 공산 측에 송환하였다. 이들 포로들은 송환과정에서도 난동을 부려 호송하는 군인들이 적잖은 곤욕을 치렀다. UN측은 포로 수송항을 모슬포항으로 택하고 이송 시간도 남의 눈에 잘 띄지 않는 새벽으로 정했지만, 포로들은 모슬포로 향하는 트럭 위에서 괴성을 지르고 웃옷을 벗어던지는 난동을 부렸다. 이들의 해상 이동에는 포로의 안전과 경비를 위해 각 배마다 2명의 장교와 60명의 병력이 동승하였다. 인천에 도착한 포로들은 육로(철로와 도로로 산개)로 영등포를 거쳐 문산까지 이동하였다.

(8) 부평 포로수용소

부평에 있던 10포로수용소는 지리적으로 보면 가장 전방과 가까운 곳에 설치된 수용소였다. 부평수용소는 1953년 3월에 설치되었다. 부평 포로수용소는 현재 부영공원으로 추정된다. 이곳은 중일전쟁을 치르던 일제가 대륙 침략을 위한 배후 기지로 이용하고자 1930년대 말 부평에 육군조병창을 설치하였다. 이는 일제가 본토 이외에 유일하게 설치한 무기 제조 공장이었을 만큼 상당한 전략시설이었다. 1945년 일본 패망 후 미군이 진주하면서 이를 지원 시설로 이용하였고 1949년 미군 철군 후에 국군 병기대대가 접수하여 사용하였다. 전쟁이 발발하고 미군이 참전하며 다시 미군기지가 되었고 이때 포로수용소도 설치되었다. 미 제44공병단이 자리 잡은 북쪽 공터에 수용소가 들어섰는데 당시에 이곳은 동쪽과 남쪽으로 여타 미군 기지들이 몰려있고 북쪽과 서쪽은 드문드문 민가가 있던 허허벌판이었다.

〈그림 2-18〉 부평 포로수용소

『LIFE』 기자인 라우저(Michael Rougier)가 1953년 5월 경 촬영한 부평 포로수용소

반공 포로 석방 당시 총 1,486명의 포로가 수용되어 있던 부평수용소는 대구수용소 다음으로 작은 규모였다. 그런데 두 번째로 적었던 부평수용소에서 석방 당시 가장 많은 사망자가 발생하였다. 반공 포로 석방 당시 8개 수용소에서 탈출하다 숨진 포로는 총 61명이었다. 이 중 47명이 부평수용소에서 사망하였다.

5. 판문점 포로수용소

1) 휴전협정체결과 포로문제

1951년 시작된 휴전회담은 포로문제로 지연되었다. 회담의 대표단 구성을 공산 측에서는 북한의 발언권이나 결정권은 지극히 제한적이었으며,

미국이 주도한 유엔군 측에서 남한은 더 심하게 배제되었다. 결국 남한과 북한 양측이 이 땅에서 벌어진 전쟁에서 막대한 희생을 치르면서도 전쟁과 휴전에서 거의 영향력이나 결정권을 갖지 못했다는 점에서 이 전쟁에서 남북한의 전쟁이 아닌 체제 전쟁임을 알 수 있다.[186]

공산군 측에서는 스탈린의 주도하에 북한과 중국, 소련 간에 협상 전략에 대한 의견 조율을 거쳐 기본원칙과 협상 계통을 만들었다. 스탈린은 마오쩌둥의 제안을 수용하고 김일성의 의견을 반영하여 휴전협상의 기본원칙을 마련하였고 이것은 이후 2년여의 회담 과정에서 공산군 측의 기본적인 휴전협상 전략이 되었다. 또 스탈린의 지시에 따라 마오쩌둥이 협상 지휘계통을 만들었는데, 협상대표단과 막후의 전방지휘부의 이원적 구조로 하고 그 위에 최고지도부를 두었다. 협상대표단은 중국과 북한 대표로 구성하되 수석대표를 북한이 맡았지만, 중국 공산당의 지령의 직접 접수하고 회담 전략을 수립하며 회담 내용을 조종한 것은 리커눙이 이끄는 막후의 전방지휘부였다. 최고지도부는 김일성과 마오쩌둥이었지만, 지휘계통상 중요한 결정의 고리는 마오쩌둥과 막후 전방지휘부의 리커눙으로 이어진 라인이었으며, 김일성의 역할은 제한적이었고 스탈린은 휴전회담의 전 과정에서 가장 큰 결정권을 행사했다.[187]

유엔군 측의 경우는 전적으로 미국이 주도하였다. 미국은 휴전을 추진하기로 결정하는 과정에서 한국의 의견을 묻지 않았으며 공식적으로 회담이 개시되기까지 모든 결정과정에서도 한국을 배제하였다. 보도를 통해 휴전소식을 접한 이승만과 한국정부는 공개적으로 휴전을 반대하고 대대적인 반대시위를 벌였다. 유엔군 측 휴전협상을 주도한 것은 미 합동참모본부였

---

186) 김보영, 「한국전쟁 휴전회담 협상전략과 지휘체계」, 사학연구 90, 2008.6, 349쪽.
187) 국방부 군사편찬연구소 역, 『중국군의 한국전쟁사』 3권, 2005, 92쪽.

고, 최종적인 재가는 트루먼 대통령이 했다.[188]

휴전회담에 대한 의제 가운데 가장 큰 걸림돌은 포로 송환 문제였다. 유엔군과 공산 측에서도 처음에는 포로 송환 문제가 쉽게 정리될 것으로 예상하였다. 하지만 결과적으로 포로 송환 문제는 휴전회담의 최대 쟁점이 되었다. 공산군 측에서는 포로의 일괄 교환, 전원 무조건 송환, 즉 강제 송환을 주장하였다. 이에 반해 유엔군 측에서는 회담 직전까지도 포로는 가능한 한 신속히 일대일 교환한다는 정도의 입장을 갖고 있었다. 그러나 양측의 포로숫자가 엄청난 차이가 나면서 유엔군 측은 포로의 '자원송환' 원칙을 들고 나왔다.

휴전회담 당시 공산군 측이 보유한 국군 및 유엔군 포로는 11,559명인데 비해 유엔군 측 포로는 북한군과 중국군을 합쳐 132,474명으로 거의 열 배 이상 차이가 났다. 포로의 숫자 뿐만 아니라 포로의 성분도 문제로 대두되었다. 유엔군 측에 수용된 북한군과 중국군 포로가운데 송환을 거부하는 포로들이 많아 유엔군 측에서는 인도주의와 인권의 문제를 내세워 포로들의 자원송환의 원칙을 주장하였고 이를 절대로 양보할 수 없다는 입장을 고수했다. 결국 포로 송환문제는 유엔군 측의 포로심사와 맞물려 전쟁을 이념전이자 명분의 선전을 위한 전쟁으로 전화시켰다.[189]

중국은 포로 송환 문제에 있어서 자신들의 입장을 우선시하였다. 중국은 중국군 포로가 전원 송환된다면 북한군 포로에 대해서는 자원송환을 적용해도 무방하다는 입장이었다. 그렇지만 포로에 대한 심사가 끝난 1952년 7월 유엔군 측이 약 8만 3천 명의 송환 포로를 최종적으로 통보했을 때, 중국도 이를 수용하지 않았고 전쟁을 계속하기로 결정하였다. 이처

---

188) 국방부 전사편찬위원회 역, 『미국합동참모본부사: 한국전쟁(하)』, 1991.
189) 김보영, 앞의 논문, 2008.6, 354쪽.

럼 중국은 철저히 자국 위주의 휴전 회담을 진행하였다.

포로의 송환문제로 인해 휴전 회담 전체가 결렬되었고 결국 이 문제는 유엔으로 옮겨져 중재안이 나왔지만, 공산군 측에서는 이 중재안마저도 거부하였다. 휴전회담이 결렬되면서 양측의 군사적 충돌은 더 거세졌다. 포로 문제로 인해 전쟁이 재점화되는 상황이 초래된 것이었다. 이처럼 포로 문제는 전쟁의 전 기간에 포로수용소의 관리와 더불어 휴전 협정에서도 가장 중요한 의제로 떠올랐다. 포로 송환 문제로 장기화한 전쟁은 휴전 회담의 협상 과정에서 도출된 것이 아니라 휴전 회담을 지휘하는 양 측의 두 지도자가 바뀌는 외적인 상황변화에서 나타났다. 공산 측의 최고지휘자인 스탈린의 죽음과 유엔군 측의 최고 결정권자인 아이젠하워의 등장으로 휴전회담이 재개되고 협상이 급속도로 진행되어 마무리되었다.

포로협상에서 남한의 주요 관심사는 납북자 송환이었지만, 미국은 포로 협상이 더 복잡해질 것을 우려하여 이 문제를 제외시켰다. 정전협정이 조인되기 전에 이승만 대통령의 일방적인 반공 포로 석방으로 회담이 일시적으로 중단되기도 했지만, 그것이 협정 체결을 막지는 못했다. 이때 한·미 교섭을 통해 미국은 전후 한국군에 대한 통제권을 확보하였고, 한국은 한미상호방위조약을 통해 안보를 보장받았다.[190]

1953년 2월 22일 클라크 유엔군사령관이 1952년 12월에 국제적십자사가 제시한 상병 포로의 즉각 교환을 위한 호소를 수용하면서 교착 상태에 빠진 휴전 협상은 재개의 조짐을 보였다. 1953년 3월 28일 공산 측이 이에 동의하여 4월 11일 양측은 연락관을 파견해 상병포로 교환 협약에 서명하였다. 실제 상병포로의 교환은 1953년 4월 20일부터 5월 3일까지 약 보름

---

190) 김보영, 「한국전쟁 시기 이승만의 반공 포로석방과 한미교섭」, 『梨花史學研究』 제38집, 2009, 198쪽.

간 이루어졌다. 이로써 여성 포로 21명을 포함한 북한군 포로 5,640명과 중국군 포로 1,030명과 국군포로 471명, 미군 149명, 영국군 32명, 터키군 15명 등 684명이 교환되었다.[191]

1953년 6월 18일 반공 포로 석방으로 인해 공산 측이 반발하였지만 7월 10일 회담은 속개되었다.[192] 북한은 반공 포로 석방에 대해 거칠게 항의했지만 휴전에 대한 양측의 절실함으로 인해 1953년 7월 19일 휴전회담이 속개되어 유엔군과 공산군 측에서는 상호 교환한 포로의 규모를 통보하였다. 유엔군 측과 공산 측은 수석대표가 판문점에서 정전 협정에 서명하고, 최고사령관이 각각 따로 서명함으로서 휴전협정이 맺어졌다. 1953년 7월 27일 10시 판문점에서 양측의 휴전회담 수석대표인 미 육군 준장 해리슨과 북한군 대장인 남일이 휴전협정에 서명하고 이어 김일성과 펑더화이(彭德懷)가 각각 북한과 중국을 대표해서 서명함으로써 휴전협정이 최종적으로 조인되었다.

휴전협정이 조인된 다음날인 1953년 7월 28일 판문점에서 양측은 포로송환위원회 제1차 회의를 개최하고 1953년 8월 5일부터 포로 송환을 시작할 것을 합의하였다. 8월 1일 중립국송환위원회의 첫 회의가 열렸고 여기에서 감시종의 편성을 비롯한 포로의 확인, 안전 보장, 교통 등 기타 문제를 토의하였다. 또 8월 3일에는 양측의 적십자사 대표들이 상대방의 포로수용소를 시찰하는데 합의하여 4일에는 포로수용소 방문이 이루어졌다. 이렇게 포로 송환에 따른 구체적인 협의가 포로송환위원회에서 하나하나 결정되었다.

송환 희망 포로들은 포로송환위원회가 개최되는 시점에 대부분 거제도와 제주도의 수용소에 있었기 때문에 교환 시점에 맞추어 이들을 해로와

---

191) 조성훈, 『한국전쟁과 포로』, 선인, 2010, 374쪽.
192) 휴전회담 속개의 원인으로는 양측이 1953년 여름에 휴전을 하자는 절실함과 6월 16~17일에 있었던 베를린 폭동에 대한 소련 측의 우려 등이 복합적으로 작용하였다.

육로를 통해 판문점으로 이동시키는 수송 작전을 전개해야만 했다. 송환포로 희망자 중 부상자 및 병자, 여자, 그리고 어린아이들은 거제도와 제주도에서 부산까지 선박을 통해 이송되었고, 부산에서 송환 지점이었던 문산까지 기차로 옮겨졌다. 그리고 문산에서 판문점까지는 자동차에 태워져 이송되었다.

이 합의에 따라 8월 5일부터 9월 6일까지 약 1개월 간 송환을 원하는 포로의 쌍방 교환이 이루어졌다. 33일간의 포로 송환 업무의 결과는 〈표 2-11〉과 같다.

〈표 2-11〉 포로 송환 현황
(단위: 명)

유엔군 측 포로		양측	공산군 측 포로	
북한 북한군	70,183		한국군	7,862
중국군	5,640		미국군	3,597
			영국군	945
			터키군	229
			필리핀군	40
			캐나다군	30
			콜럼비아군	22
			오스트레일리아군	21
			프랑스	12
			남아프리카공화국군	8
			그리스군	2
			네덜란드군	2
			벨기에군	1
			뉴질랜드군	1
			일본군	1
합계	75,823	합계		12,773

위 표에서 볼 수 있듯이 유엔군 측에서는 북한 북한군 포로 70,183명과 중국군 포로 5,640명 등 총 75,823명을 송환하였다. 공산 측에서는 국

군 포로 7,862명, 미군 포로 3,597명, 영국군 945명 등 15개국의 포로 총 12,773명을 교환하였다.[193] 이렇게 유엔군 측은 공산군 측보다 약 5배가 많은 포로를 송환하였다.

2) 중립국송환위원회와 판문점 포로수용소의 설치

마지막까지 송환을 거부하던 북한군 포로는 약 23,000명이었다. 이들은 법률적으로는 1953년 6월 8일 조인된 '포로협정(중립국송환위원회 직권의 범위)'와 1953년 7월 27일 조인된 '휴전 협정에 대한 임시적 보충협정'에 따라 처리하기로 결정되었다. 이 두 협정에 따라 중립국송환위원회(NNRC)[194]가 만들어졌다. 중립국송환위원회는 스위스, 스웨덴, 폴란드, 체코, 인도 대표로 구성하기로 하였다. 인도 정부가 중립국송환위원회의 활동에 소요되는 군대와 운영요원을 제공하기로 하면서 중립국송환위원회 감독 및 의장을 맡았다. 공산 측과 유엔군 양측은 송환을 거부하는 포로들을 중립국송환위원회의 감독 아래 모국 정부의 대표로부터 9월 9일부터 12월 23일까지 90일 동안 송환을 위한 설득을 듣고 의사를 결정하도록 정했다. 그러나 실무적인 정치 회담을 위한 20일이 추가되어 중립국송환위원회의 활동 기간은 총 120일로 결정되었다.

양측의 송환 거부 포로들은 1953년 9월 10일부터 25일까지 보름 동안 비무장지대로 이송되었다. 그리고 이들을 수용하기 위해 판문점에 포로수용소가 개설되었다. 송환 거부 포로를 관리하기 위해 인도군 티마야(Thimayya, K.S.) 중장의 지휘 아래 인도군이 8월 11일부터 입국을 시

---

193) 조성훈, 앞의 책, 380쪽.
194) 중립국송환위원회는 1923년 그리스와 터키의 분쟁, 1949년 이집트와 이스라엘의 전쟁 등 국가간의 분쟁을 해결하기 위해 설치된 적이 있었다.

작해 판문점으로 이동하였다. 중립국송환위원회를 관리한 인도군은 총 5,000명 규모였다.

9월 8일 첫 번째 송환 거부 포로들이 LST편으로 제주도를 떠나 인천항으로 출발하였다. 포로를 수송하기 위한 대규모 LST선단이 동원되었다. 인천에 도착한 포로들은 기차로 문산까지 이송되었고 이곳에는 인도군에 인계될 때까지 머무를 수 있는 임시 수용소가 설치되어 있었다. 9월 9일 중립국 송환위원회는 첫 회담을 가졌고 이날 회의에서 포로들은 다음날인 10일부터 인도군에 인계하기로 결정되었다.

〈그림 2-19〉 판문점에 도착한 포로(1953년)[195]

중립국송환위원회의 결정에 따라 공산군과 유엔군 양측의 중립국송환위원회로의 포로 인계는 9월 10일부터 25일까지 보름간 이루어졌다.

---

195) AIN002_01_00V0001_005.

유엔군 측은 약 7,900명의 북한군 포로와 14,704명의 중국군 포로 총 22,604명을 중립국송환위원회의 인도 관리군에게 인계하였다. 공산 측에서는 한국군 335명(여군 5명 포함), 미군 23명, 영국군 1명 등 총 359명을 인도 관리군에게 인계하였다. 이렇게 양측에서 인계되어 중립국송환위원회의 인도 관리군에서 관리하는 포로의 전체 수는 22,963명이었다.

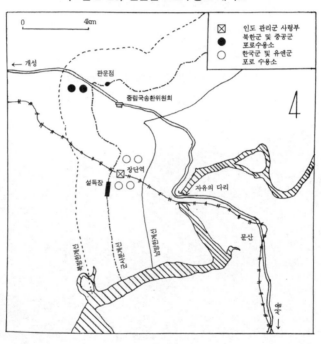

〈그림 2-20〉 판문점 포로수용소 배치도[196]

　　〈그림 2-20〉에서와 같이 중립국송환위원회의 유엔군 측의 판문점 포로수용소는 장단읍 동창리 일대에 유엔군이 건설하였다. 판문점의 포로수용소의 건설은 9월 초에 시작되었다. 〈그림 2-19〉에서처럼 유엔군 측은

---

196) K.S. 티마야, 라윤도 역, 『판문점 일기』, 소나무, 1993, 158쪽.

비무장 지대의 남단에 본부 시설을 설치하였다. 유엔군 측은 완전히 폐허가 된 사과과수원 위에 약 80동의 천막을 가설했는데 각 천막의 마무리와 벽은 판자로 막고, 타원형의 난방용 석유난로를 설치하였다. 당시 문산 일대는 이를 지켜보기 위해 국내 및 미국과 전 세계에서 몰려드는 보도진으로 인해 하나의 국제도시가 이루어졌다.[197]

판문점의 포로 수용 캠프는 7개의 구역으로 나뉘어져 있었다. 각 구역에는 여섯에서 여덟 개의 수용소가 있으며 각 수용소에는 약 500명가량을 수용하게 되어 있었다. 각 구역은 철조망으로 분리되어 있었지만 구역들이 아주 인접해 있었다.[198] 7개의 구역은 중국군 3개, 북한군 2개, 송환 희망 포로로 격리 수용소 1개, 병원을 1개소씩으로 할당되었다. 캠프는 17개의 막사와 식당·목욕탕·화장실텐트 등 모드 20개의 텐트로 구성되었다. 〈그림 2-20〉의 장단역 좌우의 ○로 표시된 지역이 북한군과 중국국 송환 거부 포로가 수용되었던 지역이다. 북한군 포로는 34대대에서 55대대까지 16개 대대에 배치되어 수용되었다.

3) 판문점 포로수용소의 실상

중립국송환위원회 인도 관리군 통제 아래로 들어간 송환 거부 포로들은 이곳에서 사실상 또 다른 포로 생활을 시작하였다. 이때 유엔군의 보호 아래 있던 포로들의 수용 시설은 판문점 남쪽 비무장 지대 내에 있는 장단역 주변에 설치되었고, 공산군 포로의 수용 시설은 판문점 동쪽의 비무장 지대에 설치되었다. 인도 관리군은 장단역에 주둔하였으며, 포로의 설득

---

197) 김행복, 『한국전쟁의 포로』, 국방군사연구소, 1996, 241~242쪽.
198) K.S. 티마야, 라윤도 역, 『판문점 일기』, 소나무, 1993, 105쪽.

장소는 장단역 남서쪽 군사분계선상에 설치되었다.[199]

포로를 인수한 부대는 중립국송환위원회에 소속된 인도군이었다. 이 부대는 토렛(P.P, Throat) 장군이 지휘하는 포로 보호 부대로써 총 병력은 3,000명이었다. 이들 가운데 총으로 무장한 병사는 1,524명에 불과하여 약 23,000명의 포로를 관리하는데 부족하여 2,500명의 병력이 충원되었다. 인도군은 인수받은 포로들은 공정하게 관리하도록 노력하였고, 장교는 물론 사병에 이르기까지 인도의 체면을 세우기 위해 노력하였다.

판문점의 중립국송환위원회 포로수용소로 수용되는 상황을 길두만은 다음과 같이 기억하고 있었다.

> 장단땅이라고 판문점, 판문점인데 그 완충지대 중립지대가 4km 아니예요? 대한민국 2km에, 공산진영으로 2km, 그 가운데가 옛날 장단땅인데, 거기가 이제 완전히 폭격해가지고 허허벌판인데 천막만 쳐 놓고 수용을 한 거예요. 허허 근데 인도군들이 이제 그 우리가 기차에서 내리니까 인도군들이 막 왔다 갔다 하는데 인도군들이 반바지입고 총 들고 다니고 사람도 있고 상투 틀고 다니는 군인도 있고 아주 엉망이에요.[200]

정전협정에 따라 판문점 부근인 장단에 만들어진 판문점 포로수용소에 중립국인 인도군들이 포로들을 관리하고 있었음을 포로들의 증언을 통해 확인할 수 있다. 포로들은 미군과 국군이 아닌 인도군에 의해 관리받아야 한다는 사실을 인지하고 있었다. 판문점 포로수용소로 수용되는 북한군 및 중국군 포로들의 모습을 중립국송환위원회의 의장인 티마야 중장은 다음과 같이 기록하였다.

---

199) 김행복, 앞의 책, 244쪽.
200) 길두만, 「북한 출신 천도교 반공포로의 포로생활」, 국사편찬위원회, 2014, 37쪽.

포로들은 깃발을 흔들고 악기를 두들겨 대며 행진해 왔다. 구호를 외치고
소리를 지르며 몸짓 손짓을 하고 있었다. 무서운 대오였으며 저 때거리들
이 통제될 수 있을지 약간 걱정되었다.[201]

위의 인용문에서 보듯이 판문점의 중립국송환위원회로 인계된 포로들
은 자신의 이념적 성향을 분명하게 표출하고 있었다. 이러한 상황을 지켜
보고 있었던 중립국송환위원회 의장인 인도군 중장 티마야는 판문점 포로
수용소의 운영이 쉽지 않음을 직감하였다. 티마야의 직감대로 포로 설득
과정에서 송환을 거부하는 포로들은 북한군 설득 장교를 향해 송환 거부의
사를 적극적으로 표현하였다.

〈그림 2-21〉 판문점 포로수용소 전경

※출처: 우리문화신문, 2018.12.3.

정전협정에 의하면 양측의 송환 거부 포로들은 중립국송환위원회의 감
독 아래 포로 1,000명 당 설득위원 7명의 비율로 모국 정부 대표로부터

---

201) K.S. 티마야, 앞의 책, 1993, 93쪽.

1953년 9월 9일부터 12월 23일까지 설득을 들어야 했다. 포로에 대한 설득은 일요일을 제외하고 매일 8시간 진행되었다. 90일간의 설득 기간과 30일의 유예기간을 포함해 포로들은 판문점의 포로수용소에 약 120일 가까이 수용되었다. 본격적인 설득에 들어가기도 전에 일부 북한군 및 중국군 포로들은 송환을 요구하였다. 이들 가운데에는 반공 의식에 투철한 포로들도 있었지만 가족이 있는 고향으로 가기를 원했다. 송환을 요구하는 과정에서 포로들에게 발각되어 송환되지 못한 일부 포로들도 발생하였다. 이처럼 포로 문제는 다양한 변수를 갖고 있었다. 유엔군 측의 발표에 따르면 북한군 포로 85명과 중국군 포로 145명, 총 230명이 설득 작전이 들어가기 전에 자신들의 견해를 바꾸어 공산 측에 인도되었다.

〈그림 2-22〉 판문점 중립국송환위원회 포로 설득장

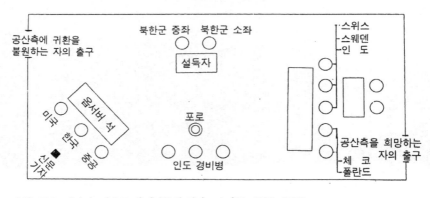

※출처: K.S. 티마야, 라윤도 역, 『판문점 일기』, 소나무, 1993, 319쪽.

중립국송환위원회 측 포로설득장의 모습은 〈그림 2-22〉와 같았다. 포로들은 인도군 3명에 둘러싸여 설득장으로 들어갔다. 설득장에는 북한군 포로를 설득하기 위한 장교 2명이 있었다. 그리고 중립국송환위원회에 소속된 체코, 폴란드, 스위스, 스웨덴, 인도의 대표들이 설득 과정을 지켜보기 위해 배치되어 있었다. 그리고 옵서버 석이 있어 유엔군 측에서는 미국과 한국, 공산 측에서는 중국의 대표가 설득장에 배치되어 있었다. 그리고 양측이 선정한 신문기자가 이 상황을 기록할 수 있도록 하였다. 포로들은 설득을 통해 송환을 거부할 경우와 송환을 희망하는 경우 나가는 문이 따로 있었다. 이 설득장이 포로들에게는 자신의 의사를 밝힐 수 있는 마지막 공간이었다.

본격적인 포로의 설득은 1953년 10월 15일부터 이루어졌다. 그러나 설득을 거부하는 북한군 포로와 중국군 포로들이 많아 실질적으로 설득 과정에 참여한 포로들은 많지 않았다. 그리고 설득장에 들어온다고 해도 북한군 장교에게 욕설을 하고 돌을 던지는 등 송환 거부 행위를 하였다. 유엔군사령부의 발표에 따르면, 북한군 포로 2,003명과 중국군 포로 1,211명 등 총 3,214명이 설득에 참여하였고 이들 중 송환을 선택한 포로는 137명에 불과하였다.[202] 이는 실제 설득이 이루어진 날이 10일 남짓될 정도로 포로들의 설득에 대한 저항이 거셌다.

판문점 포로수용소까지 갔던 길두만은 판문점에서의 설득 과정에 대해 다음과 같이 기억하고 있었다.

> 120일 동안을 기한을 해가지고 정했는데 거기서 120일 동안 설득을 못했거든요 설득을 할라면 개 억지로 끌어내가 나가면 나가는 사람들이 대개 나가서 돌같은 거를 싹 준비해 가지고 가. 그러면 설득장 가서 너희도 생각을 이리로 오라고 돌로 때리고 오고 그래 … 때려 버려. 그러니까 나중에 그 사람들은 높은 데 있고 이제 포로는 밑에가 있고 뭐 인도군이 양짝에서 팔을 붙들고 있고.[203]

---

202) K.S. 티마야, 앞의 책, 1993, 319쪽의 표 참조.
203) 길두만, 앞의 글, 2014, 40쪽.

길두만은 120일간의 판문점 포로수용소의 수용 기간을 정확하게 기억하고 있었다. 그리고 북한군의 설득 작업에 들어가기 전에 주머니에 돌을 넣어 가지고 들어가 북한군 장교에게 돌을 던졌다고 하였다. 이처럼 판문점 포로수용소에서 수용되었던 반공 포로들은 설득 작업에 반감을 갖고 행동했다.

이창번도 판문점 포로수용소에서의 설득 과정을 잘 기억하고 있었다. 판문점 포로수용소 제46대대에 수용되어 있었던 그는 설득 과정에서 포로들이 사전에 작전을 짜서 준비했다고 하였다.

> 그때가 9월 초순쯤일 거예요. 9월 초순쯤에 걔들이 미리 다 알려줘요. 근데 그때 무슨 얘기까지 양놈들이 하게돼냐믄 여러분이 설득을 받을 때 500명 단위로 받는다 이거야 … 가는데 북한에서 설득관이 열 명인가 나온대요. 열 명이 왔는데 한사람 앞에 시간이 이제 하게 되면 5분 이상을 설득을 못 하게 돼 있데. 그러니깐 5분 그 시간되면 딱 끝난다 그거야 한 수용소 하루에 끝나야 된데 그걸 알려 주더라고 그러니깐 앞에서 길게 하게 되면 뒷사람은 설득을 못 받는다 이거야 그러면서 이제 그런 걸 다 얘기하고 그때 왜 휴전 해당 문서 서명한 문서도 복사해서 다 돌려주고 그랬어요.

이창번은 판문점의 설득 과정을 상세하게 기억하고 있었다. 설득 작업에 들어가는 단위는 500명이었고 북한에서 설득관으로 10명이 나오고 설득관 1인당 면담 시간이 5분밖에 되지 않는다는 것을 사전에 미군들로부터 들었다고 하였다. 그러면서 설득 작업의 기한이 정해져있기 때문에 지연작전을 쓰면 뒷사람은 설득장에 들어가지 않아도 된다고 포로들끼리 작전을 짰고 인도군으로부터 휴전협정문도 복사해서 보았다고 할 정도로 반공 포로에 대한 지원이 있었음을 기억하고 있었다.

90일간의 포로 설득 작업이 완료된 이후 유엔군 사령관은 송환 거부 포로에 관한 입장을 밝히는 장문의 성명을 발표하였다.

한국전쟁 종결 후 휴전협정문의 부칙으로서 금년 6월 8일에 서명된 조문은 1년 이상이나 휴전회담을 지연시켰던 오직 하나의 문제를 해결하였다. 이 문제는 즉 피난처를 요구하는 송환 거부 포로의 권리와 이것을 허용하는 억류 측의 권리에 관한 문제이다. 이 권리는 인간 자유와 인간 존엄성에 입각한 법률에 의거한 것이다. 유엔군 측은 이것을 지지하기 위하여 장시간에 걸쳐 회담이 열릴 때마다 이 논쟁을 거듭하였다.

참조 조문 제11조는 포로 관리를 중립국송환위원회 소속국 대표에게 이관 후 90일의 기한이 되면 포로 설득을 끝마치도록 규정하였다. 이 90일간의 설득 기간은 12월 23일로 끝난다. 제11조에 내년 1월 22일 오후 12시를 기하여 이들 포로는 민간인 신분으로서 자유롭게 될 것이라고 규정하고 있다. 그때는 더 이상 인도군이 포로들을 억류할 권한이 없을 것이다. 그리고 이들 포로들이 민간인의 신분으로 각기 원하는 적당한 중립국으로 갈 수 있다. 대한민국 대표와 중화민국 대표들은 각각 인도군 억류 하에 있는 약 8천 명의 한국인 반공 포로와 1만 4천 명의 중국인 반공 포로에게 대한민국 내와 중화민국 영토 내에 새로운 가정을 주겠다는 요지를 포함한 공개 성명을 발표하였다. 이들 한·중 양국 대표들은 유엔군사령부가 이 양국에 가기를 원하는 개개인의 행동에 지장을 제거하는 적절한 모든 편의를 도모할 것이라는 것을 잘 알고 있다. 제11조에 의거하여 중립국송환위원회와 인도 적십자사는 세계 여러 중립국으로 가기를 원하는 어떠한 개개인이라고 편의를 도모하게 되어 있다.

설득 기간의 종결과 함께 본관은 인도군에 대하여 심심한 찬사와 존경의 뜻을 표명하는 바이다. 독특하고도 예민한 이 업무 수행에 있어서 인도군 장병들은 군대의 강인성과 인간성에 대하여 전례 없는 능력을 표시하였다. 참조 조문에 의거 인도군에 부여된 임무를 충실히 이행하는 태도는 세계의 선량한 국민들이 갈채를 받았으며 앞으로 남아 있는 약 30일간의 임무를 종료할 때까지 훌륭한 태도로서 부여된 임무를 계속 진행할 것으로 예상되는 인도군은 능숙한 능력에 변함없는 신뢰감을 획득하였다.[204]

위의 인용문처럼 12월 23일로 설득 작업이 종료되었지만 공산군 측에

---

204) 김행복, 『한국전쟁의 포로』, 국방군사연구소, 1996, 251~252쪽.

서는 설득 기간의 연장을 요구하였다. 그러나 12월 24일 중립국송환위원회는 설득 기간 연장을 거부하고 설득 작업이 정식으로 종료되었음을 의결하였다. 결과적으로 설득 기간 90일 동안 실제 설득 일수는 10일간이었으며 송환 거부의 뜻을 변경하여 귀환을 희망한 포로는 공산 측 포로는 629명, 유엔군 측 포로는 10명이었다.

이후 남은 30일의 정치회담 기간 중립국의 의견도 갈렸다. 체코와 폴란드는 설득에 참여하지 않은 포로를 다시 양측의 군사지휘부에 인계해야 한다는 입장이었고, 스위스와 스웨덴은 미결 상태의 포로는 자동적으로 민간인으로 간주해야 한다는 입장이었다. 인도 관리군은 합의가 이루어지지 않을 경우 인도 정부에 맡길 것이라고 하였다. 인도 정부에서는 티마야 장군에게 다음과 같은 입장을 보내왔다.

> 유엔 협정에 따라 중립국송환위원회의 위원장국으로 선임된 인도는 송환 거부 포로들을 인수후 120일간 관리할 의무가 있다. 그리고 기한이 만료되어도 거취가 결정되지 않은 포로들은 당초 인도군에게 인도해 준 편으로 되돌려준다.[205]

이에 근거하여 1954년 1월 20일 반공 포로들은 유엔군 측에 인도되었다. 이 작업이 만료됨으로써 중립국송환위원회도 1954년 2월 1일 표결로 해산되었다. 대부분의 중국군 포로는 대만으로 인수되었고, 북한군 포로들은 대한민국에 인계되었다. 1월 23일 한국 및 대만 정부와 유엔군 관계관이 참석한 가운데 반공 포로 인도·인수식이 정식으로 거행되었다.

---

205) 위의 책, 252쪽.

〈표 2-12〉는 송환 거부 포로의 처리 결과이다.

〈표 2-12〉유엔군 수용 송환 거부 포로의 처리 결과(1954.2.19.)   (단위: 명)

구분 \ 출신	북한군	중국군	합계
공산군 측으로 귀환	188	440	628
탈출 및 행방불명	11	2	13
인도군 관리 중 사망	23	15	38
인도로 이송	74	12	86
유엔군 측으로 전향	7,604	14,235	21,839
총계	7,900	14,704	22,604

1월 20일 한국으로 오는 반공 포로들은 오전 10시 30분에 비무장 지대의 남측 경계선을 넘기 시작했으며, 한국군과 유엔군의 열렬한 환영을 받았다. 이들이 탄 열차는 12시 14분 자유의 다리를 넘어왔고 새벽 2시에 열차가 대전에 도착했다. 이들은 논산의 수용소로 이송되어 민간인이 되었다.

제3장

포로들의 일상 생활

1. 포로의 관리와 대우

1) 포로의 관리

(1) 전쟁의 발발~부산 포로수용소 시기

포로에 대한 관리가 본격적으로 이루어진 것은 유엔군이 참전 이후였다. 초기 전쟁 지휘 체계가 붕괴된 상황에서 포로의 관리가 제대로 이루어지지 않았다. 유엔군의 주축인 미군은 포로가 발생하면 무장을 해제시키고 그들이 보관하고 있는 문서를 획득한 후 이들을 중대 → 대대 → 연대 → 사단의 상급부대를 통해 포로수집소로 보냈다. 이 과정에서 포로는 장교, 부사관, 사병, 귀순자, 민간인 및 여성 등 간단하게 분류되었다. 포로수집소에서는 단위 부대에서 작성한 명부 등을 바탕으로 다시 포로 명부를 작성하였다.

인천상륙작전으로 전세가 역전되어 포로의 수 또한 급속도로 늘어나자 유엔군은 부산에 대규모 포로수용소를 건설하여 포로의 구분 없이 일괄적으로 수용하였다. 1951년 봄에 거제도로 포로수용소가 이전하면서 포로는 일차적으로는 계급과 성별에 따라 장교와 사병, 여성으로 분류하였다. 일차적인 분류에 이어 포로의 성격에 따라 민간인 억류자, 북한 출신 북한군, 중국군, 남한 출신 북한군 등으로 나누었다. 부사관들은 신원 확인이 어려워 별도로 분류하지 않고 사병으로 처리하였다. 일부 장교들은 사병이라고 자신의 신분을 속이고 사병포로수용소로 들어가 포로들을 규합해 수용소를 장악하기도 하였다.

유엔군에서는 포로의 이념 성향을 중요하게 생각하지 않았다. 당시 유엔군 사령관 맥아더는 투르먼 대통령에게 포로들의 이념적 차이가 없다고 보고하였고, 주한 미국대사 무쵸(Muccio, John J.)는 남북의 80% 이상이

농민이라고 하면서 이념적인 분열은 없을 것이라고 언급하였다.[1] 이러한 미군의 한국에 대한 부정확한 인식과 포로에 관한 무지는 포로 문제를 복잡하게 만드는 단초가 되었다. 또한 전쟁이 곧 끝날 것이라는 낙관론도 포로 관리 문제의 소홀로 나타났다. 전쟁이 곧 끝날 것이라는 것은 포로들의 진술에서도 확인할 수 있다. 포로들도 전쟁이 끝나면 고향으로 돌아갈 수 있으리라고 처음에 생각하였다.

작전권이 유엔군으로 넘어간 이후 포로의 관리는 일단 미군이 담당하였다. 북한군 포로들은 미 제8군사령부의 통제 아래 관리되었다. 미8군 사령부는 1950년 7월 14일 부산의 거제리에 500명을 수용할 수 있는 수용소를 건설하면서 부산에 본격적으로 포로수용소가 설치되었다. 인천상륙작전으로 포로가 급증하자 미8군은 부산의 포로수용소를 1포로수용소로, 인천에 2포로수용소, 평양에 3포로수용소를 설치하였으나 중국군의 개입으로 전선이 밀리자 인천과 평양의 포로수용소는 폐쇄되었다. 다만 영등포, 주문진, 춘천 등지에 임시 포로수용소를 설치해 수집한 포로를 부산의 포로수용소로 보냈다. 포로의 급증으로 1950년 8월 12일 유엔군사령부는 거제리의 미 8군포로수용소를 포함한 거제초등학교 일대에 5만 명 수용 규모의 포로수용소를 증설하기에 이르렀다. 또 환자 포로를 수용하기 위한 의료 시설로 제14야전병원, 스웨덴병원, 제8054병원을 두었다.

부산의 포로수용소의 관리는 미 제8군의 감독 아래 미군 제8070헌병경비중대와 포로 수속중대 및 한국군 제100헌병중대가 맡았다. 포로가 증가하자 포로의 관리는 미군 제92, 94헌병대에서 관할했고 한국군은 경비병을 지원했다.[2] 당시 미군과 한국군은 포로의 관리를 병행하였는데 영역

---

1) 조성훈, 『한국전쟁과 포로』, 선인, 2011, 98~99쪽 참조.
2) 헌병사령부, 『한국헌병사』, 대건출판사, 1952, 369쪽.

6·25전쟁 시기 포로수용소와 포로들의 일상생활

은 명확하게 구분하였다. 포로에 대한 행정과 시설의 관리는 미군이, 포로의 주식과 부식의 보급 및 경비는 한국군이 담당하였다. 한국군은 포로 경비를 위해 헌병사령부 아래 직할 대대인 제31~33대대를 국군포로 경비연대로 개편하였다.[3]

급증하는 포로를 관리하는 것은 쉬운 문제가 아니었다. 우선 포로들의 신원 파악이 제대로 되지 않았다. 이는 군사작전권이 유엔군 측으로 넘어가고 포로 관리도 유엔군에서 관할하면서 더 심각해졌다. 우선 병력의 부족과 언어 문제 등으로 포로의 신원을 파악하는데 어려움을 겪었다. 포로들은 자신의 이름을 변조하거나 포로 번호를 일부러 잊어버렸다고 하면서 수용소 당국을 곤란에 빠뜨리는 경우도 생겼다. 전체 포로 가운데 약 2,000명 정도가 이름과 포로번호를 위조한 것으로 드러나 미군은 이를 시정하기 위해 초기 단계부터 지문 채취 등 포로명부를 작성하였지만 어려움을 줄어들지 않았다.

(2) 거제도 포로수용소 시기~분산기

임시수도인 부산에 포로수용소가 설치되자 여러 가지 문제가 노출되었다. 앞에서 언급하였듯이 피난민의 유입으로 인해 부산은 인구 100만이 넘어버렸다. 그리고 임시 수도로 각종 국가 시설이 밀집한 가운데 포로수용소까지 증설되자 포화 상태를 넘어섰다. 이에 따라 포로수용소 이전에 관한 논의가 진행되어 최종적으로 거제도로 낙점되었다. 1951년 1월 15일 거제도 고현면 일대의 민가를 수용해 포로수용소 건설을 시작하였다. 이를 위해 미 제8군 사령부는 한국군 제202공병대와 미군 제8206부대를 제60종합보급창 소속으로 편입시켜 수용소 건설에 나섰다. 터닦기 공사를 마친 후 2월부터 포로를 이송시켜 수용소 건설에 동참시켜 최종적으로 수용소

---

3) 위의 책, 1952, 380~381쪽.

가 완성된 것은 그해 12월 15일이었다.

거제도 포로수용소는 수용소 본부, 제8137헌병단, 제64병원, 제6~9구역 및 특별동으로 구성되었다. 단위 수용소에는 7,000~9,000명의 포로가 수용되었다. 그리고 단위 수용소에는 취사장, 의무실, 숙소, 강당, 예배당 등이 있었다. 포로들은 24인용 천막에 50~80명씩 수용되었고, 이후 영구막사로 전환되었다. 수용소에는 도망자나 규율위반자를 처벌하기 위한 영창이 각 구역별로 있었고, 축구나 달리기 등 운동경기를 할 수 있는 연병장이 수용소의 중앙에 위치해 있었다.

환자 포로를 치료하기 위한 임시 포로병원도 1951년 3월 8일 만들어졌다. 거제도의 의료부대는 제545, 546종합의무실(General Dispensary), 제64야전병원, 제38예방의료부대, 제2보병사단 38의료중대, 제187공정연대 의료중대 등이 있었다. 이 외에 미군과 카투사, 한국군의 여가를 위한 시설과 배구장, 배드민턴 코트, 소프트볼 코트, 축구장, 복싱장 및 테니스 코트 등도 있었다.

포로를 종합적이고 체계적으로 관리하기 위한 포로수용소사령부는 1952년 8월이 되어서야 설립되었다. 거제도 장승포에 만들어진 포로수용소사령부는 미 제8군사령관이 제2군수사령부를 통해 관할하였다. 전쟁 초기인 1950년 7월 13일 미 제8군 예하부대인 부산 군수사령부에서 관할하기 시작했던 포로들의 관리는 이해 9월 19일에는 제2군수사령부가 맡았다. 그리고 거제도로 포로수용소가 이전하자 수용소 건립은 제3군수사령부에 부과되었고, 앞에서 언급한 것처럼 1951년 1월 하순에 제3군수사령부 예하 제60종합보급창에서 포로수용소를 관리하였다가 최종적으로 제2군수사령부 산하의 포로수용소사령부가 관리하였다.

군수사령부는 기본적으로 전투와 전투부대에 대한 보급 지원이 우선

이었기 때문에 포로의 관리에는 소홀하였다. 이곳 포로수용소장의 임기도 1~2개월이어서 포로 관리가 체계적으로 이루어지지 못하였다. 이런 상황에서 돗드 소장 납치사건이 발생하여 포로 관리 문제가 대두되었다. 돗드 소장 피습 사건으로 포로만을 관리하는 사령부의 필요성이 제기되자 유엔군사령부는 미 제8군사령관의 업무 부담을 들어주기 위하여 1952년 7월 한국후방기지사령부(KCOMZ)를 창설하였다. 다음 달인 8월 1일 제2군수사령부는 한국후방기지사령부의 예하부대로 편성되었다. 이렇게 조직이 정비되어 한국군후방기지사령부가 포로의 수용, 보호, 통제 및 이용을 책임졌다.

한국군후방기지사령부가 설치된 이후 포로의 관리와 관계된 기관을 도표로 정리하면 〈표 3-1〉과 같다.

〈표 3-1〉 유엔군의 포로 관리 체제

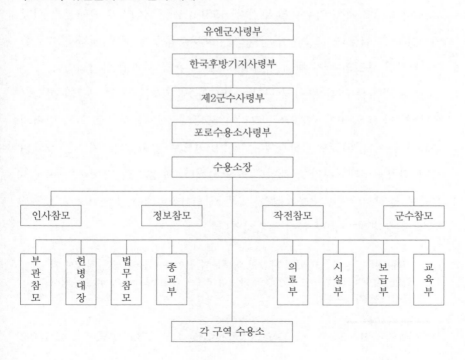

〈표 3-1〉에서 보듯이 포로관리는 유엔군사령부에서 총괄하고 이를 위해 한국후방기시사령부를 두었고 예하부대로 포로수용소사령부를 두었다. 분산기에는 포로수용소사령부 아래 13개의 포로수용소와 1곳의 민간인 억류자수용소가 있었다.

휴전 협상이 시작된 이후 포로 통제의 중요성이 제기되자 거제도 포로수용소는 제60종합보급창에서 제92~94헌병대와 제8026부대 등이 관리하였다. 그러나 포로간의 갈등이 심화되자 1951년 10월 5일 제8137헌병단 (MP Group, Army Unit)을 설치하여 관리했다. 그리고 사건 조사를 위해 방첩대(CIC)를 설치하였다. 12월 들어서면서 제60종합보급창의 감독 기능도 폐지하였다. 제8137헌병단은 휘하에 제92, 94, 96, 97헌병대와 제64야전병원으로 조직되었다. 그리고 한국군 경비대대가 헌병대에 배속되어 경비를 지원하였다. 제64야전병원은 3,000명의 환자를 수용할 수 있는 규모였고 각 수용소에는 의무실을 두었다. 1951년 2월 24일자로 육군본부 직할의 제1060보급부대가 육군이 담당하는 포로수용소에 대한 병참을 지원했다. 이처럼 포로의 관리 체제는 거제도 포로수용소 시기에 확립되었다.

포로 관리를 위한 병력의 규모는 1951년 말을 기준으로 미군과 한국군을 합쳐 약 9,000명 정도였다. 그러나 포로의 갈등과 심사로 인해 병력의 수요가 늘어나 1952년 3월경에는 10,215명으로 늘어났다. 미군은 포로의 경비 병력을 6개월마다 교체하여 순환시켰다. 수용소를 경비하는 미군의 수준은 높지 않았다. 수용소장을 지낸 보트너(Boather, Haydon L.)은 포로 경비에 대해 다음과 같이 평가하였다.

> 거제도에서 일어나고 있던 사건의 대부분의 원인은 미군의 낮은 질에서 기인한 것이며, 그들은 선발된 것이 아니라 전투부대와 보급부대 및 본부에서 거절당한 자들이다.[4]

---

4) "Boather, Haydon L. to General Johnson, H.J, CS, USA" Jan 4, 1966,

수준 낮은 미군에 의한 포로관리 때문에 포로 심사 후 격화되는 포로의 폭동을 진압하기 위해 제187공정연대가 1952년 5월 24일부터 투입되었다.

미군에 비해 국군 경비병은 외곽경비와 포로의 작업장에 대한 경비를 맡았다. 국군은 포로들을 잘 이해하였으나 이데올로기 문제로 인해 포로와 갈등을 초래하였다. 국군 헌병사령부는 헌병이 부족하자 민간인을 입대시켜 속성으로 지도하여 3개의 헌병대대를 만들었고, 포로의 경비를 위해서도 민간인을 입대시켜 포로수용소 경비대대를 만들었다. 이렇게 급조된 수용소 경비대대는 전투경험이 없었고 업무 의욕도 떨어졌다. 그리고 포로에 대한 적대감이 커서 포로를 감정적으로 대해 트러블이 자주 발생했다.

국제적십자사도 한국군의 수준을 염려하였으며 군사고문단 또한 한국군 경비병의 질을 높이라고 요구하였다. 이런 이유로 인해 한국군을 포로 경비에서 배제하자는 의견도 나왔다.[5] 제94헌병대 대장이었던 레이번(Raven, W. R.)은 한국군을 경비병에 배치하는데 부적절하다고 하면서 그 이유로 한국군은 훈련을 거의 받지 못했고, 포로에게 적대적이기 때문이라고 하였다. 그는 한국군 경비병을 캐나다, 오스트레일리아, 뉴질랜드, 영국군 등으로 대체하기를 권고했다.[6]

미군은 한국군의 문제점을 알고 있었지만 다른 유엔군의 포로 경비를 꺼렸다. 미군을 제외한 다른 유엔군은 전체 유엔군 병력에서 차지하는 비중이 7%에 지나지 않아 포로 경비까지 맡기기에는 숫자가 부족했다. 또한 다른 유엔군을 포로 경비로 활용하려면 이들의 경비를 미군이 부담해야 했기 때문에 쉽게 실행할 수도 없었다. 미군은 이러한 이유로 인해 한국군의 수준이 낮았음에도 경비로 활용할 수 밖에 없었다.

14/338, pp. 3~4.
5) 조셉 굴든, 김쾌상역, 『한국전쟁』, 일월서각, 1982, 611쪽.
6) "Summary Report" March 31, 1953, 5740/407, p. 7.

다만 돗드 수용소장 피랍사건 이후에 거제도 포로수용소는 유엔군 관할이었기 때문에 연합군적인 요소를 갖추어야 한다고 해서 영국군, 캐나다군, 그리스군 각각 1개 중대가 배속되었다. 유엔군들이 배속되었다고 해도 한국군의 비중이 줄어든 것은 아니었다. 미군은 한국군의 수준 향상을 위해 미군과 같은 장비와 시설을 제공하고 한국군에 대한 교육훈련을 늘여 사기를 높이려고 애썼다. 정전협정으로 포로의 교환이 끝난 이후에야 미군은 포로관리에 관한 임무에서 벗어날 수 있었다.

(3) 판문점 포로수용소 시기

유엔군 측에서는 공산 측으로 돌아가지 않겠다는 포로 22,604명[7]을 1953년 9월 초부터 중립지대인 경기도 장단역 인근의 포로수용소로 이동시키기 시작하였다. 중립지대의 판문점 포로수용소는 유엔군에서 건설하였지만 포로에 대한 권한이 중립국송환위원회로 넘겨져 1953년 9월 20일자로 포로경비에 관한 업무도 중립국송환위원회 의장국인 인도가 맡았다.

중립국송환위원회는 인도, 스위스, 스웨덴, 폴란드, 체코슬로바키아 5개국으로 구성되었다. 인도 수상 네루는 중립국송환위원회 의장으로 인도군 티마야 장군을 임명하였다. 인도군의 병력은 약 6,000명 규모였으며 이들의 나이는 25~30세의 젊고 유능한 군인이었다. 1953년 9월 6일 인도를 출발한 티마야 장군은 버마 랑군을 거쳐 다음날인 7일 유엔군사령부가 있는 일본 도쿄에 도착했다. 티마야는 9월 8일 유엔군 총사령관 클라크를 방문해 중립국송환위원회의 각국 대표를 만나 중립국송환위원회의 업무를 조율했다. 유엔군사령부에서 중립국송환위원회의 업무를 숙지한 티마야는 9월 9일 도쿄를 출발해 한국으로 향했다. 군수송기로 서울에 도착한 티마

---

7) 중국군 포로 14,704명, 북한군 포로 7,900명.

야는 헬리콥터로 갈아타고 판문점으로 향했다. 당시 이승만은 인도군의 입국을 불허한다는 강경한 입장이어서 티마야는 이승만과 면담없이 서울에서 바로 판문점으로 향했다.

티마야는 포로들의 관리 방침으로 모든 포로들이 공평하고 인간적으로 대우하고 그 어떠한 폭력으로부터도 보호할 것을 보증한다고 밝혔다. 북한 측의 대표는 이상조 중장이었고 중국군의 대표는 팅큐오유 장군이었다. 유엔군 측의 송환단 대표는 햄블렌 준장이었다. 중립국송환위원회는 첫 회담에서 공식 언어는 영어로 정하였고 모든 회담을 비공개로 결정하였다. 그리고 언론에 대해서는 양측에서 5명의 특파원을 두어 송환위원회 활동 참관을 허용하였다. 그리고 사진사는 공식적으로 인도 사진기사 1명이 맡기로 정해 사진으로 인한 문제를 최소화하기로 했다.

중립국송환위원회로의 포로 인계는 9월 10일에 시작되었다. 거제도와 제주도에 수용되어 있었던 498명이 장단역까지 특별열차를 타고 미군의 보호를 받으며 포로수용소로 들어왔다. 포로수용소는 철조망 울타리가 쳐져 있었고 포로수용소의 경비는 인도 관리군 세포이들이 맡았다. 그리고 수용소를 경비하기 위한 목재 망루가 있었고 망루에는 경기관총이 설치되어 있었다. 그리고 수용소 주변에는 무장 예비 중대를 배치해 포로들의 탈출을 차단하였다. 포로수용소는 500명을 단위로 수용할 수 있도록 건설했다.

판문점의 포로수용소는 일곱 개의 구역으로 나뉘어져 있었다. 각 구역에 여섯에서 여덟 개의 수용소가 있었으며, 각 수용소 약 500명 가량을 수용할 수 있게 되어 있었다. 각 구역은 철조망으로 분리되어 있었지만 구역 사이가 매우 가까워 포로경비 업무와 인권 보호가 극히 어려웠다. 수용소 간의 간격이 좁아 한 수용소에서 소란이 발생하면 인접한 포로수용소에서도 쉽게 파급되는 문제점이 있었다. 막사들은 널빤지로 만든 조립식이었다. 막사의 난방은 잘 되어 있었고 냉온수를 모두 사용할 수 있었으며 주방 시설도 좋은 편이었다.

포로의 인수시에는 유엔군 대표자나 통역관, 공산 측 사령관의 통역관, 그리고 인도 관리군 장교가 함께 인수인계를 했다. 10명의 양측 참관단과 5명의 중립국 참관단, 그리고 10명의 기자가 포로 인계를 지켜보았다. 포로들의 인수 인계는 하루에 1,000명씩 이루어졌다. 따라서 송환 거부 포로를 중립국송환위원회로 인수시키는 데에만 20여 일이 걸렸다. 반대로 북한군 측에 억류된 국군과 유엔군 송환 거부 포로는 359명에 지나지 않아 이들은 9월 24일 하루만에 인계를 마쳤다.

포로의 인수시 중립국송환위원회는 인원 점검만으로 간략하게 끝냈다. 인계가 끝난 포로들은 25명 단위로 이름을 확인하고 신분 증명서를 되돌려 받고 소지품 검사를 마치면 포로수용소 안으로 들여보내졌다. 포로 인계시에 일부 포로들이 북한 측 참관인을 공격하는 소란이 일어나기도 하였다.

> 확인을 받고 있던 포로들이 경고도 없이 갑자기 탁자에 앉아 있는 북한군 장교에게 달려갔다. 그들은 미친 듯이 그를 공격했다. 그를 죽이려는 것이 분명했다. 하도 갑작스레 일어난 일이라서 세포이 경비대도 한동안 대경실색해 있었으나 가까스로 그 장교를 구해낼 수 있어 다행이었다.[8]

송환을 거부하던 반공 포로들이 북한군 장교가 참관단을 보자 그들을 향해서 순식간에 공격을 가하는 일이 발생했다. 이를 목격한 나머지 포로들도 북한군 참관단을 향해 돌을 던졌다. 인도군은 힘들게 이들을 진정시키고 포로인계를 진행하였다. 이는 판문점 포로수용소의 송환 거부 포로의 성향을 파악할 수 있는 근거가 되었다. 이와 반대의 경우도 생겨났다. 인

---

8) K.S. 티마야, 라윤도 역, 『판문점 일기』, 소나무, 1993, 94쪽.

수인계를 하면서 북한군 참관인을 향해 북송을 원한다는 의사를 표시하는 포로도 발생하였다. 첫날 9명의 포로가 동료들을 이탈해 인도 경비군에게 달려들어 송환을 요구하였다. 참관단으로 인해 소란이 발생하자 티마야는 참관단을 포로로부터 멀리 떨어지게 하였다. 이후 포로들이 참관단에게 직접 위해를 가하거나 송환을 요구하는 일은 일어나지 않았다.

포로들이 참관단이나 인도군에게 송환을 희망하는 것을 빌미로 북한군은 판문점의 포로 수용을 50명 단위로 개편할 것을 요구했지만 인도군은 비용과 경비 문제 등으로 거절하였다. 송환을 요구하는 포로 가운데 북측으로의 송환을 유도하려는 각본을 갖고 있었던 포로들도 있었을 것으로 유엔군 측은 판단하였다. 이러한 일이 발생하자 중립국송환위원회는 북한군 측과 유엔군 측의 비난을 동시에 받기도 했다.

중립국송환위원회 초기에 인도 경비병은 3,500명 정도였다. 티마야는 이 병력으로는 22,000여 명의 포로를 경비하기 부족하다고 판단해 증설 부대의 파견을 본국에 요구하였다. 네루 수상은 이 요구를 받아들여 약 2,500명의 인도군을 추가로 보내 총 6,000여 명의 인도군이 판문점 포로 수용소 경비를 맡았다.

티먀야 의장은 포로들이 누려야 할 정확한 지위를 가능한 한 분명하게 정리해서 설명하기 위해 중립국송환위원회 산하에 소위원회를 구성하였다. 소위원회에서는 휴전 협정 및 중립국송환위원회의 구성과 기능, 목적 등을 한글로 번역하여 방송을 하고 인쇄물을 만들어서 각 수용소에 배부하였다. 이처럼 중립국송환위원회는 양쪽으로부터 중립을 지키기 위해 노력하였다. 이는 앞장에서 언급한 이창번의 증언을 통해서도 확인할 수 있다.

2) 포로의 대우

(1) 급식

6·25전쟁이 발발한 후 유엔군의 참전이 결정되고 미군이 주력으로 참
전하였다. 작전권이 유엔군으로 넘어간 후 포로에 대한 관리도 유엔군이
맡았다. 유엔군의 주력인 미군이 포로수용소의 관리를 주로 담당하였다.
유엔군은 6·25전쟁에서 제네바협정의 준수를 선언하였다. 이는 포로에 대
해 자국군과 같이 우대한다는 것을 뜻한다. 구체적으로는 적절한 생활 여
건과 급식을 제공한다는 것을 의미한다.

〈그림 3-1〉 식량배급소에서 밀 가마니를 나르는 포로[9]

---

9) AUS001_36_01V0000_817.

시기적으로 개전 초기에는 포로에 대한 대우가 불안정했다. 대전형무소에 수용된 북한군 포로를 잘 대접해서 포로들이 감동하였다는 경우도 있었지만 대부분의 경우 전쟁에 대한 적개심으로 국군은 전투에서 발생하는 북한군 포로를 대부분 사살하였다. 이는 전투에서 희생된 전우에 대한 적대 감정을 북한군 포로에게 표시한 결과였다. 국군 제3사단 22연대의 예하 부대에서 북한군 대좌 1명을 생포하였는데 저항하자 즉석에서 사살했다는 점이 대표적인 경우이다.[10]

개전 초기의 포로 급증에 따른 대책이 세워져있지 않은 상황에서 유엔군 측은 병력과 경험의 부족, 수용소 시설의 미비 등으로 포로들에게 적절할 급식과 피복을 제공할 수 없었다. 사리원에서 포로로 수용된 후 인천 포로수용소로 이송되었던 이성운은 인천 포로수용소에서 안남미 밥을 먹었다고 했다.

> 인천형무소에 갔다 부려놓는데 7~8천 명이 갔다 있는데 마대 뒤집어쓰고 이건 뭐 산송장이야. 당장에 무슨 거지들 모아논 것처럼 이렇게 되어있더라구. 그래 물어봤지 당신네들 무슨 사람이야. 하니까 인민군 포로라고 말이야 하 이거 큰일났구나. 그래 할 수 없이 거기서 그대로 그냥 알량미밥(안남미-필자주) 주는 거 얻어먹으면서 거기서 며칠 더 지냈어요.[11]

이성운이 도착했던 인천 포로수용소에는 7~8천 명의 포로가 수용되어 있어서 포로들이 마치 거지들과 같은 행색이었다고 하였다. 포로들은 살아있는 송장처럼 대접받았고 급식도 안남미 밥에 지나지 않았다고 기억하고 있었다. 인천 포로수용소에 수용되어 있었던 오세희도 당시의 상황을 "포

---

10) 육군본부 군사연구실 편, 『소총중대장』, 육군본부, 1989, 85~86쪽.
11) 이성운, 「북한 출신 천도교 반공 포로의 포로생활」, 국사편찬위원회, 2014, 27쪽.

로들은 할 일 없이 지내다가 식사 시간이 되면 밥그릇과 숟가락이 없어 제각기 남루한 옷자락을 벌여 거기에 안남미 밥 한 주걱과 뜨거운 국을 받아 먹는 비참한 생활을 했다."라고 말하였다.

초창기 평양 포로수용소에 수감되어 있었던 길두만은 당시의 급식 사정을 이렇게 기억하고 있었다.

> 그래서 평양 가서 그때는 뭐 그 평양방직공장 거기 있는데 거기는 폭격을 해가지고 위가 훤하게 하늘이 다보여요. 그 바닥은 완전 세멘바닥이요 세멘바닥에. 거기가 그냥 꿇어앉아서 사는 거요. 근데 먹을 거라곤 순시 삶은 거. 그걸 하루에 요만큼식 주고 안줘요. 아무것도 없어요. 뭐 시설도, 식당이 없으니까 줄 수도 없는 거지. 그래가지고 그래 난 했는데 그때 한 수만 명이 거기가 집결 해있었어요.[12]

길두만은 평양 포로수용소에 있다가 인천을 거쳐 부산으로 수용되었는데 평양에 있을 땐 하루 한 끼는 삶은 감자로 끼니를 때울 만큼 상황이 좋지 않았다고 하였다. 평양 포로수용소의 열악한 환경에 대해 김태일도 비슷하게 말하고 있다.

> 각 감방별로 소대 편성을 하여 나를 4개 감방의 중대책임자로 임명하였다. 그리고 6일 만에 처음으로 물과 주먹밥 한 덩어리씩을 주어 꺼져가는 생명들을 겨우 유지할 수 있었다.[13]

길두만과 김태일의 증언처럼 포로가 급증하던 시기에는 포로들에 대한 급식이 열악했다. 평양 포로수용소에선 하루에 주먹밥 한 개 밖에 줄 수

---

12) 길두만, 「북한 출신 천도교 반공포로의 포로생활」, 국사편찬위원회, 2014, 28쪽.
13) 김태일, 『거제도 포로수용소 비사』, 북산책, 2011, 60쪽.

없을 정도로 포로의 수도 많았고 먹거리도 부족했다. 이러한 상황은 대부분의 포로수용소에서 비슷하게 나타났다.

유엔군으로의 작전권 이양되고 제네바 협약의 준수하기로 함에 따라 포로에 대한 급식 사정은 서서히 안정되어갔다. 부산에 대규모의 포로수용소가 만들어지고 포로를 집중적으로 관리하기 시작하면서 급식 사정도 점차 개선되었다. 우선 포로들이 하루 3끼의 식사를 할 수 있게 되었다. 이러한 포로들의 하루 3끼 급식은 당시 일반인보다도 좋았다. 특히 어려운 경제 상황에 놓여있었던 피난민들은 포로들의 급식 사정을 알고난 후 포로로 만들어달라고 하는 사람이 나타나기도 하였다.[14]

그러나 포로들이 느끼는 부산 포로수용소의 급식 사정은 풍족하지는 않았다. 성기남도 부산으로 이송된 초기에는 급식이 만족할만한 수준은 아니었다고 기억하고 있었다.

> 그 수용소에는 5개 대대가 있었는데 한 개 대대가 머한 500명 씩 한 2천 5백 명 됐던 것 같고. 그 뭐 식사 같은 거는 그 본부에다가 식당 큰 식당이 있어 가지고 거기서 전부 준비를 해가지고 대대별로 가서 배정을 받아가지고 와가지고 배식을 해서 먹고 했는데 머 배는 조금씩은 고팠다고 하지만 머 견딜만할 정도로 머 겨우내에 그저 생활하는데 거의 지장이 없고[15]

부산 거제리의 수용소에서의 급식은 부족했지만 생활하는 데 크게 지장이 없을 정도로 개선되었다고 기억하고 있었다. 오용삼 역시 부산의 거제리 수용소에 있었는데 그다지 좋지 않은 급식 때문에 포로들의 다툼이 발생하기도 했다고 하였다. 두 명의 구술을 통해 부산 거제리 수용소의

---

14) 오세희, 『65 포로수용소』, 만민사, 2000, 158~161·194쪽.
15) 성강현, 「6·25전쟁 시기 북한 출신 반공 포로의 천도교 생활—두 사례자의 구술을 통하여—」, 동의대학교 대학원 석사학위 논문, 2011, 97쪽.

급식 사정이 안정되긴 하였으나 포로들의 불만이 사라질 정도로 풍족한 수준은 아니었음을 알 수 있다.

〈그림 3-2〉 포로의 식사(1951년 1월 18일)[16]

거제도 포로수용소가 건설되고 1951년 2월부터 거제도로 이송된 이후부터 포로에 대한 급식 상태는 개선되었다. 포로수용소를 관리하고 있던 미군은 포로들의 급식 수준을 한국군과 맞추려고 하였다. 이러한 사실은 국제적십자사의 수용소 방문을 통해서도 확인할 수 있다. 1951년 7월 둘째 주에 거제도 포로수용소를 방문한 국제적십자사 대표 호프만(Hoffman, George)와 브루크하트(Brukhardt Nicholas)는 수용소의 포

16) AUS005_09_00V0000_023.

로에 대한 관리 기준이 높지 않다고 말하였다. 그들은 제네바협약 제25조를 근거로 북한군과 중국군 포로를 유럽과 미국의 경우처럼 대우를 받아야 한다고 주장하였다. 그러나 유엔군사령부는 미군 기준을 아시아 포로에게 적용한다는 것은 비현실적이므로 포로의 대우를 미군이 아니라 한국군의 기준에 맞추려고 하였다.[17] 유엔군의 포로 1인당 1일 배식비용으로 0.32달러를 책정하였다. 일부 민간인억류자를 제외한 포로 122,000명과 민간인억류자 10,000명 등 총 132,000명의 하루 급식비용은 42,240달러였다. 이를 1년으로 하면 15,417,600달러에 달했다.[18] 포로 1인당 급식의 양은 쌀과 보리를 합쳐서 약 1홉이었고 칼로리로 계산하면 1,871cal였다. 부식의 품목으로는 야채, 생선, 콩, 소금 등이었다. 1951년 4월에 포로에 대한 부식비용이 하루에 200원이 증가되었다. 이에 비해 한국군은 쌀 5홉, 보리 1/2홉 등 총 3,300cal와 부식비가 하루에 200원이 더해졌다. 피난민의 경우는 1,860cal에 해당하는 쌀 3홉과 부식비용 50원이 추가되었다.[19] 제2군수사령부에서는 1951년 7월 17일부로 전 포로에 대하여 동일한 비율로 지급되던 급식을 구분해서 같은 달 25일부터 시행하도록 하였다. 작업 포로에게는 하루에 2,630cal를 지급하고, 작업에 동원되지 않는 포로들에게는 하루에 2,080cal를 지급해 550cal의 차이를 두었다.

중립국송환위원회가 관리하던 판문점 포로수용소에서도 포로들의 급식이 잘 이루어졌다. 제네바협약에 따른 인도주의적 차원의 포로 관리가 있었기 때문이었다. 티마야 장군은 포로들의 급식과 관련해 다음과 같이 하였다.

---

17) "Policy on Subsisting Oriental POW" June 5, 1951, 3863/407; "CINCFE to DA" Aug. 20, 1952, 12/389; "Staff Section Report, G1" aUG.1952, 8/407, pp. 23~24.
18) 조성훈, 『한국전쟁과 포로』, 선인, 2010, 125쪽.
19) 위의 책, 137쪽.

중국인이나 한국인 포로들 대부분이 유엔군에 수용되어 있는 동안, 그렇게 잘 먹고 잘 입고 잘 갖추어진 집에서 보살핌을 받은 적이 예전에는 결코 없었다.[20]

중립국송환위원회에서 관리한 판문점 포로수용소에서 중국군 및 북한군 포로들은 자신들의 고향에서 누려보지 못할 정도로 잘 만들어진 포로수용소에서 잘먹고 잘 입으며 생활하였다.

(2) 의류와 각종 생필품

개전 초기에 수용된 포로들의 의류와 물품은 많지 않았다. 성기남은 부산 거제리 포로수용소에서 동래수용소에 있을 때에 작업복 2벌을 지급 받았다고 기억하고 있었다.[21] 양제호는 인천에서 강동에서 포로로 수용되어 인천 포로수용소로 이송되어 의복을 지급받았다고 하였다.

> **면담자** : 옷같은 거는 그냥 포로복을 줬나요?
> **구술자** : 그쵸 PW라구 쓴 거 주고
> **면담자** : PW라고 쓴 거 등 뒤에다 크게?
> **구술자** : 여 무릎팍에 쓰구 앞가슴에 쓰구 등 뒤에 쓰구[22]

포로들은 미군의 군복의 앞뒤와 바지에 영어로 PW라고 썼는데 이는 포로라는 뜻의 영어 Prisoner of War의 두 글자를 페인트로 적어서 지급하였다. 포로수용소가 안정되면서 포로들에게 지급되는 물품도 다양해졌다. 포로들에게 지급되는 피복비는 1인당 모자 90센트, 벨트 40센트, 비옷 5,6달러, 구두 3달러, 담요 18달러 등 총 92.55달러였다. 여기에 12개월

---

20) K.S. 티마야, 라윤도 역, 『판문점 일기』, 소나무, 1993, 134쪽.
21) 성강현, 앞의 논문, 2011, 124쪽.
22) 양제호, 「북한 출신 반공 포로의 천도교 활동」, 국사편찬위원회, 2014, 37쪽.

마다 포로 1인당 교체 비용 11.80달러가 추가되었다. 이 외에 포로 1인당 1개월에 빨래비누와 세수비누 각 1개, 빗과 면도날도 각 1개씩 지급되었다. 이렇게 해서 1년간 포로에게 들어가는 피복의 총 비용은 12,774,200달러로 급식비의 약 83%에 달했다.

포로들의 증언에 따르면 허리띠, 밥그릇, 수통, 모자, 수건, 장갑, 점 퍼, 외투, 비옷 등이 각각 1개씩 지급되었다. 또 담요, 속바지, 양말, 셔츠 2장, 면으로 된 바지 1벌, 모로 된 바지 1벌, 속옷 2벌, 속바지 2벌이 지급 되었다.[23] 포로들은 이렇게 지급된 피복과 담요 등의 물품을 수용소 밖으 로 내다 팔았다. 양제호는 이와 관련해 상세하게 기억하고 있었다.

> **면담자** : 포로들이 이렇게 낼 때 아까 말씀드린 뭘 돈을 만드는 방법이 뭐 담배 이걸 가지고?
>
> **구술자** : 아니아니 하니까 이제 그렇게 이제 담배도 마저 오시니했고 그리고 또 장사 는요 여기서 예를 들어서 천 원짜리 사갖구 가믄 이천 원 받아요
>
> **면담자** : 어디 가서요?
>
> **구술자** : 밖에 나가서, 작업하러 나가서
>
> **면담자** : 작업하러 나가서 물건을 만들어 가지고 나간다는 말씀?
>
> **구술자** : 아니 거 하두 갖다 파니까 규정이 돼 있어요
>
> **면담자** : 포로수용소 안에 있는 것을 갖다가 바깥에 가서 판다 말이죠? 몰래 들고 나 가서 파는거 아녜요?
>
> **구술자** : 한데 자꾸 갖다 파니까
>
> **면담자** : 주로 어떤 거 갖다 팔았습니까?
>
> **구술자** : 바지는 하나
>
> **면담자** : 바지
>
> **구술자** : 우와기는 뭐 하나 내복 한벌 또 뭐야 그 다음에 오바 하나
>
> **면담자** : 예에

23) 김태일, 앞의 책, 2011, 67쪽; 조윤하, 「1·20 판문점 포로들」, 『구술 한국현대사』, 243쪽; 이원복, 『전쟁과 협상』 상, 대림기획, 1989, 240쪽.

구술자 : 그렇게 하면 이제 나의 경우는 헌바지있잖아 작업복바지 너덜너덜한 거 그
걸 절반 뜯어가지고서니 한짝씩 고무줄 딱 묶어서 갖구 나가믄 이렇게 보무
는 봐두 안보이거덩 두짝이 바지하나 되잖아 내가 들고 간 바질팔구 그걸
바늘로 쓱쓱 꿰메 오바는 입으니까 관계가 없죠 또 세탁비누 같은 거는 거
참 힘들어 열장을 갖구 나갈라믄 너무 힘들어요 요기다 나에 석장씩 한거에
다 두 개 또 주머니 어디에다 어케 넣어서니 열개 갖구 나가 팔구 또 팔고
또 갔다 들어올 제는 떡이나 엿, 연필, 공책 뭐 이런 거 사가지고 들어오믄
또 곱절이 남겨

면담자 : 그걸 또 포로수용소에 안에서 팔고

구술자 : 저녁이믄 또 야시 야시장이 생겨[24]

양제호에 따르면 포로수용소의 물품을 내다 팔지 않는 것이 없었다. 양
제호의 증언에 바지, 담요, 세탁비누, 담배 등이 주요 판매 물품이었다. 포
로들이 하도 물품을 내다 파니까 나중에는 규정까지 생길 정도로 물품 판
매가 만연했다. 이렇게 물품을 팔아서 산 사제 용품을 수용소로 들여와 수
용소 내에서 저녁에 야시장이 벌어지기도 하였다. 포로들은 이렇게 돈을
만들어 석방 이후를 대비하였다.

김태일도 포로수용소에서 지급받는 물품들을 수용소 밖으로 내다 팔았
다고 증언하고 있다.

거의 매일 포로들의 외부 작업은 계속되어 배가 고픈 일반 말단 포로들은 자
기에게 지급된 미제 군복들을 모조리 이 떡장수에게 팔아 떡과 바꿔 먹었다.
… 2개월간의 외부 작업 중에 거의 모든 피복들이 수용소 밖으로 유출되었던
것이다.[25]

포로들은 피복을 내다 팔아 부족한 허기를 달랬지만 포로 간부들을 대규

---

24) 양제호, 앞의 글, 2014, 51쪽.
25) 김태일, 앞의 책, 2011, 117쪽.

모의 미군용 소고기 통조림과 생선 통조림을 배정받아 이를 모두 차지하고 일부는 내다 팔아 검은 돈을 만들었다. 이런 방식으로 포로수용소에는 외부에서 생각도 할 수 없을 정도의 많은 양의 지급품을 음성적으로 판매하였다. 또한 포로간부들은 수용소 내부의 물건을 빼돌리는데 협조한 포로 경비병들에게 물건 대금의 일부를 지불하는 악어와 악어새의 관계로 공생했다.

(3) 포로들의 생활상

포로들은 포로수용소에 수용되어 유엔군 측의 관리하에 있었지만 포로수용소 내에서의 활동은 자치적으로 운영되었다. 이는 제네바 협약에 따른 것이었다. 제네바협약에 의하면 포로들은 비전투원으로 간주해 수용소 내에서 민주주의적 원칙을 허용하고, 탈출이나 폭동이 일어나지 않는 한 간섭하지 않으려는 정책(Doing Nothing Policy)을 취했다. 포로들은 부산으로 수용되기 이전까지는 아무일도 하지 않고 수용소에 그저 수용되어 있었을 뿐이었다.

부산 포로수용소 시기부터 각 단위 수용소에 대대와 중대를 두었다. 그리고 각 수용소에는 대변인을 두어 포로수용소 측과 협의하는 창구로 활용하였다. 포로수용소에서는 대변인이나 대대장이라 불리는 포로의 최고 지도자를 통해 포로들의 규율, 보급, 작업 등을 부과하였다. 남한 출신 의용군 포로들은 간부를 뽑아 업무를 맡겼다.[26] 거제도 포로수용소로 이송한 후 각 수용소는 연대 단위로 편성하고 그 아래 대대, 중대, 소대로 편제하여 통일적인 체제를 갖추게 하였다.

미군의 포로에 대한 관리의 핵심은 포로의 현상유지였다. 즉 포로들의 탈출과 폭동의 방지가 최우선 관심이었다. 따라서 포로에 대한 점검이 필

---

26) 조셉 굴든, 김쾌상역, 『한국전쟁』, 일월서각, 1982, 611쪽.

요했는데 이는 매일 아침의 점호를 통해 해결하였다. 관리 지침에는 포로를 점호할 때 그 숫자에 차이가 발생할 경우 즉각 구역 수용소를 수색하도록 했지만 미군들이 직접 수용소 안으로 들어가 인원 점검을 하는 경우는 없었다. 당시 아침 점호는 포로 대대의 보고를 각 호의 수용소장이 구역 수용소장에게 보고하면, 수용소 본부에서는 각 구역의 정보를 모아 포로 중앙기록센터에 보내는 방식이었다. 이때 포로에 대한 점호는 경비병이 아니라 포로들이 자치적으로 실시했다.

이런 방식은 많은 문제점을 갖고 있었다. 포로들의 자치 허용 및 인원 점검이 이루어지는 상황에서 포로수용소 내에서 포로가 살해를 당해도 신고하지 않으면 제대로 인원을 파악할 수 없었다. 수용소 내에서의 포로 실종 및 살해 사건이 일어나도 포로들이 서로 입을 맞추면 정확한 인원을 점검하는 것이 불가능했다. 그럼에도 불구하고 수용소 당국에서는 포로들의 점검을 위해 수용소 안으로 들어가는 것을 꺼렸다. 그 이유는 미군이 수용소로 들어가면 국제적 관심을 초래하기 때문에 사건이 발생해도 회피하려 하였다.[27]

미군이 포로수용소를 통제할 수 있는 시간은 일과 시간뿐이었다. 아침 8시부터 저녁 5시까지의 일과 시간이 끝나면 포로수용소의 각 수용동에는 장교 1명만이 형식적으로 관리하는 정도였다. 따라서 일과 시간이 끝나면 수용소는 포로들의 자치에 의해 운영되었다. 이렇게 수용소에서 포로들이 자유롭게 생활할 수 있었던 것은 제네바 협약 때문이었다. 유엔군의 제네바 협정에 따른 포로의 관리 원칙과 함께 포로에 대해 체계적인 관리를 해야 한다는 책임의식도 부족했다.

미군들은 포로수용소를 관리하는 병력이 적어 업무도 과중했지만 미군

---

27) Tompson, Edwin A, "Koje-Do", 15/338, 4쪽.

들을 위한 편의 시설이 부족해서 사기가 높지 않았다. 미군은 한국군이 경비 일부를 담당하자 미군은 일부의 책임밖에 없다라고 할 정도였다.[28] 포로를 경비하고 있던 미군의 경비대는 북한 출신과 남한 출신을 분리하여 수용하였고 포로 가운데 정보원을 통해 단체 결성, 공산주의 선전활동, 폭동 계획 등에 대한 정보를 입수하였다.[29] 그러나 이러한 정보만으로 포로 수용소 안의 분위기를 파악하기에는 부족했다.

이성운은 거제도 포로수용소에서 자신을 정보원으로 삼고자 했다는 증언을 하고 있다.

> 구술자 : 공산당, 함경도 와 있다고 하면서 자기네들끼리 다 쉬쉬하면서 상당히 경계를 하더라구요. 그 사람들하고 접촉하면서 이제 아 이거 큰일났거든 그러면서 자꾸 포로들이 들어오니까 소개를 하는 거야 자꾸 딴 데로 늘려가지고 90단위가 없었는데 90단위가 생겨가지고 90단위로 옮겨지고 그러는데 이동할 사람 나와라하면 이동할 사람 나가지. 그런데 거기서 소대장을 하면서 그 저 60단위에 박재경이라고 하는 고향친구가 있어요. 군당에서 같이 지내던 사람인데 박재경이가 나를 갔다가 있는 것 어찌 알아가지고 나한테 연락해 했는데 그 G2 그러니까 여기 국군정부처 CIC
>
> 면담자 : 예 CIC?
>
> 구술자 : 거기다가 연락을 해서 CIC 78에는 이봉운이가 있으니까 그 사람을 통해서 뒤집을 수 있다
>
> 면담자 : 아, 좌익을 우익으로 뒤집을 수 있다?
>
> 구술자 : 이렇게 정보를 줬네. 근까 그 사람들이 하루는 와서 짚차를 갔다 데고선 날 타라는 거예요. 그래 탔지 타고 가서 가니까 그 공작을 하라는 거야. 78수용소에 뒤집어 엎을 공작을 하라는 거야. 그래서 난 그래서 그 자리에서 그랬어요. 내가 지금 쫓겨 다니는 판인데 난 못한다. 거기서 거절했지 할 수 없지 내가 살려면 땅 맞는데 잘못하면 돌로 땅 맞아요.[30]

---

28) "Command Report" May 1951, 5232/407; The 1000th Supply Unit, "the Office of PM's Report" March–April 1953.
29) 조성훈, 『한국전쟁과 포로』, 선인, 2010, 110쪽.
30) 이성운, 「북한 출신 천도교 반공 포로의 포로생활」, 국사편찬위원회, 2014, 29~30쪽.

이성운은 거제도 포로수용소의 90단위 수용소가 신설되자 국군정보처에서 자신을 정보원으로 삼으려고 했지만 거부하였다고 말했다. 이처럼 미군과 국군은 포로들을 정보원으로 삼아 포로수용소 내의 상황을 파악하려 하였다. 이러한 미군의 정보원 활용에 대해서 김태일은 다음과 같이 주장하고 있다.

> 그리고 그(이관순-필자 주)는 김선호 중위에게 자기가 앞으로 포로수용소 안에너 일어나는 모든 정보와 적색분자들을 알아내 보고하는 정보원 노릇을 하겠으니, 자기를 믿고 정보원으로 써달라고 간청했다. 김선호 중위는 그때까지는 그를 완전히 믿지는 않았지만 시험삼아 승인하였다. 후에 김선호가 진술한 바에 의하면 이관순은 정보원 노릇을 잘하였다.[31]

미군들은 포로들을 정보원으로 활용했는데 이관순은 대표적이었다. 그는 미군의 정보원 노릇을 하면서 83포로수용소를 장악하였고 반공 포로조직의 대명사인 대한반공청년단을 조직해 반공 활동에 앞장섰다. 그는 포로들에 의해 포로수용소에서 탈출하여 반공활동을 하였다. 이처럼 포로수용소를 미군이 들어갈 수 없는 상황에서 정보원을 이용해 포로수용소의 분위기와 핵심적인 인물들을 파악하였다.

포로들에 대한 자치권 허용은 포로수용소의 장악을 위한 친공 포로와 반공 포로와의 주도권 투쟁으로 나타났다. 이성운은 이러한 상황에 대해 다음과 같이 말하고 있다.

> 이런 얘기가 있었다고 그전에 하루는 내가 있는데 어떤 놈이 찾아왔어. 무슨 대대 무슨 뭔가 어떤 놈이 찾아와 가지고선 나보고 "동무 어디 있었어?"

---

31) 김태일, 『거제도 포로수용소 비사』, 북산책, 2011, 82쪽.

그래 "나 당에 있었다고" 했지요. 그래 당에 있었다고 하니까 저놈들은 여기
서 교회하면 기독교 교회로 치는 것과 마찬가지로 그 새끼들도 당에 있었다
고 하면 공산당, 노동당에 있었다는 줄로 알지 청우당이라고는 안 알거든[32]

　　이성운의 증언과 같이 포로들은 수용소 내에서 자신들의 성향을 감추
고 있었는데 친공과 반공 포로는 각각 자신들이 수용소를 장악하기 위해
북한에서의 활동 내용을 확인하고 자신들과 뜻을 같이 하는 세력을 확장시
켜 나갔다.
　　포로들의 일과는 〈표 3-2〉와 같다.

〈표 3-2〉 포로의 하루 일과(74포로수용소)

시각	내용	비고
05:30	기상, 아침 식사	
06:30	오전 집합 점호	
07:00	오전 일과 시작	
11:30	점심 식사	
13:00	작업 인원 집합, 오후 일과	
16:00	일과 종료	
17:00	저녁 식사	식사 후 자유 시간
20:00	소대별 점호 후 취침	

　　위의 〈표 3-2〉는 거제도 74수용소의 하루 일과표이다. 포로들의 일과
는 오전 7시부터 오후 4시까지 9시간이 기본 일정이었다. 포로들의 일과
는 오전 5시 30분 기상으로부터 시작된다. 기상과 동시에 세면을 하고 바
로 아침 식사를 먹고 인원 점검을 위한 점호를 한다. 이때 포로의 인원에
대한 보고가 이루어지는데 중대, 대대, 수용소별로 인원을 점검하여 보고

---

32) 이성운, 앞의 글, 2014, 30쪽.

한다. 점호가 끝나면 오전 7시부터 11시 30분까지 4시간 30분 동안 오전
일과가 시작된다. 오전의 일과는 실내와 실외에 따라 다르다. 실내에서는
강의와 교재 강독, 독서, 담화, 놀이, 바느질 및 소일거리 등으로 채워져있
다. 실외에서는 운령과 운동, 게시문 확인, 소일, 수용소 작업, 수용소 외
부 작업 등으로 일과가 짜여졌다. 오전 11시 30분부터 1시까지 1시간 30분
동안은 점심 식사 시간이다. 포로들은 이때 점심을 먹고 빨래를 하거나 여
가 시간을 갖는다. 오후 1시에 오후 일과를 시작하는데 작업에 나갈 인원
을 점검하고 오후 4시까지 3시간 오후 일과를 한다. 오후의 일과는 오전과
거의 차이가 없다. 실내와 실외를 오가면서 일과를 진행한다. 오후의 일과
는 소일거리가 가장 큰 비중을 차지했다.

　　포로들은 작업에 동원되기도 했는데 이는 부산의 포로수용소에서부터
이루어졌다. 김태일은 부산항 부두에서 하역작업을 했었다고 기억하고 있
었다.

> 인원 점검이 끝나는 순서대로 열을 지어 곱사등처럼 추위에 몸을 웅크리고
> 작업하러 부두로 향한다. 미군 대형 화물선에서 씨레이숀과 다른 군수품들
> 을 운반하는 하역작업을 한다. 포로들은 체력이 따라주지 않아 여러 번 넘
> 어진다. 지쳐서 넘어질 때마다 미군 경비병들이 "하바. 하바!"라고 소리 지
> 르면서 손에 쥐고 있는 텐트 로프가 포로들의 등을 내려친다.[33]

　　부산에는 당시 미국으로부터 들어오는 하역품이 많아 이들 군수품의
하역 작업에 부산 포로수용소의 포로들이 동원되었다. 하역품 작업은 쉽지
않았지만 미군들은 강압적으로 포로들 대하였고 포로들이 제대로 일을 하
지 않으면 구타를 해서 작업량을 완수하려고 하였다. 당시 포로들은 배급

---

33) 김태일, 앞의 책, 2011, 66쪽.

사정이 열악해 포로들이 일을 하다 지쳐서 물건을 떨어뜨리는 경우가 많았음을 포로의 증언을 통해서 알 수 있다.

> 분산기의 광주 사월산 포로수용소에 동원되었던 포로들도 포로수용소에
> 도착하자마자 여러 가지 작업에 동원되었다. 포로들이 맡았던 작업은 제초
> 작업, 도로정비, 철조망 정비 등이었는데 포로들은 거의 매일 빠짐없이 작
> 업에 동원되었다고 증언하고 있다.[34]

위의 증언처럼 포로들은 작업에 동원되었다. 작업 내용은 수용소 내의 제초작업, 철조망 정비 등의 시설보수와 수용소 밖의 도로 정비 및 건물 건설에 동원되었다. 이같이 제주도 모슬포 포로수용소에서도 중국군 포로들이 모슬포성당 건축에 동원되었다.

(4) 위생

포로들의 위생은 열악하였다. 포로수용소에 포로가 수용되면 제일 먼저 DDT를 살포해 세균 등 병균들을 예방하고자 했다. 포로들에게는 위생 생활을 위한 몇 가지 물품들이 지급되었다. 속바지, 속옷 등의 물품이 제공되었으며, 빨래비누를 비롯해서 세숫비누, 면도날 등 위생 생활에 필요한 물품들도 제공되었다. 그러나 포로들은 좁은 수용소 안에서 수천 명이 생활하고 있었기 때문에 위생 문제로 인해 환자가 발생하거나 사망하는 경우가 발생하기도 하였다.

---

34) 위의 책, 112쪽.

　길두만은 거제도 포로수용소에서 결핵에 걸려 부산의 병원수용소로 이송되었다가 1954년 1월 반공 포로로 석방된 뒤에도 마산요양소에서 결핵 치료를 받았다. 길두만은 자신의 동생도 부산이 가야 포로수용소에 수용되어 있었는데 결핵에 걸려 부산의 병원수용소에서 치료하다 결국 사망했다고 증언하였다. 이처럼 수천 명이 생활하는 수용소에서 전염병이 발생하면 사망자가 크게 발생하였다.

　성기남도 거제도 포로수용소로 이송된 직후 생활환경이 정비되지 않은 상태에서 사망하는 포로들도 있었다고 증언하였다. 그에 따르면 거제도 포로수용소로 이송된 직후 포로수용소의 시설이 갖추어지지 않아 논바닥 위

---

35) AUS009_48_00V0000_192.

에 포로수용소가 설치되어 포로들은 우의를 깔고 잠을 자야 할 정도로 시설이 열악했다고 하였다. 아침이 되면 포로들은 물구덩이에 빠진 모양이 될 정도로 수용소 바닥이 질퍽해졌다고 하였다. 그래서 포로들이 직접 수용소 바닥에 흙을 깔아 다지고 배수로를 만들어 정비하면서부터 상황이 나아졌다고 하였다. 이렇게 습한 곳에서 생활하자 건강이 좋지 못한 포로들은 질병에 걸리거나 심하면 사망하는 경우가 발생했다고 하였다.

포로수용소의 위생이 얼마나 열악했는지는 다음의 증언을 통해 확인할 수 있다. 분산기 광주 포로수용소에서는 물이 부족해서 포로들이 제대로 씻을 수가 없었다. 한 여름의 무더위 속에서 제대로 씻을 수가 없는 상황이었다. 포로들의 증언에 따르면 소나기가 내리면 포로들은 모두 천막 밖으로 나와 단체로 빗물샤워를 했다고 한다.

> 광주 상공을 통과하는 먹구름은 폭우를 쏟아부을 장소를 물색하듯 수영소 상공에서 번쩍하는 섬광과 함께 뇌성이 울리면서 이윽고 폭아를 쏟아 붓기 시작하였다. … 순간 누가 먼저라고 할 것 없이 일시에 와-하는 함성이 터져 나왔다. 5천 명의 사내들이 자발적으로 일시에 옷을 벗어 던져 버리고 밖에 나와 억수로 퍼붓는 소낙비에 몸을 던졌다. … 몸에 비누를 바르고 비 샤워를 하니 운동장 바닥은 순식간에 비누 거품으로 뒤덮여 구름 위에 떠있는 듯 장관을 연출했다.[36]

이처럼 포로들에 대한 위생 환경은 좋지 못한 편이었다. 여기에는 포로들의 태도에도 문제가 있었다. 포로들은 자신이 지급받은 빨래비누나 세면비누 등을 포로수용소 밖으로 판매하여 현금을 만들었다. 가뜩이나 열악한 환경에서 포로들의 위생용품 유용(流用)으로 위생 상태는 더욱 나빠졌다.

---

36) 김태일, 앞의 책, 2011, 113쪽.

2. 포로의 교육 및 문화 활동

1) 포로의 교육

포로수용소에서 포로들은 식사와 작업 이외에 많은 여유 시간이 있었다. 그리고 포로들의 질서와 통제를 위해 일정 수준의 교육은 불가피했다. 포로에 대한 교육은 2차 세계대전 말기 미군이 독일군 포로를 상대로 탈나치화와 민주화를 위한 재교육을 시행한 사례가 있었다. 중국 공산당군도 대일항전과 국공내전에서 일본군과 국민당군을 대상으로 교화를 위한 교육을 시행하였다. 6·25전쟁이 발발하고 작전권이 이양된 후 유엔군 측에서도 포로에 대한 교육을 계획하였다. 포로에 대한 교육은 크게 두 가지 측면에서 요청되었는데 첫 번째는 앞에서 언급하였듯이 포로들의 여유시간 활용과 질서 통제를 위해서였다. 두 번째는 정치적인 측면이 있었는데 이는 포로들에게 체제 우월성을 강조해 전향을 유도하기 위해서였다. 1951년 민간정보교육국(Civilian Information & Education Division, CIE)의 국장이었던 뉴젠트(Donald R, Nugent) 중령의 포로 교육에 관한 언급에서 알 수 있다. 그는 포로들이 석방된 후 사회의 유용한 구성원이 되도록 사회적 기술의 습득과 그들에게 외부 세계, 유엔 등을 알리는 내용의 포로 교육이 실시된다고 하였는데 여기에서 기술의 습득은 실용적인 측면을 강조한 것이었고, 외부세계, 유엔에 관한 홍보란 다름 아닌 체제 우월성을 통한 전향 유도를 뜻한다.[37]

유엔군 측에서는 1949년 제네바협약에 따라 인도주의적으로 포로를 처우하기 위해 즉, 포로 관리 및 안전성 보장을 위해 포로수용소를 설치하였

---

37) 「유엔군사령부, 남한에 수용된 공산 측 포로 15만 명에 대해 취업 교육을 계획」, 『경향신문』, 1951년 5월 4일.

다. 그리고 민간정보교육국을 설치해 포로들을 위한 교육 프로그램을 만들어 실시하였다. CIE 프로그램은 1950년 가을에 처음 시도되어 이듬해 여름 모든 포로수용소에 도입되었다. 기본적으로 CIE 프로그램은 자본주의 체제의 우월성을 강조하기 위한 방침에 따라 설계되었다. 따라서 프로그램의 주 내용은 개인주의의 장점, 자본주의 체제의 우월성, 그리고 기독교 종교 교육의 확대가 핵심을 이루었다.

유엔군 측에서는 인천상륙작전 이후 포로가 급증하자 포로 관리를 체계적으로 준비하기 시작하였다. 작전권이 유엔군으로부터 넘어간 1950년 9월부터 포로 관리를 맡게 된 미군은 포로 처리의 방침을 포로들의 노동력 활용과 심리전을 통한 포로의 전향에 맞추었다.[38] 미 국방부와 국무부는 이를 위한 협의를 지속해 최종적으로 합동참모본부가 포로에 대한 교육을 주도하기로 결정하였다. 유엔군사령관 맥아더는 이 방침에 따라 1950년 11월과 12월 초에 영등포 수용소에서 연령, 교육 정도, 정치적 지향 및 직업에 따라 고루 선발된 약 500명의 포로에 대한 예비조사를 실시하였다.

이 조사는 포로들에게 전체주의의 정권보다 민주사회에서 사회적, 정치적 및 경제적으로 더 행복해 질 수 있다는 신념을 심어주려는 미군의 목적이 반영되었다. 유엔군 측은 이 조사를 통해서 교재와 강의 방법, 그리고 포로의 반응 등을 검토하여 본격적으로 포로에 대한 교육을 준비하였다. 그러나 중공군의 참전으로 유엔군이 서울에서 후퇴하자, 예비조사는 예정보다 일찍 종료되었다.[39]

1951년 3월 23일 포로 교육은 합동참모본부의 승인을 받았다. 포로 교육은 육군 심리전본부(Chief of Psychological Warfare, USA)의 지시

---

38) Walter G. Hermes, *Truce Tent and Fighting Front*, Center of Military History U. S. Army, 1965, pp. 135~138.
39) 조성훈, 「한국전쟁시 포로교육의 실상」, 군사 30호, 국방군사연구소, 1995, 237쪽.

에 의하여 본격화되었다. 이에 따라 연합군 총사령부의 민간정보교육국은 1951년 4월 3일자로 유엔군총사령부의 일반명령 제8호에 따라 포로의 교육 프로그램을 개발하고 포로 교육을 담당하기 위한 민간정보교육국(CIE)을 연합국최고사령관총사령부(General Headquarters, Supreme Commander for the Allied Powers, GHQ/SCAP) 산하에 설치하기로 하였다.

민간정보교육국(CIE)은 연합국최고사령관총사령부의 한 부서로써 점령지 내의 문화와 종교에 관련한 업무를 담당하기 위해 설립한 기구였다. CIE는 제2차 세계대전 이후 일본의 여론, 교육, 종교 및 사회적 문제를 검토하고, 일본 사회에 팽배해 있는 국수주의 및 군사주의의 퇴치와 새로운 민주사회의 원리를 도입하기 위한 전반적 제도 개혁을 실시한 경험이 있었다.[40] 이렇게 일본인의 정신재교육을 목표로 운용되었던 CIE가 1951년 4월 3일 주한유엔군사령부로 배속되면서 전쟁 포로에 대한 교육프로그램을 담당하였다. 교육 내용은 문자 훈련, 직업 훈련, 운동, 예술 등이었으나 중점은 오리엔테이션에 있었다.[41]

1951년 4월 중순에 CIE 기구의 인력과 조직안이 승인되었고, 군사요원과 한국인·중국인 요원의 선발과 배치는 5월 초에서 중순까지 이루어졌고, 교육은 6월 초부터 시작되었다. 교육 임무를 수행하기 위해서 민간정보교육국은 미8군 사령부, 군수사령부, 국무부의 정보교육처, 연합군 참모부 및 한국과 유엔의 관계기관 등과 직접 연락할 수 있는 권한을 부여받았다.

---

40) 위의 논문, 238쪽; 高野和基, 『GHQ 日本占領史2—占領管理の體制』, 日本圖書センター, 1996, 58~60쪽.
41) Takemae Eiji, *Inside GHQ: The Allied Occupation of Japan and Its Legacy*, Continuum, 2002, 180~188쪽.

민간정보교육국(CIE)의 조직은 〈표 3-3〉과 같다.[42]

〈표 3-3〉 민간정보교육국의 조직

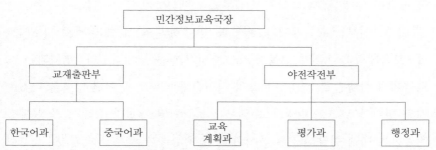

※출전: NARA, RG 554, Records of General Headquarters, Far East Command, Supreme Commander Allied Powers, and United Nations Command, 1941 57. 554.2. ─ Records of Commands in the Pacific, Post World War Ⅱ

CIE는 유엔군사령부가 있었던 일본의 도쿄에 설치되었다. 〈표 3-3〉에서 보듯이 전체적인 조직을 보면 본부 아래 교재출판부와 야전작전부를 설치하는 이원적인 체제를 갖고 있었다. 교재출판부는 일본에 있었으며 포로교육과 관련한 교재를 출판하였고, 야전작전부는 한국에 두어 교육의 시행은 한국 포로수용소에서 이루어졌다. 교육국장과 부국장 등 집행 본부에서는 전반적인 교육 계획의 수립과 교재 개발 및 간행을 담당하였고, 야전작전부에서는 교재출판부에서 개발한 교재를 바탕으로 포로들의 교육에 관한 실무를 수행하였다. 첫 교육국장으로는 미군 해병 중령 뉴젠트가 임명되었다.[43]

CIE의 교재출판부에서는 공식적인 교재와 팸플릿 및 포스터 등의 제작

---

42) 조성훈, 「한국전쟁 중 유엔군의 포로정책에 관한 연구」, 한국정신문화연구원 한국학대학원 박사학위논문, 1998, 84~88쪽.
43) Ron Robin, *The Making of the Cold War Enemy*, Princeton University Press, 2001, p.153.

과 함께 전반적으로 교육에 필요한 물품의 조달을 담당하였다. 교재출판부에서는 포로들의 국적에 맞는 교재를 개발하기 위해 한국어과와 중국어과를 두었고 각 과에는 각각 30명의 미국인, 30명의 한국어 요원, 25명의 중국어 요원 등 총 85명의 인원이 업무를 수행하였다.[44]

야전작전부는 교육계획과, 평가과 및 행정과 등 세 개의 과로 이루어졌다. 교육계획과는 실제 교육 프로그램의 시행을 담당하였다. 평가과는 포로들에게 시행된 교육이 포로들의 지식습득과 태도에 어떤 영향을 미쳤는지를 평가하고 이를 바탕으로 교육 프로그램의 개선과 장래 포로 문제를 처리하는 데에 취할 조치를 조사하였다. 행정과는 교육 프로그램에 필요한 모든 물자의 수수와 야전작전부에 배당된 장비의 유지와 교육 활동을 지원하였다.[45] 야전작전부에서는 교육 프로그램의 시행을 위해 포로수용소에 500~700명을 수용할 수 있는 강당을 건립하였고 방석, 칠판, 지도와 도안, 그리고 16㎜ 영사시설 등도 구비하였다.

CIE를 운용하기 위해서는 상당한 규모의 요원들이 필요했다. CIE 부서는 군사조직이었으므로 종합 계획과 일일 활동은 군부의 통제 하에 있었다. 그러나 CIE는 수많은 미국 민간인 전문가인 교육심리학자와 통계학자들을 채용했다. 게다가 2,500명 정도의 전쟁 포로들을 CIE요원으로 채용하여 교육, 연극 그룹 지도, 체육활동 지도, 그리고 직업프로그램 보조 등 다양한 분야에 배치해 활용하였다.

교육 프로그램이 진행되면서 전쟁 포로 강사들은 자격을 갖춘 한국의 민간인들로 교체되었다. 그러나 상당한 수의 포로들은 계속해서 이 프로그램의 운영에 참가하였다. 포로뿐만 아니라 약간의 카투사[46](KATUSA:

---

44) 조성훈, 앞의 논문, 1995, 240쪽.
45) 위의 논문, 240쪽.
46) 미 육군에 파견 근무하는 한국 군인.

Korean Augmentation Troops to the U. S. Army)들에게도 이 프로그램에서 교육, 모니터링 등의 보조 임무가 부과되었다. 1951년 4/4분기에 대대적으로 충원된 카투사들은 포로 강사와 민간인 강사들을 대체하였다. CIE 프로그램에 적대적인 포로들에 의해 위협받고 있던 포로 강사와 민간인 강사는 카투사로 대체되면서 교육프로그램에서 배제되었다. 이렇게 포로재교육을 전담한 CIE는 유엔군사령부와의 자체 연락라인을 가진 수용소 사령부의 독립된 부서로 활동하였다. 다시 말해 부여된 임무를 수행함에 있어 수용소 사령부와는 독립적으로 움직였다.

CIE 프로그램은 교육 목표는 두 가지 방향으로 설정되어 있었다. 첫째, 민주주의를 비롯한 자유 진영의 이데올로기를 포로들에게 교육시키는 것이었다. 둘째, 기독교를 전파시키는 것이었다. 민간정보교육국(CIE) 프로그램에 의한 공식 교육은 1951년 6월 11일 63포로수용소의 7,500명을 대상으로 본격적으로 실시되었다. 이 프로그램의 교육 계획은 공식적인 교실 수업과 비공식적인 교육 모두를 포함하였다. 수업은 30주 동안 6가지 주제를 순차적으로 배우도록 설계되었다. 6개의 주제는 '전쟁의 배경', '민주주의와 전체주의', '자유세계국가 사람들의 생활상', '한국과 세계', '한국의 부흥', '집단 활동에서의 지도력과 기술 개발하기' 등이었다.[47]

최초의 CIE 교육 프로그램은 1951년 6월 11일 반공 성향이 강한 63수용소에서 시범적으로 실시되었다. 63수용소 등 반공 성향의 수용소에서는 CIE의 교육 프로그램이 무리없이 진행되었다. 포로들은 교육 프로그램을 통해 반공 의식을 함양할 수 있었다. 반대로 친공 성향의 포로수용소에서는 CIE의 교육 프로그램에 대한 반발로 제대로 이루어지지 못하였다.

---

47) Samuel M. Meyers and Albert D. Biderman, *Mass Behavior in Battle and Captivity: The Communist Soldier in the Korean War*, The University of Chicago Press, 1968, pp. 256~266.

'민주주의와 전체주의' 수업에서 강조된 다음의 항목들은 포로에 대한 교육이 무엇을 목적으로 이루어졌는지를 잘 드러내 보이고 있다. 결론적으로 미국적 가치, 아메리카니즘의 체계적 교육이 주를 이루고 있었다. 교재 명이 '민주주의란 무엇인가?', '민주주의와 전체주의 체제 아래서의 시민적 자유와 해방', '철의 장막 북한의 배후' 등이다. 특히 자유세계 사람들의 생활상에서는 개인의 존엄성, 재산권 보장, 자립, 자조, 근면 등의 이념적 교육이 주를 이루었다.

이 당시 사용된 포로 교재로는 다음과 같은 것들이 구비되었다. 포로를 대상으로 하는 교재 대부분이 민주주의에 대한 강조, 반공주의의 강화를 목적으로 제작된 것들이 다수를 차지하고 있었다.

〈표 3-4〉 민간교육정보국에서 제작한 포로 대상 교재와 제작일

교재의 한글 이름	교재의 영문 이름	출판일
민주주의와 전체주의하의 시민적 해방과 자유	Civil Liberties and Freedom under Democracy and under Totalitarianism	
미국의 실정	Facts about the United States	1951년 7월
평화건설	Building for Peace	1951년 10월
민주주의와 평화, 공산주의와 전쟁	Communism and War, Democracy and Peace	1951년 9월
공산주의하의 북한	Communism in North Korea, Facts behind the Iron Curtain	1951년 10월
스위스와 스위스사람	Switzerland and the Swiss	1951년 11월
동남아세아 몇 나라와 그 국민	Some countries of Eastern Asia and their Peoples	1951년 12월
스웨덴과 스웨덴 국민	Sweden and The Swedes	1951년 11월
공산주의는 과연 소화할 수 있는가?	Is Communism Digestable?	1951년 10월
라틴아메리카 몇 나라와 그 국민	Some Latin—American countries and their People	1951년 12월
공산주의에 대한 문답	Some Questions and Answers about Communism	1951년 10월
영연방의 여러 나라	The British Political System and Some of its Associated Countries	1951년 12월
노예노동과 자유노동	Labor—Slave and Free	1951년 8월

교재의 한글 이름	교재의 영문 이름	출판일
구미민주주의의 역사	History of Democracy	
현세계의 농민	The Farmer of Today	

※출전: NARA, RG 554, Records of General Headquarters, Far East Command, Supreme Commander Allied Powers, and United Nations Command, 1941-57. 554.2, Records of Commands in the Pacific, Post World War Ⅱ

이 가운데 몇 가지 교재의 내용을 살펴봄으로써 CIE 교육이 얼마나 포로들에게 미국의 이념을 강하게 전파하려고 했는지를 살펴보고자 한다.

2) 미국의 자본주의

미국의 자본주의 우월성은 포로 교육의 주요 주제였다. 『미국의 실정(Facts about the United States)』이라는 교재는 이를 잘 반영하고 있었다.[48] 이는 〈표 3-5〉에 나와 있는 책의 목차를 보면 잘 드러나 있음을 알 수 있다.

〈표 3-5〉 『미국의 실정(Facts about the United States)』 교재의 목차

1. 나라 땅과 백성	12. 오락
2. 정치 체계	13. 제조 공업
3. 중앙 정부의 조직	14. 통신
4. 생활 수준	15. 전력
5. 보건과 의료 시설	16. 교통
6. 교육	17. 농업
7. 후생사업	18. 산림과 임산물
8. 노동과 노동조합	19. 광물자원
9. 여성들	20. 해운업과 외국무역
10. 종교	21. 국가 재정
11. 음악 서적 예술 및 극장	22. 특수한 연대(年代)들

---

48) *Facts About the United States*, Korean Laguage Series , NARA, RG 554, Records of General Headquarters, Far East Command, Supreme Commander Allied Powers, and United Nations Command, 1941-57. 554.2, Records of Commands in the Pacific, Post World War Ⅱ.

이 책에서는 미국의 급속한 성장 원인을 인민의 개척정신이라고 기술하고 있다. 미국이 유럽에서 독립한 지 2백 년도 채 안 된 기간에 다른 나라들보다 빨리 성장할 수 있었던 이유는 미국이 가진 자원에게만 있는 것이 아니라 그 인민의 개척정신에 있다는 것이다. 즉 미국인들은 전체 행복을 위한 자유와 정의를 위해 투쟁을 단념하지 않았다고 강조한다.[49]

> 이 책자를 읽으시고 미국의 경제적 부만을 부러워하지 마십시오. 미국의 힘과 부에 대한 가장 큰 원인들 중에 하나는 미국이 민주주의 기초 우에 세워진 그것이라는 것을 기억하십시오. 민주주의 기초우에 나라가 서지 않고 인민의 인민에 의한, 인민을 위한, 정부를 가지지 않고는 한 나라가 진실한 장래를 세울 수는 없는 것입니다.

그리고 이 교재에서는 미국민의 생활 수준을 구체적으로 설명하고 있다. 즉 "1948년 현재 미국의 3천 8백 50만 가정 중에서 약 25%가 연 수입 2천 달러, 54%가 2천~5천 달러, 18%가 5천~1만 달러, 그리고 나머지 3%가 1만 달러 이상의 수입을 가지고 있는데, 여기에는 농가들도 포함되어 있다. 또한 미국에는 극단으로 부유한 사람이나 극단으로 가난한 사람들이 별로 없고 미국인 대다수는 쏠쏠한 수입으로 비교적 편안히들 살고 있다." 라고 기술하였다. 이러한 평균 수입에 대한 자세한 기술은 물질주의적으로 풍부한 미국 사회를 포로들에게 각인시키려는 목적을 담고있었다. 결국 미국 자본주의에 대한 우월성을 은연 중에 드러내고 있음을 알 수 있다.

한편 아주 구체적인 수치를 들어 미국인 평균 노동자들의 수입을 비교한 내용도 있다.[50]

---

49) *Facts About the United States*, pp.2~3.
50) Ibid., p.23.

평균을 따져 보면 미국의 노무자는 한 파운드의 면보를 살만한 돈을 벌기 위하여는 단지 한 시간만 일하면 되고, 한 파운드의 쌀을 사기 위하여는 7분, 한 파운드의 사탕을 사기 위하여는 4분, 한 파운드의 커피를 사기 위하여는 31분, 한 파운드의 베이컨을 사기 위하여는 26분, 열두 개의 귤을 사기 위하여는 18분, 열두 개의 계란을 사기 위하여는 26분 동안만 일하면 된다. 그리고 또한 37시간도 못되는 노동으로 새 양복 한 벌을 장만할 수 있으며, 여섯시간 반의 노동으로 구두 한 켤레를 살 수가 있다.

이렇게 구체적으로 베이컨, 커피, 귤, 계란 등의 식료품을 구비하는 데 있어 단지 약간의 시간만을 투여하면 충분한 양의 생필품을 구매할 수 있다는 주장은 미국 자본주의의 생산력과 임금 체계의 우월성을 포로들에게 과시하는 측면이 강했음을 알 수 있다.

마지막으로 이 교재는 미국의 과학기술 문명에 의한 가전제품을 나열하고 있는데 "미국의 도회지 가정들 중에서 67%가 기계 냉장고를 가졌고, 84%가 가스버너나 전기 화덕을, 65%가 전기 토스터를, 58%가 진공청소기를, 52%가 전기세탁기를, 93%가 전기다리미를, 91%가 라디오와 라디오축음기(전축) 등을 가지고 있다."고 강조하고 있다.[51]

요컨대 교재를 통해 포로들에게 강조하고 싶었던 것은 미국으로 대변되는 자본주의 세계의 물질적 풍요에 대한 동경을 잠재적으로 일깨웠다.

3) 민주주의의 우월성

민주주의 가치에 관한 내용도 포로 교육의 핵심 주제였다. 포로 교재 가운데 민주주의와 공산주의의 비교를 통해 민주주의의 우월성을 강조하고 있는 교재는 『민주주의와 평화, 공산주의와 전쟁(Communism and War,

---

51) Ibid., pp.24~25.

Democracy and Peace)』가 대표적이다. 이 교재 첫 페이지는 다음과 같이 시작되고 있다.[52]

> 공산주의는 그 근본에 있어서 폭력이라 할 것이다. 크레믈린에 있는 사람
> 들은 이 폭력과 혁명과 전쟁을 복음과 같이 선전하고 있다.

공산주의는 폭력에 기반한 부정적 체제임을 강조하였다. 또한 공산주의의 독재적 성격에 대해서도 "팟쇼주의나 나치스주의나 군국주의나 공산주의와 똑같은 것들이다. 이 모든 주의자들의 통치하는 방식은 다 백성의 권세를 빼앗고 종으로 만드는 것이다. 모든 권세는 다스리는 몇 사람의 손에나 혹은 독재자 한 사람의 손에 들어간다."고 설명하며 공산주의의 속임수에 주의하라고 당부하고 있다.[53] 공산주의의 속임수는 독일과 이탈리아, 일본 세 나라가 사용하던 것과 똑같은 술책인데 세계정복을 꿈꾸고 있으나 이는 자신들의 국민들을 멸망으로 끌고 있다고 하였다.

반면에 공산주의와 달리 민주주의는 "그 권세가 백성의 손에 있고, 법률 만드는 권리가 백성에게 있고, 그 법률을 시행하는 권력이 또한 백성에게 있는 나라, 즉 다시 말하면 참된 민주주의 나라에서는 침략전쟁을 할 수 없다." 라고 강조하였다.

민주주의는 국민들의 의사가 반영되는 이념이며 선거를 통해 대표자를 뽑아 자신의 의견을 반영할 수 있는 우월한 이념임을 거듭 강조하였다.

---

52) *Communism and War, Democracy and Peace*, NARA, RG 554, Records of General Headquarters, Far East Command, Supreme Commander Allied Powers, and United Nations Command, 1941-57. 554.2, Records of Commands in the Pacific, Post World War Ⅱ. p.3.
53) Ibid., pp.16~17.

민주주의에 있어서는 모든 기본적 권력이 다 백성에게 있다. 백성들은 이 기본적 권력을 결단코 버리지 않는다. 백성들은 그 권력을 정부에 있는 자기들의 대행기관이나 또는 자기들이 선거한 대표자에게 언제나 일정한 한도 안에서 맡아 할 수 있도록 위임할 수 있는 것이며 또한 위임하는 것이다. 그러나 이 위임에는 일정한 한도가 있는 것이다. 더욱 전쟁을 선언하는 권리와 권한은 무엇보다도 더 엄중한 제한을 받는 것이다.[54]

미국은 전쟁을 원하지 않지만, 민주주의가 위협받는 엄중한 상황이 발생하면 부득이 참전할 수밖에 없다는 제한적 참전을 하고 있다고 강조하였다. 미국은 치욕이나 굴복이나 또는 침략자에게 정복을 당하는 것밖에 다른 길이 없다고 생각될 때에만 부득이 전쟁을 하는 것이라고 강조하고 있다. 그리고 민주주의의 길만이 평화의 길임을 주장하고 있다.[55]

민주주의 같이 평화로운 것은 없다. 백성들은 자기네 일이든지 정부일이든지 마음대로 하면서 보수로 다만 평화의 열매만 구하는 것이다. 그러나 민주주의는 공격을 당하거나 또 애써서 얻은 자유가 도전을 당할 때에는 민주주의 같이 그렇게 결사적으로 싸우는 것은 없을 것이다.

미국은 포로에 대한 교육을 통해 한국전쟁의 발발 원인을 북한 지도자의 탐욕으로 돌리고 있으며, 이를 통해 민주주의 국가의 붕괴를 방지하기 위해서 부득이 하게 전쟁에 참여하였음을 포로들에게 강조하였다.

4) 반공교육

다음으로는 포로들에게 가장 직접적인 심리전 선전술의 하나로 공산

---

54) Ibid., pp.28~29.
55) Ibid., pp.41~42.

주의에 대한 혐오감과 문제점을 지적하는 반공교육이 포로교육의 핵심을 이루고 있다. 포로교육 교재에 있어 반공주의를 가장 적나라하게 보여주는 것은 『공산주의에 대한 문답(Some Questions and Answers about Communism)』과 『공산주의는 과연 소화할 수 있는가?(Is Communism Digestable?)』라는 교재이다.

먼저 대표적인 심리전 교재였던 『공산주의에 대한 문답』이 어떻게 구성되었는지 목차를 통해 살펴보면,[56]

〈표 3-6〉 『공산주의에 대한 문답(Some Questions and Answers about Communism)』 교재의 목차

공산주의와 자유
공산주의자의 세력 획득 방법
공산주의자와 한국
공산주의 밑에서의 노동자와 농민
공산주의 밑의 정치적 사회적 역할
자유국가에서의 공산주의
공산주의와 전쟁

〈표 3-6〉에서 알 수 있듯이 『공산주의에 대한 문답(Some Questions and Answers about Communism)』이라는 교재는 총 7개의 주제에 대해 55개의 질문을 부여하고 이에 대한 대답을 구하면서 동시에 질문에 답을 제시하고 있다. 첫 번째 주제인 '공산주의와 자유'라는 장에는 다음과 같은 질문이 나온다.

---

56) *Some Questions and Answers about Communism*, NARA, RG 554, Records of General Headquarters, Far East Command, Supreme Commander Allied Powers, and United Nations Command, 1941-57. 554.2, Records of Commands in the Pacific, Post World War Ⅱ.

1. 공산당은 주장하기를 공산주의 치하에 있는 사람들은 많은 자유를 가졌다는 이것이 사실인가? (답: 천만에요)
2. 소련에서는 인권과 자유가 보장되어 있는가? (답: 없다)
5. 공산주의자들은 언론 자유를 가졌다고 하는데 이것이 사실인가? (답: 아니다)
6. 소련에 신앙의 자유가 있는가? (답: 없다)

위에서 볼 수 있듯이 질문에 대한 답은 간단하게 '아니다' 또는 '없다' 등의 부정적인 표현으로 시작하면서 그 이유를 상세히 답변하고 있다. 다음으로 '공산주의자의 세력 획득 방법' 장에서도 마찬가지로 질문에 대해 짧게 답을 제시하는 형식을 띠고 있다.

10. 공산주의가 한 나라에 들어오게 되는 것은 그 백성이 청하여 오는 것인가?(답 : 역사상에 그와 같이 청함을 받은 일은 절대로 없다)
11. 공산주의는 외부의 세력으로 나라를 빼앗는가? (답: 최후의 수단으로써만 외부세력으로 다른 나라를 접수하는 것이다)
13. 공산주의자들은 한 국가의 세력을 잡게 되면 어떤 이익을 취하는가? (답: 한가지로는 보통사람보다 더 나은 생활을 하게 된다)

이외에도 '공산주의와 한국'이라는 장에서는 국내의 공산당이 노리는 것이 무엇인가를 문답식으로 설명하고 있다.

17. 한국의 공산당 지도자들은 무엇을 원하는가? (답: 한국의 공산당 지도자들은 한국을 로서아의 지배 밑에 있는 전체주의 국가로 전환시키기를 원하고 있다)
18. 한국의 공산주의자들은 자주성이 있는가? 혹은 세계적인 공산주의 운동의 일부분으로 움직이는가? (답: 한국의 공산주의자들은 다른 나라의 공산주의자와 같이 세계적인 공산주의 운동의 일부분으로 움직이고 있다)

이 교재는 55가지의 질문을 통해 공산주의 하의 노동자와 농민의 생활상, 계급질서의 존재 유무, 공산주의자들의 전쟁관 등을 질문하며 자연스럽게 공산주의에 대한 혐오감을 강조하고 있는 것이다.

다른 교재인『공산주의는 과연 소화할 수 있는가?』에서도 정치적인 의도가 담겨 있다. 이 교재도 주로 공산주의의 정체를 민중이 각성해서 올바르게 인식해야 한다고 주장하였다. 교재는 공산주의를 올바르게 인식해 공산주의의 폭력성과 탄압, 억압 정책 등을 정확하게 이해하고 대응해야 한다고 적고 있다.[57]

요컨대 포로수용소에서의 반공주의 교육의 핵심은 공산주의 체제가 다름 아닌 외부세력에 의한 침략 세력 등으로 인식하게 해서 공산주의에 대한 반감을 불러일으키는 것이었다.

5) 기독교 선교

미국은 청교도정신에 입각해 건립한 국가이다. 미국주의 다른 말인 아메리카니즘의 근거에는 기독교라는 종교가 밑바탕에 깔려있다. 따라서 유엔군의 주축이었던 미군에 의해 관리되었던 포로수용소에서 기독교의 포교는 중요한 과제였다. 미국의 입장에서 포로에 대한 교육 가운데 기독교에 대한 선교 프로그램은 미국주의를 확산시키는 가장 핵심적인 내용이었다고 해도 과언이 아니다. 포로들에 대한 기독교 교육은 초기에는 비공식적인 방향으로 이루어졌으나 CIE 프로그램이 도입된 이후에는 정식 프로그램으로 자리 잡았다.

---

57) *Is Communism Digestable?*, NARA, RG 554, Records of General Headquarters, Far East Command, Supreme Commander Allied Powers, and United Nations Command, 1941-57. 554.2, Records of Commands in the Pacific, Post World War Ⅱ.

포로가 수용되기 시작한 초기에는 이종오, 김원상 등 소수의 기독교 포로들이 중심이 되어 수용소 내에서 기독교 집회를 갖는 것으로 기독교 활동이 시작되었다. 1950년 8월 힐(Harry J. Hill; 許一) 선교사가 평안북도 선천 출신의 장로라고 알려진 김 씨와 함께 포로에 대한 선교를 외부에서 시작하였다. CIE 이전에 비공식적으로 포로에 대한 선교를 했던 대표적인 인물은 1950년 9월 인천상륙작전에 참여하여 일본으로부터 건너와 인천에 수용되어 있던 5만여 명의 포로들에게 전도를 했던 보켈(Harold Voelkel, 玉鎬烈)이었다. 그는 인천상륙작전의 성공으로 북진하는 미군을 따라 평양에까지 진출하였고 이후 함흥, 흥남, 원산 등의 지역까지 힐 선교사와 동행하며 포로들에 대한 선교를 추진하였다. 부산지역에서는 1950년 12월에 선교사 텔미지(J. E. Telmage, 打要翰)가 정식으로 미군 군목 신분을 얻어 포로를 대상으로 한 선교 활동을 벌이기 시작하였다.[58]

　　1951년 4월 본격적으로 CIE 프로그램이 각 포로수용소에 도입되자 미군 관리들의 주도하에 본격적인 기독교 교육이 시작되었다. CIE 프로그램의 특징은 기독교와 민주주의 사이의 강한 유대감을 강조하는 측면이 있었다. CIE는 기독교로의 개종을 성공의 척도라고 주장하기도 하였다. 처음 5백 명의 포로를 대상으로 한 CIE 프로그램의 실행에서 CIE의 관리를 맡았던 핸슨(Kenneth Hansen)대령은 기독교 선교를 추진하였다. 그는 CIE 프로그램을 통해 기독교 복음주의 전파의 호기로 활용하고자 하였다. 또한 정례적으로 CIE 프로그램 진행하면서 교회에 참석한 포로자 수를 파악하여 그 변화를 규칙적으로 측정하였다. 그는 특히 기독교 행사와 정기 예배에서 포로 수가 증가하는 부분을 중요하게 생각하고 있었다.

---

58) 강신정, 「한국의 포로선교」, 『기독교대백과사전』 15권, 기독교문사, 1985, 897~898쪽.

　　핸슨과 함께 포로수용소에서의 CIE 프로그램을 기독교 전파의 계기로 삼고자하는 선교사적 믿음이 제일 강했던 인물은 CIE의 야전작전부 책임자인 오브라이언(Robert E. O'Brian) 중령이었다. 거제도 포로수용소에 상설된 한국의 CIE 프로그램의 유일한 수석 관리인이었던 오브라이언은 기독교와 민주주의의 공생적 관계를 찬양하는 프로그램을 개발하고자 최선을 다했다. 오브라이언은 민주주의에 대한 도덕적이고 윤리적인 지지를 기독교와 하나님에 대한 믿음과 동일시하려고 생각하고 있었다. 박해를 당하는 상황

---

59) AUS005_10_00V0000_029

에서 종교적인 신념을 외치는 것은 가장 정형화된 반공주의와 연결되었고, 이는 미국인 관리자의 친(親)민주적인 의지의 표현과 다름이 없었다.[60]

　포로수용소의 기독교와 민주주의의 관계를 연구한 한 학자는 이데올로기 교육에서 기독교로의 개종이 포로의 전향과 반공의식을 판별하는 시금석으로 작용한 심리전적 요소가 지배되고 있다고 간파하고 있었다.[61] 포로들에 대한 민주주의 교육을 통한 기독교로의 개종은 크게는 한국 사회의 기독교화의 중요한 작업이었다고 할 수 있다.

　포로수용소 내의 조직의 기초가 되는 집단들을 조사한 한 연구 보고서에서는 기독교인들의 집단에 대해서 다음과 같이 서술하고 있다.

> "기독교인들 - 기독교인 집단은 고도로 조직적인 경향이 있었고, 가끔 반공행동의 핵심이 되기도 했다. 제3구역 기독교인들은 비교적 공식적이고 전구역적인 조직을 가졌고, 징발과 행정을 위한 전적인 우두머리와 관리들이 이 집단에서 나왔을 뿐만 아니라 지도부장의 주된 임무는 민주주의와 공산주의의 차이를 설명하는 것이었다. 이 집단의 어떤 행위들은 비밀리에 이루어졌으며, 한 미국인 선교사가 포로들의 종교적 요구를 지도할 뿐만 아니라 반공 정보원으로 이들을 사용하여 공산주의 혐의자의 행동에 관한 정보를 수집하여 수용소 당국에 넘겨주기도 하였다."[62]

　이 보고서는 당시 포로에 대한 민주주의 교육은 기독교계의 선교와 밀접한 관계를 갖고 있었고 기독교 교육은 반공 이데올로기를 포로들에게 주입시키려는 정치적 목적과 함께 진행되고 있었음을 잘 드러내고 있다. 포로수용소에서 기독교 교육을 통해 기독교로 개종한 포로들은 석방된 후 얼마지나지 않은 1955년에 '기독신우회'를 조직하였다. 또 포로수용소 시절부터 신학을 지원한 자들 가운데 가능성 있는 지원자 200여 명을 대학 및

---

60) Ron Robin, op. cit., 2001, pp.156~157.
61) Ibid., pp.157~158.
62) Samuel M. Meyers & Albert D. Biderman ed, op. cit., 1968, p.249.

신학교에 진학시켰다. 기독신우회를 통해 배출된 목회자는 목사만 160여 명에 이르렀으며 전도사까지 포함하면 200여 명에 이르렀다.[63]

요컨대 6·25전쟁 시기 군목 제도에 확충에 따른 군 선교와 포로 선교는 순수한 기독교 복음 전파나 군인이나 포로들에 대한 종교적 복지 내지 서비스의 차원에서 이루어진 것이라기보다는 미국주의를 확산시키려는 고도의 심리적이고 이데올로기적인 의도가 반영된 정치적 행위라고 할 수 있다.

6) 다양한 교육 프로그램

포로교육을 위해 다양한 프로그램이 동원되었다. 먼저 방송의 활용이 두드러졌다. 방송 프로그램으로는 '미국의 소리(Voice of America)', '유엔사령부 방송', '자유아시아 라디오', 그리고 대한민국 방송국에서 만든 라디오 방송도 자주 이용되었다. 포로들에게는 미국공보원(United States Information Service, USIS)에서 매주 번역해서 만든 소식지와 USIS에서 배급하는 영화 상영도 이루어졌다. 중국인 포로들을 위해서는 중국, 대만에서 만든 국민당 정부의 잡지들이 포로수용소로 전달되었다.

포로수용소의 오리엔테이션 프로그램의 비공식 교육은 포로들의 일상 생활에 많은 영향을 끼쳤다. 매일 3차례에 걸쳐 라디오 프로그램과 녹음 방송이 수용소 안으로 방송되었다. 포로수용소 측에서는 검열받은 도서, 팸플릿, 신문 등을 도서관과 정보 센터를 통해 포로들에게 제공하였고, 이밖에 주기적인 전시와 공연도 제공하였다.

포로수용소 측에서는 오리엔테이션 프로그램과 관계없이 문맹 포로들의 문자 해독을 위한 교육에도 상당한 노력을 기울였다. 문맹 탈출 교육은

---

63) 강신정, 앞의 글, 1985, 899쪽.

〈그림 3-5〉 교육자료를 만들고 있는 포로들[64]

포로수용소의 강사와 교육 요원들이 직면했던 가장 시급한 문제였다. 문맹 포로 가운데 문맹 탈출 교육을 통해 문자를 해독할 수 있게 된 포로들도 많았다. 포로들을 위한 본격적인 교재는 1951년 말이 되어서 만들어졌다. 한국어와 중국어 교재가 구비되었고 오리엔테이션 강좌 시리즈들은 기본 읽기와 쓰기 과정을 끝마친 포로들을 위해 가장 쉬운 용어로 제작되어 배포하였다.

CIE의 종합 계획에는 직업훈련 프로그램도 포함되어 있었다. 모든 포로들에게는 매주 최소 4시간 직업교육을 받도록 했다. 직업 교육의 프로그램으로는 목수, 재봉 또는 제화 기술 등 실생활에서 활용할 수 있는 기술

---

64) AUS005_06_04V0000_636.

을 가르쳤다. 직업 교육은 포로들이 석방된 이후 생활수단으로 삼을 만한 것이 주를 이루었다. 포로 중에는 농부가 많았기 때문에 이들이 손쉽게 배울 수 있는 새로운 농사 기법들을 익히게 하였다. 포로수용소의 가장자리에 농작물을 재배하는 시범재배도 실시되었다. 이렇게 해서 생산된 농산물을 포로들의 부식으로 활용되었다. 그러나 포로수용소의 땅이 농사에 사용될 정도로 넓지 않았기 때문에 농사 프로그램의 성과는 일부 수용소에서 제한적이었다.

마지막으로 CIE는 포로들의 여가 시간 활용을 위한 다양한 프로그램을 만들어 제공하였다. 체육, 놀이, 취미, 미술, 음악, 문학 활동 등에 시간을 할당하는 포괄적인 여가(recreation)프로그램으로 구성되어 포로들에게 제공되었다.

이성운은 포로수용소에서 받은 교육에 관해 다음과 같이 기억하고 있었다.

> CIE라고 해서 교육정보활동 기관이라고 UN군에서 만들어 놓은 거야. 그래 거기서 교육을 시킵니다. 포로들을 데려다가 어 이저 민주주의는 어드렇고 뭐이 어드렇고 공산당은 어드렇고 하는 거를 공산당은 우리가 더 잘 아니까, 민주주의는 어떻다는 것 시키고 뭐 웅변대회도 시키고 뭣도 시키고 이런 거 있어요. 그러니까 그런 것도 받고 다 이랬죠.[65]

이성운은 교육을 제공한 CIE에 대해서도 기억하고 있었다. 그는 이 기관을 유엔군이 만든 교육정보기관이라고 파악하고 있었다. 그리고 교육받은 내용도 민주주의와 공산주의의 차별성을 통한 우월감 과시 등이 주를 이루었다고 하였다. 교육의 방법으로는 웅변대회를 통해 포로들이 자신의

---

65) 이성운, 「북한 출신 천도교 반공포로의 포로생활」, 국사편찬위원회, 2014, 40쪽.

입으로 민주주의의 우월성을 말할 수 있도록 가르쳤다고 하였다.

요컨대 포로의 교육은 표면적으로는 유엔군 측이 포로들의 여가 활동과 다양한 기술 습득 등을 명분으로 CIE를 통해 제공되었지만 내면적으로는 미국의 이데올로기전, 심리전에 활용되었다. 6·25전쟁 기간 포로수용소의 포로교육은 전략적 목적이라는 특수한 이해관계가 반영되었다. 그리고 포로 교육 내용은 자유주의를 찬양하고 공산주의를 비방하는 것이 주를 이루었다. 구체적으로는 미국의 가치인 민주주의, 개인주의, 프로테스탄티즘에 대한 자신감을 포로들에게 교육하여 체제 우월감을 과시하고 반공 포로들을 양성하기 위해 활용되었다.

7) 포로의 문화 활동

포로들의 문화 활동은 저녁 식사 이후 점호까지의 2~3시간 동안의 자유 시간에 이루어졌다. 포로들은 이 시간 동안 각종 운동, 독서 등의 문화 생활을 했다. 또 교육프로그램의 일환으로 영화를 관람하였다. 영화는 한 달 동안 20~30편이 상영되었고 관람 인원은 4~5명에 이를 정도로 많았다. 그러나 영화가 오락 영화가 아니라 민주주의 체제 우월성을 강조하는 내용이 주류를 이루었다. 또한 일요일에 종교·체육 등의 문화 활동이 허용되었다.

성기남은 논산 포로수용소에서의 문화 활동에 대해 다음과 같이 기억하고 있었다.

> 뭐 일상이라는 게 뭐 논산 와가지고 뭐 많이 자유로워져가지고 어 일요일 날
> 에는 수용소 안에 운동장이 크게 있어가지고 운동장에 나가가지고 뭐 볼도 차
> 고 뭐 배구도 하고 뭐 자기 취미대로 일요일 날이면 가서 문을 열어두니까[66]

---

66) 성기남, 「북한 출신 천도교 반공포로의 포로생활」, 국사편찬위원회, 2014, 35쪽.

성기남은 포로의 분산이 이루어진 논산에서는 일요일마다 단위 수용동를 개방해서 수용소의 연병장에서 포로들이 축구와 배구 등 취미 활동을 했다고 증언하였다. 이처럼 포로들에게는 일요일에 취미 활동을 할 수 있는 시간이 부여되었다. 수용소 내에서 일과 시간이 끝나거나 휴일인 일요일에는 포로들이 축구, 배구, 농구 등의 운동을 하면서 시간을 보냈다.

〈그림 3-6〉 농구하는 포로들(1951년 12월 27일)[67]

〈그림 3-6〉은 포로들이 수용소에서 농구하는 장면이다. 이 사진은 1951년 12월 27일 거제도 포로수용소에서 촬영한 사진이다. 이 사진처럼

---

67) AUS001_36_01V0000_762.

포로들은 수용소 내에서 자신들이 직접 농구대나 배구대를 만들어 농구와 배구 등의 운동 경기를 했다. 포로들은 제한된 환경에서 축구와 배구 등의 체육활동을 하였다.

〈그림 3-7〉 비누로 조형물을 만드는 포로(1952년 2월 13일)[68]

이 밖에도 포로들은 공예, 연극 공연을 기획해서 공연하는 등 다양한 문화 활동을 하였다. 〈그림 3-7〉은 포로들의 공예 활동 모습이다. 포로들은 비누로 예수상을 만들고 있음을 알 수 있다. 길두만은 판문점 포로수용소에서 연극 공연을 했다고 기억하고 있었다. 천도교 포로였던 그는 1953년

---

68) AUS005_06_04V0000_635.

12월 24일 인일기념일[69]을 맞이해서 연극 공연을 했다고 또렷이 기억하고 있었다.

> 인일기념일을 기해가지고 한문언선생님이 그 1984년 동학혁명 그걸 주제로 해가지고 '봉화'라는 영화를 3막 4장을 … 연극을 연출을 했어요. 아주 그걸 3일 동안 그걸 공연을 했거든요, 그거는 46대대만 한 게 아니고 기독교인 대대가 별도로 있고, 옆 대대를 불러가지고 관람시켜서 찬사를 많이 받았죠. … 그렇게 해서 연극을 했는데 많은 찬사를 받았고 그래가지고 그 전봉준장군 역에는 여선덕선생이 이제 … 전봉준 장군역할을 하고 에 헤헤 그케 오덕훈 씨 역에는 뭐 한상준인가 하고 그케 뭐 조병갑이 역에는 누구고 다 일일이 해가지고 연극을 아주 본격적으로 해서 그리고 그 천도교뿐만 아니고 수용소에 있던 사람들은 연극을 많이 그 안에[70]

길두만은 동학혁명을 주제로 한 '봉화'라는 작품에서 자신도 연기자로 참여해 공연하였다고 했다. 이러한 포로들의 수용소 내에서의 문화 활동은 현대적으로 재해석되기도 하였다.

2018년에 개봉된 《스윙키즈(Swingkids)》라는 영화는 포로수용소에서의 댄스 사진인 〈그림 3-8〉을 모티브로 만든 영화이다. 이 사진은 스위스의 사진 작가 베르너 비숍(Werner Bichof)이 1952년 거제도 포로수용소에서 찍은 포로들의 스퀘어 댄스 사진이다. 당시 국제적십자사에서 포로수용소를 방문해 제네바협약이 지켜지는지 확인하였는데 비숍도 이때 거제도 포로수용소를 방문해 이 사진을 촬영한 것으로 추정된다. 비숍은 이 사진에 대해 "거제도에서는 모든 것이 조작되었다. 모든 사람들에게 지시가 내려졌고, 사진을 찍는 우리들 앞으로는 그럴듯한 사람들만이 지나가도록 계획

---

69) 천도교 제3세교조인 의암 손병희의 승통기념일
70) 길두만, 「북한 출신 천도교 반공포로의 포로생활」, 국사편찬위원회, 2014, 38~39쪽.

되었다. 이 사람들은 '보도 사진'에 찍히기 위해 포즈를 취했다. 나는 이게 진정으로 수용소에서의 생활인지를 끊임없이 자문하지 않을 수 없었다"라고 설명하였다.

<그림 3-8> 비숍이 찍은 포로들의 댄스 장면과 이를 모티브로 만든 영화 '스윙키즈'

베르너 비숍의 포로들의 댄스 사진[71]　　　　　　영화 '스윙키즈'의 한 장면

<그림 3-8>을 보면 포로들이 가면을 쓰고 춤을 추고 있다. 사진의 가운데에는 자유의 여신상의 모형이 만들어져 있었다. 스퀘어 댄스를 추는 포로들 옆에는 등을 돌린 포로들이 있는데 이들은 다른 공연을 준비하고 있는 것으로 보인다. 이 사진을 통해 포로들은 미국의 댄스 등의 문화 활동을 하였음을 알 수 있다. 그러나 포로의 문화 활동이 자신이 주도적으로 선택했는지는 의문이 남는다. 비숍은 사진을 찍으면서 유엔군 측이 체제우월성을 선전하는데 문화활동이 활용되었다고 보았다. <그림 3-8>은 소설의 소재로도 활용되었다. 최수철은 『거제, 포로들의 춤』에서 비숍의 포로들의 스퀘어 댄스 사진에 의문을 품고 수용소 안에서의 이념대결과 체제우월성의 선전활동을 다루었다. 자유의 여신상과 스퀘어 댄스는 포로의 삶을 위한 몸부림으로 파악하였다.

---

71) 에릭 고두, 양영란 편, 『현장에서 만난 20TH C』, 마티, 2007, 24쪽.

3. 포로의 종교 활동

1) 부산 포로수용소 시기

6·25전쟁이 발발하자 가톨릭의 캐롤(George Carroll) 신부와 미국의 북감리교 쇼우(W. E. Shaw) 목사는 미 8군과 전쟁 중의 종교 활동에 관해 교섭을 하였다. 이들은 6월 27일 일본에 건너가 유엔군사령관인 맥아더 장군 휘하의 극동군사령부 군종 과장 베넷 군목과 존 단 신부를 만나 한국에 진주하는 미군에 종군할 것을 논의하였다. 그리고 8월 1일 미 8군 군종부의 문관으로 부산에 도착해 종군하면서 목회 활동을 시작하였다.[72] 이것이 6·25전쟁의 첫 종교 활동이라 할 수 있다. 이어 유엔군사령부 예하의 미군 제1, 제2, 제24, 제25사단 등의 군종 참모를 소집하여 한국군의 군종제도 설립에 관해 논의하였다.

군대 창설과 함께 군종제도를 설치하는 것이 일반적인 서구와는 달리 대한민국에서 국군을 창설할 때 군종제도의 도입을 고려하지 않았다. 이는 서구와 우리의 문화적인 배경과 군대 조직의 특성, 그리고 예산 부족 때문이었다. 우선 문화적으로 우리나라가 사회 전반적으로 크리스트교 문화권에 속해 있지 않았다. 또한 우리 군대 지휘관 대부분이 일본군 출신이어서 일본군의 편제를 따랐던 점도 있었다. 군국주의시대 일본군에는 군종제도가 없었으므로 그들은 군종 업무를 생각하지 못했다. 그리고 예산상의 난점으로는 창설기 국군의 지휘관들 중 일부가 군종제도의 필요성에 대해 인식하였다 하더라도 창군 초기의 인적, 물적 자원이 부족했기 때문에 군종제도 실시가 필요불가결한 요소가 아니었기 때문에 군종제도를 두지 않았다.[73]

---

72) 『경향잡지』, 1973년 10월호, 22쪽.
73) 천주교군종교구 육사교회, 『씨앗이열매로』, 성모출판사 1990, 49쪽; 원재홍, 『군

군종의 필요성을 인정하게 된 것은 6·25전쟁이 발발한 이후였다. 1950년 8월 중순 범일동성당에서 피난생활을 하고 있던 김동헌(金東漢), 허창덕(許昌德) 외 10여 명의 신부들은 젊은 신부들과 신학생, 청년신자 3천 명을 규합하여 1개 연대 규모의 '가톨릭청년결사대'의 조직 계획을 추진하였다. 낙동강 전선에서 공산군과 대치하고 있고, 대구와 부산도 언제 점령당할지 모르는 긴박한 상황에서 가만히 있을 수만은 없다고 판단하였다.[74]

여러 가지 검토 결과 군종을 설치하기로 결정하고 1951년 4월 14일, 군승과(軍僧科)라는 명칭이 군목과로 개칭되었다. 대구에서 소집된 군승과 개칭 회의에는 장로교·감리교·성결교 등 개신교 측에서 30여 명의 목사, 천주교 측에서 1명의 신부가 참석하였다. 목사들은 군목과(軍牧課)로, 조인원 신부는 군종과(軍宗課)로의 개칭을 주장하였다. 천주교 측에서는 군목이라 하면 군대 목사를 암시하는데 군대에는 목사만 있는 것이 아니고 상당수의 신부들이 있으며 타종교에서도 군종으로 입대할 수 있으니 군종과로 해야 한다고 주장하였으나 명칭은 군목과로 결정되었다.[75]

1951년 6월 7일 박창번(朴昌蕃), 송창설(宋昌設), 이원동(李垣東), 오봉운(吳烽雲) 등 4명의 목사가 제1기 특과 사관후보생으로 해병학교에 입교하여 1개월간 훈련을 받고 임관하였다. 천주교측에서는 1951년 8월 10일 김동한(金東漢) 신부가 해군의 첫 군종 신부로 인광식(印光植), 박창선(朴昌善) 목사와 함께 진해 해군사관학교에서 3개월의 교육을 받고 11월 10일 중위로 임관하여 진해 해군통제부사령부의 군종 과장으로 부임하였다.[76]

종활동의 현황과 발전 방향」, 가톨릭신앙생활연구소, 1997, 13~14쪽.
74) 윤선자, 「6·25한국전쟁과 군종활동」, 『한국기독교역사연구소소식』 제46호, 2000, 9쪽.
75) 조인원, 『한국가톨릭군종사-육군 1기 군종 신부의 회고(타자본)』, 4-2쪽.
76) 『海軍 軍宗史』 제1집, 157쪽.

이렇게 6·25전쟁에 군종제도가 시작되어 여러 활동이 전개되었는데 군종 활동의 대표적인 업무 중 하나가 포로수용소에서의 활동이었다. 우선 수용소 당국에서는 포로들의 종교 활동을 보장하고 지원한다는 방침을 세웠다. 포로수용소에서의 최초의 종교 활동은 이종오·김원상 등 기독교인 포로들의 의해 예배, 천도교인 포로의 시일식 봉행 등에서 찾을 수 있다. 이후 유엔군은 수용소에 목사와 신부 등의 군종 장교를 파견하고 천막을 설치해 예배당으로 만들어 종교 활동을 지원하였다.

부산 포로수용소에서는 커밍(Comming, Bruce A, 金雅烈), 힐(Hill, Harry J, 許一), 캠벨(A, Cambell, 甘富悅) 선교사 등이 포로들에게 전교 활동을 하였다.[77] 1951년 4월 이후 각 포로수용소에서 활동한 한국인 성직자는 평양교구 소속의 장대익(張大翼), 윤공희(尹恭熙), 지학순(池學淳), 백민관(白敏寬) 신부와 서울교구의 최석우(崔奭祐) 신부 그리고 연길교구의 김성환(金成煥) 신부 등 6명이었다. 이들 가운데 1940년대에 서품된 김성환 신부를 제외한 5명의 신부들은 1950년부터 1952년 사이에 서품된 젊은 신부들이었다. 장대익 신부가 1951년 4월, 목사 1명과 함께 최초로 거제도 포로수용소에 파견되었다.

이러한 상황은 개신교 측에서 마찬가지였다. 1950년 9월 미군 군목 신분으로 한반도에 들어온 북장로교 선교사 보켈(Voelkel, Harold, 玉鎬烈)의 역할이 컸다. 거제도 포로수용소 내의 일부 개신교신자들이 자발적인 집회를 가졌고, 그후 보켈 등 몇몇 선교사들이 한국인 교역자들과 함께 수용소에서 포교 선교를 전개하였다. 특히 보켈 목사는 앞 장에서 언급하였듯이 한국 육군 종군단(the Korean Army Chaplain Corps)를 조직해 북

---

77) 김승태, 「6·25전란기 유엔군 측의 포로정책과 기독교계의 포로 선교」, 『한국기독교와 역사』 9-2, 한국기독교교회사연구소, 2004.9, 112~121쪽.

진하는 미군을 따라 북한 지역까지 갔다가 흥남 철수 때 기독교인은 보호하는데 앞장섰으며 포로 선교에도 크게 이바지 하였다. 보켈 목사는 의약품 제공 뿐 아니라 반공 포로의 분리를 수용소 당국에 건의해 반공 포로의 아버지라 불리기도 하였다. 그리하여 1951년 5월부터 1년 동안에 900명의 세례신자와 1,973명의 학습신자를 내었으며 포로수용소와 각 교회에 등록된 신자는 15,012명을 기록하였다. 이들 대부분은 1953년 6월 18일 반공포로 석방 시 풀려났다.[78]

1950년 11월에 있었던 포로 500명을 대상으로 한 예비 교육에서 종교교육과 관련한 내용이 포함되었다. 포로들에게는 개신교의 예배와 천주교의 미사에 참여하는 종교 활동을 허용하였다. 또 포로들에게 종교에 관한 의견을 조사하니 불교 승려를 요청하는 경우는 없었고 개신교의 목사를 요청하였다.[79]

초기의 개신교와 카톨릭의 군목이나 사역자들은 누가 들어도 강한 정치적인 요소를 포함한 설교에 치중하였다. 이렇게 종교적인 측면에서까지 공공연한 반공주의적인 내용이 포로 교육에 포함되자 국제적십자사에서는 정치적인 요소를 없앨 것을 권고하였다. 포로수용소 측에서는 국제적십자사의 권유를 받아들여 종교의 편향성을 제고하도록 하였다. 그러나 미국은 포로들에 대한 정치적인 설교를 금지하지는 않았다.

이상에서 포로수용소 측에서 군종을 설치하여 포로들을 개종하려는 교육이 시도되었지만, 부산 포로수용소에서의 최초의 종교 활동은 포로들에 의해 자율적으로 이루어졌다. 개신교의 경우 앞에서 언급했던 것처럼 부산

---

78) 김흥수, 『한국전쟁과 기복신앙 확산연구』, 한국기독교역사연구소, 1999, 86~87쪽.
79) William Linsday White, *The Captives of Korea, An Unofficial White Paper on the Treatment of War Prisoners*, New York: Charles Scribner's Sons, 1957. pp. 35~36.

동래 남수용소의 이종오, 김원상 등 몇몇 기독교 포로들이 모여서 예배를 드리기 시작했다. 천도교의 경우도 부산의 수영대밭 수용소에서 최초의 종교 활동이 나타났다. 천도교의 종교활동이 시작된 계기를 김응몽은 다음과 같이 말하고 있다.

> (부산 수영대밭 수용소에서) 저마다 노래를 한 마디씩 부르는데 내 차례에 돌아오자 나는 천덕송(天德頌)[80]을 한 곡 불렀다. 그랬더니 이곳저곳에서 몇 사람이 천덕송을 따라 부른다. 그리해서 내가 있는 천막 안에서는 5, 6명의 천도교인을 찾아냈다. 그 후 서로 연락하여 수십 명의 천도교인을 알게 되었다. 그중에는 경비로 있는 사람도 있었고 중대간부로 있는 교인도 있었다. [81]

김응몽은 우연히 천도교 포로를 발견하게 되었다는 증언이다. 하루는 일과가 끝나고 밤중에 불도 켜지 못한 상태에서 포로들이 서로 돌아가며 장기자랑을 하며 무료함을 달랬는데 김응몽은 자기 순서가 돌아오자 천도교 노래인 천덕송을 불렀다. 그런데 같은 막사의 몇몇 포로가 자신이 부르는 천덕송을 따라 부르는 것을 보고 천도교 포로가 있음을 알게 되었다. 그는 이들 천도교 포로를 규합하여 수용소에서 천도교 활동을 시작하였다.

이성운은 부산 포로수용소에서의 천도교 활동에 대해 "그 다음에 여기 저기서 왔다 갔다 하며 알아봤더니 바로 모잘 썼는데 궁을 마크를 새겨서 쓴 사람들이 있어 …… 궁을 마크를 단 사람들이 있더라구. 그래 그 사람들을 접촉을 했지요, 그 사람들을 보고"라고 증언하였다. 그가 처음 만난 천도교 포로는 자신의 모자에 천도교를 상징하는 궁을(弓乙) 배지를 새긴 포로였다. 그는 궁을(弓乙) 표식을 한 포로와 함께 수용소 내에서 7, 8명의

---

80) 천도교의 송가(頌歌).
81) 석농, 「삼변기(5)」, 『신인간』 통권 제274호, 1970.4, 132쪽.

천도교 포로를 더 찾았다. 그는 이렇게 모인 천도교 포로들과 수용소 내에서 소규모로 간단한 천도교 의식을 갖는 한편 수용소 내에서의 정보도 교환하면서 천도교 활동을 시작하였다.[82]

부산에서의 천도교 포로들은 자신들의 모습을 드러내지 않은 채 수용소 생활만 이어갈 뿐이었다. 그리고 이념 갈등이 나타나지 않은 수용소의 분위기에서 체제 저항적이었던 자신의 색채를 드러낼 필요도 없었다.[83]

2) 거제도 포로수용소 시기

부산에서 거제도로 이동한 이후에도 기독교 선교 활동은 본격화되었다. 이 기독교 선교에 중심적인 역할을 한 인물이 보켈이었다. 보켈은 1951년도에 들어와서 강신정, 임재수, 박지서, 남기동, 강응무 목사 등과 함께 포로수용소 각 동을 순회하며 선교 활동을 벌였다. 그 결과 1951년 10월 세계성찬주일에는 포로 중 성찬 참여자가 2,000명, 세례받는 자가 237명이 나왔고 이듬해인 1952년에는 성찬참가자가 3,000명, 세례받는 자가 614명이 나왔으며 한 수용동에서는 573명의 학습문답자가 나타났다. 그리고 1951년의 성탄절에는 20개 수용동 거의 모든 동에서 크리스마스 장식을 하고 성탄절을 기념하였다. 이때 포로들이 보켈에게 짚신과 밀가루 풀대로 만든 두루마기를 포함한 한복 한 벌을 선물하여 그에 대한 감사를 표현하기도 하였다.[84]

군종 목사들은 포로수용소에서 포로들을 위한 성경학당을 개최하기도 하였다. 1951년 5월 제81포로수용소에서 만들어진 성경학당에는 400명의 신청자 중 38명이 등록하였다. 이러한 성경학당은 15개의 단위 수용소

---

82) 성강현, 「6·25전쟁 시기 천도교인 포로의 전향과 종교활동에 관한 연구」, 동의대학교 대학원 박사학위논문, 2015, 28쪽.
83) 위의 논문, 30쪽.
84) 김승태, 앞의 논문, 2004.9, 53쪽.

에서 만들어져 3,883명의 포로가 등록해 단권 성서, 한글, 영어, 음악, 예수전, 산상수훈, 교회사, 웨스트민스터 요리문답 등의 과목을 들었다. 민간인 목사들이 성경학당을 지원하기도 하였고 포로들은 3개월간 1년을 4학기로 수강했고 이들 중 642명이 석방되면 신학을 공부하겠다고 약속했다.[85] 이외에 성경통신과도 개설되었는데 이는 보켈일 장인인 스왈른(W. L, Swallen)선교사가 개발한 것이었다. 이 성경통신과는 한때 스왈른의 비서였던 김건호 목사가 담당하였다.[86]

거제도 포로수용소의 기독교 활동으로 73, 82, 83수용소에 기독교인 포로들의 요청으로 천막 교회가 세워졌으며 포로들이 성가대나 청년회를 구성해 활동하였다. 일부 포로는 포로 교회의 전도사 역할을 하였다. 교회는 좌익포로들로부터 우익포로들을 보호해주는 역할을 하였기 때문에 우익포로들의 비밀 모임의 장소였다. 우익포로들은 교회에 모여 '대한반공청년단'에 입단도 하고, 이승만 대통령에게 군대로 보내 북한군을 처단하겠다는 혈서를 보내기도 하였다. 미국의 선교사들은 수시로 포로수용소를 찾아 우익포로들의 보호자 역할을 하였고 포로들의 건의를 수용소 측에 전달해 수용소를 우익화하는데 큰 역할을 하였다.

미국성서공회에서 포로의 기독교 선교를 위해 많은 지원을 하였다. 585권의 성경전서, 5,874권의 신약성서, 10,000권의 포켓용 신약성서, 6,201권의 복음서, 181,522권의 단권 성서 등의 성서과 복음서 등을 보냈다. 이러한 활동들이 보켈 등의 노력으로 이루어졌다.[87]

---

85) Rhodes Harry A, and Archibald Cambell, ed., *History of the Korean Mission Presbyterian Church in the U.S.A., Volume Ⅱ*. Seoul: the Presbyterian Church of Korea Department of Education, 1984, p. 198.
86) 김승태, 앞의 논문, 2004.9, 54쪽.
87) Rhodes Harry A, and Archibald Cambell, ed., op. cit., p. 199.

거제도 포로수용소 시기에는 각 수용소마다 천막 교회를 세워 놓고 목사들이나 신부들을 들여보내 포교 활동을 함과 동시에 공산주의 사상의 모순성을 포로들에게 심어주려고 노력하였다. 목사와 신부들은 포로들의 전향 공작에 한 몫을 하였다. 이에 대해 거제도 포로수용소의 군종 신부였던 장대익은,

> 포로들에게 기독교의 교리도 가르치지만 반공 교육도 시켰다. 그리하여 반공 포로들은 우리들을 환영하지만, 친공 포로들에게는 적개심의 대상이 되었다. 그리하여 내가 친공 수용소에 나타나면 '까마귀 새끼'가 나타났다고 조롱했고 어떤 때는 돌을 던질 때도 있었다.[88]

라고 하여 기독교와 천주교가 종교적인 목적 이외에 포로들의 전향을 위해 활용되었음을 알 수 있다. 반공 포로와 친공 포로의 분리에는 기독교 군종들이 포로들과 대화하면서 수집한 자료를 포로수용소 측에 건의하여 분리분산 작전이 시행되는데 도움이 되었다.

보켈과 같이 활동했던 강신정 목사는 거제도 포로수용소에서의 기독교 종교 활동에 대해 다음과 같이 말하고 있다.

> 1951년 5월부터 1952년 4월까지 3차에 걸쳐 학습, 세례식 및 성찬식을 가졌는데 총 학습받은 자는 1973명(지원자 2,402명), 세례받은 자 900명(지원자는 1,271명)에 이르렀고, 성찬에 참여한 자는 4,527명에 이르렀다. 신도수도 크게 증가하여 1951년 5월에는 4,633명이었던 교인 수가 1년 후인 1952년 4월에는 15,012명으로 늘었는데[89]

88) 김태일, 『거제도 포로수용소 비사』, 북산책, 2011, 90쪽.
89) 강신정, 「한국의 포로선교」, 『기독교대백과사전』 15, 기독교문사, 1985, 898쪽.

위의 인용문처럼 포로들 가운데 기독교를 신앙하고자 하는 인원이 1년 사이 3배 이상 증가하였다. 이는 포로들에 대한 유엔군 측의 지원이 활발했고 또한 군종 목사를 포함한 기독교 목사들의 활동이 많았기 때문으로 분석된다.

1950년 10월 국내로 들어와 부산 포로수용소에서 활동했던 남장로교의 텔미지(John. E. Talmage, 타요한)와 커밍(Bruce A. Comming, 김아열) 군목은 포로들이 거제도로 이송되었는데 이들과 함께 기독교 활동을 했던 포로들은 73수용소에 수용되었다. 텔미지와 박기서 등도 거제도로 이동하여 선교활동을 전개하였다. 이들은 수용소 마다 교회 직원을 파견해 교회를 건설해 기독교의 선교에 나섰다. 수용소에 파견된 교회 직원들을 정리하면 다음과 같다.

> 73수용소 : 이종오, 김원상, 한성열 / 74수용소 : 김순종, 김연길, 김경세 / 76수용소 : 장정현, 장순현 / 77수용소 : 박영춘, 경창현 / 78수용소 : 이보석, 유양수 / 81수용소: 박규흠, 최정흠, 주운관 / 82수용소 : 이가형, 이세환, 이창선 / 83수용소 : 윤연희, 문원성, 오석희[90]

군목들이 포로수용소에서 적극적으로 활동하면서 포로들의 기독교로의 개종을 이끌었고 아울러 반공 활동도 활발하게 전개하였다.

이어서 거제도 포로수용소에서의 천도교의 활동을 정리하면 다음과 같다. 천도교 활동이 본격적으로 나타나기 시작한 것은 수용소의 정비가 이루어진 이후였다.

---

90) 위의 글, 898쪽.

근데 내가 들어가가지구 심문하는 사람하고 얘기를 하다가 천도교라고 그랬더니 그 뒤에 앉았던 사람이 "야 너 천도교야?"그래요. "예 천도교입니다.", " 너 일루 나와 봐" 그래서 그 앞으로 갔어요, 그게 그 감찰대 부대장이에요. 이동찬 씨라고 그분이 그 후에도 나하구 막역한 관계에 있었는데 그분이 "너 천도교 했어?" 그래요, "예, 천도교 했습니다." "1세 교조가 누구야?" "아 수운대신사입니다." "2세 교조는?" "해월신사입니다." "어 요 새끼 진짜 하나 왔네" 그러는 거예요. "하하하, 너 일루 나와 봐" 그리고 나서 감찰대 쇼리루 들어간 거예요.[91]

위의 인용문은 이창번이 포로수용소 내에서 천도교 포로를 만났던 기억이다. 그는 91수용소에서 천도교 활동을 시작하였는데 그 계기는 포로 심사 과정에서 포로 감찰대 부대장을 하던 천도교 포로 이동찬을 만나면서였다. 이창번은 포로 심사 과정에서 포로 심사를 담당하는 감찰대원들에게 고향, 나이, 계급, 정당 등에 대한 질문을 받았다. 이창번은 소속 정당을 천도교청우당이라고 하자 감찰대의 부대장인 이동찬이 그를 따로 불러 심층적인 심문을 하였다. 당시 포로 심사를 하는 감찰대는 포로로 구성되어 있는데 감찰대가 친공이냐 반공이냐에 따라 포로들의 진로가 결정되다시피 하였다. 따라서 포로들은 감찰대의 구성을 미리 알고 거짓으로 심사를 받는 경우가 있었기 때문에 심층 신문을 하는 경우가 있었다. 감찰대원들은 이런 과정을 거쳐 포로의 성분을 파악했다.

이창번은 집중 심문을 통해 천도교인임이 확인되자 감찰대 부대장인 이동찬은 그를 바로 감찰대대원으로 편입시켰다. 그는 91수용소의 감찰대 2대대에 배속된 후 2대대의 대대원이 전부 천도교 포로로 형성되었음을 알게 되었다. 그리고 그곳에서 천도교 활동을 시작하였다.

---

91) 이창번, 「북한 출신 천도교 반공포로의 포로생활」, 국사편찬위원회, 2014, 41쪽.

그래서 거기[감찰대] 있으면서 근데 그게 감찰대 있다가 보니깐 2대대가 우리 91연대 그저 91수용소에 2대대가 전부 천도교인들이 고저 그 경비대 경비 2대대 경비대가 전부 천도교인들로 돼있는 거예요.[92]

위의 글은 91수용소에서의 천도교 활동에 관한 이창번의 증언이다. 그가 소속된 91수용소 감찰대 2대대는 매주 일요일 시일식(侍日式)을 경비실에 모여 거행하였다. 시일식에 참석한 인원은 30명 정도였다. 감찰대의 천도교 포로들은 당시 이를 미군에게 알리지 않고 음성적으로 했다. 이렇게 거제도에서는 천도교 포로들로 구성되어 있는 일부에서 천도교 포로들이 미군에게 알리지 않고 자체적으로 활동하였다. 당시 기독교 포로들은 수용소의 지원 아래 활발히 움직였지만 천도교 포로들은 자신들의 존재를 드러내는데 주저하였다. 그 이유는 자신들의 천도교 활동이 포로 생활에 득보다 실이 많다고 판단했기 때문이었다.

천도교 포로의 활동이 가장 두드러진 곳은 85포로수용소였다. 85포로수용소는 포로 연대장이었던 오이홍을 비롯해 대변인 전덕범 등 포로의 지도부가 천도교인으로 구성되어 있었다. 이들은 혈서를 통한 송환반대운동을 벌였는데 이로 인해 오이홍을 비롯한 천도교포로 15명이 1951년 9월 17일 저녁 9시에 친공 포로들에 의해 학살되었다. 미군의 사건 조사서에는 85포로수용소에서의 9·17폭동에 대해 다음과 같이 적고 있다.

> 1951년 9월 17일 저녁, 21시에서 22시경, 연합국 1포로수용소 8구역, 군사우체국 59, 85수용소에서 희생자들은 강압적으로 동료 포로들에 의해 그들의 막사에서 붙잡혀 85수용소의 3대대 구역과 강당 사이에서 인민재판을 열었다. 희생자들은 각각 한명씩 "의장" 또는 주모자에 의해 반공 활동

92) 위의 글, 41쪽.

으로 고발되었고 사형 판결이 내려졌다. 그리고 막사 기둥, 몽둥이, 돌멩이, 주먹으로 때려 죽였다. 살인자들의 활동으로 15명의 희생자를 매장하는 것은 부분적으로 성공했다. 적어도 1명의 희생자는 산 채로 매장되었다. 시신들은 운동장 왼쪽에 놓여있었고 다음날 구타 현장 가까이에서 발견되었다. 모두의 사망 원인은 뭉툭한 기구를 이용해 희생자의 머리 가격에 의해 만들어진 복합 골절이었다. 모든 희생자는 1951년 9월 18일, 64야전병원에 도착하자마자 사망했다.[93]

9·17폭동에 대한 진실은 9·17폭동 사건의 학살자 명단에 올랐다가 극적으로 살아난 전덕범은 당시의 상황을 천도교 기관지를 통해 밝혔다.[94] 이렇게 천도교 포로가 학살되었다는 것은 포로수용소에서의 천도교인 포로의 숫자가 많았음을 알 수 있다.

요컨대 천도교 포로들은 거제도 포로수용소 시기 본격적인 종교 활동을 시작하였다. 특히 91수용소와 85수용소에서 천도교 활동이 활발히 전개되었다. 천도교 포로 활동은 외부의 지원에 의해 이루어진 것이 아니라 포로들에 의해 자발적으로 이루어졌다는데 특징이 있다.

3) 분산 수용소 시기

분산기에는 대구, 부산, 부평, 논산, 광주, 영천, 마산 등 여러 지역에 유엔군 관할 포로수용소가 있었다. 이들 수용소의 포로들은 북한에서 공산군에 의해 강제로 전쟁에 끌려 왔다가 수용된 소위 '반공 포로'들이 라고 주장하면서 포로의 신분을 해제해줄 것을 요구하였다. 그런데 유엔군 측에

---

93) RG 153, Records of the Office of the Judge Advocate General (Army) 1792–2010, Far East Command, Criminal Investigation Report, "1951. 9.17. 거제 포로수용소 포로간 집단 곤봉 구타 살인 사건", 1 April 1952, Entry No. 308, Box 4, 129/134. 영어로 된 진술서를 한글로 번역해 실었다.
94) 전덕범 외, 「포로수용소에서 봉행한 시일식」, 『신인간』 통권 제460호, 1988.6, 45쪽.

서는 반공 포로들도 전쟁 포로라며 포로수용소에 수용함으로써 문제를 발생시켰다. 분산기에도 종교 활동은 활발하게 이뤄졌다.

먼저 천주교의 활동을 살펴보면 다음과 같다. 포로수용소에서는 메리놀외방전교회 소속의 미국인 신부들과 새로이 사제로 서품된 젊은 한국인 신부들이 활동하였다. 메리놀외방전교회원으로 유엔군에 종군한 클리어리(Patrick Cleary) 신부를 비롯하여 크레이그(Hugh Craig) 신부는 거제도와 부산의 포로수용소에서 활동하였다. 페티프렌(Rag Petipren) 신부는 거제도, 부산, 광주, 논산 등의 수용소를 순회하면서 활동하였다. 그리고 파디(James V. Pardy) 신부는 거제도와 마산 포로수용소에서 종교 활동을 전개하였다.

1952년 4월 중국군 포로들이 제주읍과 모슬포에 수용되었다. 제주읍의 공항에는 친공 포로들이 수용되었고, 모슬포읍의 공항과 해변에는 일반포로들이 수용되었다. 그러자 중국에서 오랫동안 선교하였던 셜리반(O'Sillivan, 蘇) 신부가 중국군 포로수용소의 선교를 담당하기 위해서 입국하였다. 셜리반 신부의 포로수용소 미사를 돕기 위해 안달원 신부가 지원을 나갔다. [95] 1952년 6월 27일 셜리반 신부의 복사인 李 요셉의 통역으로 9명의 포로가 영세를 하였다. 노기남 주교, 캐롤 몬시놀 주한교황사절 푸르스텐베르크(Max de Frstenberg) 대주교도 포로수용소를 자주 방문하여 신자 포로들에게 견진성사를 주었다. 또한 미 천주교 군종 총책임자이며 뉴욕대교구장인 스펠만(Francis Spellman) 주교도 미군을 위문하기 위해 내한하면 포로수용소를 방문하곤 하였다. [96]

---

95) 안달원, 『회귀선(回歸線)』, 116쪽.
96) 천주교 군종교구 육사교회, 『씨앗이열매로』, 1990, 54~55쪽.

분산기 기독교의 포로 활동은 거제도에서 포로들의 전담하던 목사들에 의해 계속적으로 이루어졌다. 보켈은 강신정과 함께 마산 수용소에서 선교 활동을 전개하다 박기서 목사에게 맡겼다. 부산 수용소는 디켐프 선교사가, 광주수용소와 논산수용소는 커밍 선교사가 맡았다. 포로였던 임한상 목사도 논산수용소에서 선교 활동을 담당하였다.

분산기의 포로수용소 중 영천에 12곳, 마산에 8곳, 부산에 4곳, 논산에 24곳, 광주에 22곳 등 70여 수용소에 교회가 설립되었고 교인 수는 16,937명에 달했다. 포로들은 자발적으로 선교 활동에 참여하는 한편 혈서를 써서 송환반대를 강력히 주장하였다. 광주와 논산의 포로수용소에서 선교활동을 했던 커밍 군목은 두 포로수용소에서 기독교 신앙을 가진 포로들이 3,300명이라고 하였다. 이들 가운데 원래 기독교 신자는 900명, 포로수용소에서 기독교 신앙을 가진 포로가 2,400명이나 된다고 하였다.[97]

분산기 천도교의 종교 활동을 더욱 활발해졌다. 먼저 부산의 거제리 병원수용소에서는 최향락과 한문언, 김문제를 중심으로 천도교 활동이 이루어졌다. 병을 치료하기 위한 포로들 가운데도 천도교인이 많았던 것은 그만큼 천도교 포로가 많았음을 의미한다. 거제리 병원수용소에서의 천도교 활동은 평안남도 양덕 출신 최향락을 시작으로 이루어졌다. 최향락 등 3명이 병동을 돌아다니며 7명의 천도교인을 찾은 것이 천도교 활동의 시작이었다. 그리고 광주수용소에서 넘어온 한문언과 김문제 등 천도교의 지도자급 포로들이 병원으로 이송되고 난 이후부터 활동이 활발해졌다.

거제리 병원수용소에서는 한문언의 활동이 두드러지는데, 당시 병원수용소의 두 개 대대에 천도교종리원이 설립되었는데, 여기서 한문언은 청우당 군당 선전부장 출신으로 달변가여서 좌중을 휘어잡을 수 있는 역량이 있었다고 한다. 특히 1952년 3·1절을 맞아 한문언은 밤중에 불이 꺼진 병실을 순회하면서 3·1독립만세운동을 주도한 천도교 제3세 교조 의암 손병희과 독립만세운동에 대해 설명하였다. 그 결과 천도교에 입교한 포로가 늘어 이후 병원 수용소의 A, B 두 개 대대에 천도교종리원이 설립되었고 이 소식이 서울의 천도교중앙총부에까지 알려져 오익제가 면회를 오기도 했다.

당시 병원 수용소에는 외부의 의사와 간호사들이 포로들의 치료를 위해 출퇴근을 했는데 천도교 포로들은 이들을 통해 천도교중앙총부에 종리원 설립을 알렸고 오익제가 부산의 병원수용소까지 내려와 이들에게 천도

---

97) Brown, George Thompson, *Mission to Korea*, *Board of World Missions*, Presbyterian Church U. S.,1962, p. 199.

교 경전과 관련 책자를 전달해 천도교 활동을 지원하였다. 병원 수용소에서의 천도교 활동은 마땅한 공간이 없어서 기독교의 예배당을 사용하였다. 기독교 예배당에서 일요일 오전 집회를 마치면 오후에 천도교 포로들이 그곳에 모여 시일식을 봉행했다. 당시 40여 명의 천도교 포로들이 모여 시일식을 집행하였다.[98]

당시 거제리 병원포로수용소에서의 천도교 포로가 결속하는 모습에 대해 이재순은 다음과 같이 증언하고 있다.

> 면회실은 한참동안 수라장이 되더니 별안간 실내는 조용해진다. 그것은 서로 손에 손을 잡고 아무 말 없이 눈물에 첫 인사가 오고가는 장면으로 침묵이 계속되는 까닭이다. 나 역시 북한에서 공산역도들과 생명을 내걸고 투쟁하던 동지 라인웅군과 서로 손을 잡게 되었다. …… 그중에는 성천 이병숙 형제, 양덕에 최성락, 맹산 김용선, 강계 김덕현, 덕천 한문언, 용강 이동창, 정주 탁무열 동덕 등 10수 명이 모였는데 모두 눈자위가 젖어있었다.[99]

평안남도 성천 출신 이재순은 1952년 11월 30일 부산의 거제리 병원수용소를 찾아 동향 출신인 라인웅을 위시한 10여 명의 천도교 포로를 면회하였는데, 이때 『동경대전』과 월간지 『신인간』, 『천도교창건사』 등의 천도교 관련 책자를 수용소 종리원장인 김취선에게 전달하였다.

평안남도 맹산 출신의 김취선은 거제리 병원 수용소에서 종리원장을 맡고 있었다. 당시 김취선과 함께 천도교 활동을 주도했던 포로들은 성천군 치안대장으로 활동하던 라인웅과 같은 지역 출신이었던 이병숙 형제, 양덕 출신 최성락, 맹산 출신 김용선, 강동 출신 김덕현, 덕천 출신 한문언, 용강 출신 이동창, 정주 출신 탁무열 등이었다.

---

98) 길두만, 「북한 출신 천도교 반공포로의 포로생활」, 국사편찬위원회, 2014, 35쪽.
99) 이재순, 「거제리 포로수용소 방문기」, 『신인간』 통권 제196호, 1953.1, 17~18쪽.

이재순은 거제리에서 천도교 포로를 면담하기 앞서 수용소의 경비대장인 육군 소령 이병욱을 만났는데 그는 평안북도 출신으로 천도교 교인이었다.[100] 그는 수용소 경비대장으로 천도교 포로에 대한 호의를 보였다. 당시 이재순은 부산의 가야 수용소와 논산수용소에도 면회를 신청했지만 두 수용소에서는 면회를 엄금하고 있어 천도교 포로를 만나지 못했다.

이처럼 당시 거제리 병원수용소에서는 처음 천도교 포로가 7명에 불과했지만 한문언, 김문제 등 지도급 인사들이 수용되면서 천도교 활동이 활발히 전개되었다. 특히 한문언은 포로들에게 천도교와 민족정신을 고양시켰는데 이것은 병원의 포로들이 천도교로 입교하게 되는 계기가 되었다. 천도교 입교자가 늘어난 병원 수용소에서는 두 개의 종리원이 설립되어 천도교 활동을 전개하였다. 김취선은 그 중 한 곳의 종리원장으로 활동하였는데 이는 이재순의 기사를 통해 확인할 수 있었다. 수용소의 포로들은 이재순을 통해 경전과 천도교 관련 도서를 공급받았다.

다음으로 가야 수용소의 천도교 활동은 반공 활동을 중심으로 이뤄졌다. 가야 수용소는 개금동 가야산 밑 비탈진 곳에 500명 단위의 8개 대대로 구성되어 있었다. 이곳에 수용된 포로는 거제도 포로수용소의 96수용소와 83수용소에서 분리된 송환 거부 포로들이 주류를 이루었다.[101] 96수용소에는 정주 출신의 천도교인들이 주축이 되어 많은 천도교 포로들이 많이 있었다. 83수용소는 대한반공청년단 본부가 조직된 곳으로 반공 활동의 중추적 역할을 했던 곳이다. 이 두 곳의 포로가 부산의 가야 수용소로 옮겨와서 가야 수용소의 천도교 포로가 많아졌다.

이성운, 임운길, 이창번 등 3명의 천도교인은 가야 포로수용소로 이송

---

100) 위의 글, 17쪽.
101) 이성운, 「북한 출신 천도교 반공포로의 포로생활」, 국사편찬위원회, 2014, 33쪽.

되었다. 이들은 부산 수용소 내에서 천도교 활동을 하였다. 아래의 인용문은 이창번의 가야 포로수용소의 천도교 활동에 대한 증언이다.

> 그때 처음에는 철조망을 그리 높이 치지 않고 낮춰서 구분만 해논 거예요 뭐
> 그 반공 포로들이니깐 걔들도 그렇게 감시 겉은 거 안하고 마주 쳐 놓고서 이
> 제 뭐인가 했는데 B 캄파운드가 그 천도교인들만 B 캄파운드로 모였어요.
> …… 예예 거기들 모였는데 그건 완전히 천도교인들만 모였어요. B 캄파운
> 드는 천도교인들만 그니깐 밤에 철조망 타고 넘어서 글로 가는 거예요.[102]

위는 분산기 초기 가야 포로수용소의 천도교 활동에 관한 증언이다. 당시 수용소의 철조망이 1m 정도 높이밖에 되지 않아 뛰어넘으면 다른 대대로 갈 수 있었는데 천도교 포로들은 철조망을 뛰어넘어 B대대에서 시일식을 봉행하며 천도교 활동을 하였다. 그러나 대대별로 2중 철조망이 설치된 이후로 이곳에서는 각 대대별로 시일식을 봉행할 수밖에 없었다. 대대의 특정한 막사에 교당을 설립하고 일요일이며 막사 밖에 궁을기를 게양하였다. 임운길과 이성운은 B대대의 대부분이 천도교인이었다고 증언하였다.

시일식은 대대 단위로 이루어졌다. 프린트본 경전 등 수용소 내에서 제작한 경전을 사용하였다. 교리 설명는 백세명의 『천도교경전해의』를 활용하였다.[103] 당시 부산 가야 수용소의 각 대대에 분산되었던 지도급 포로는 단천 출신 강응인, 박천 출신 임운길, 순천 출신 김월해, 성천 출신 이창번, 정주 출신 전덕범·정승도·임석지, 덕천 출신 손성룡, 수안 출신 이성운, 의주 출신 김광호, 함북 출신 김사빈 등이었다. 이외에도 많은 천도교 포로가 있었으나 반공 포로 석방 당시 명단과 자료를 분실하여 상세한 활

---

102) 이창번, 「북한 출신 천도교 반공포로의 포로생활」, 국사편찬위원회, 2014, 44쪽.
103) 이성운, 앞의 글, 2014, 33쪽.

동 상황을 알 수 없다.[104]

전체적으로 가야 수용소에서는 거제도의 96수용소와 83수용소 출신들이 많았다. 초창기 철조망이 낮았을 때는 일요일마다 철조망을 넘어 B대대에서 시일식을 보았지만 경비가 강화된 후에는 각 대대별로 시일식을 보았다. 부산의 가야 수용소는 부산교당과 연락을 주고 받아 천도교 책자 등을 공급받았고 포로들은 교당에 성미를 내기도 하였다. 가야 수용소의 B대대에 대한반공청년단본부가 구성되어 있었는데 이성운을 비롯한 천도교 포로들은 이 조직에 가담해 반공활동을 전개하였다.

논산 포로수용소에는 천도교대대가 만들어져 천도교 활동이 더욱 활발하게 진행되었다. 논산수용소에는 1, 2, 3수용소가 편성되어 각 수용소마다 500명 단위로 대대 조직이 이루어졌다. 이 가운데 3수용소의 7대대와 8대대가 대부분 천도교 포로가 집결하여 조직되었다. 논산 포로수용소의 천도교 활동에 대한 증언이다.

> 논산 처음에 왔을 때 1수용소에 있다가 거기서 이제 3수용소로, 그때는 이제 500명 단위로 하는데 …… 500명 중에 결국은 천도교인이 한 7대대는 천도교인이고 몽땅 …… 500명이 다 천도교인이었고, 그 다음엔 다 반반이야 즉 8대대는 반반 있었는데 원장이 내가 하튼 거기 가서 할 테니 그래서 원장이 됐고 그렇게 맨든 거야[105]

위의 글에서 오용삼은 논산의 3수용소에서는 처음부터 포로의 단위 부대를 구성할 때 천도교 포로들은 수용소 측에 요구해 천도교 포로들로만 구성된 대대를 만들었다고 증언하였다. 당시 포로들은 천도교뿐만 아니

---

104) 위의 글, 35~36쪽.
105) 오용삼, 「북한 출신 천도교 반공포로의 포로생활」, 국사편찬위원회, 2014, 37쪽.

라 다른 종교도 대대별로 분류하여 포로들이 원하면 보냈다고 하였다. 논산 포로수용소에 수용되었던 포로들은 논산의 3수용소에서 천도교 포로들은 7대대와 8대대, 기독교 포로들은 3대대와 4대대, 천주교 포로들은 5대대 그리고 나머지 대대는 종교와 관계없이 일반 포로들로 구성되었다고 기억하고 있었다. 7, 8대대가 천도교 대대라고 해서 천도교 포로가 7대대와 8대대에만 있었던 것은 아니었다. 포로들의 대대 선택은 종교뿐만 아니라 교우관계, 혈연, 지연, 학연 등 다양한 요소가 반영되었기 때문이었다.

> 그 이자 처음에 논산 가가지고 거기에서는 이제 천막을 하나 배정 받아가지고 교회를 활동을 했거든 처음에. 그 활동을 했는데 거기에는 뭐 참 일요일이면 시일식 하느라 가서 그래도 한 4~50명씩 모여서 시일 보고 그랬던 거 같고. 뭐 많을 때는 한 100명도 됐던 거 같고[106]

위의 증언은 논산 포로수용소 3수용소 광장에 천도교 천막이 있어 이곳에서 천도교 포로들이 일요일 모여 시일식을 봉행했는데 성기남은 시일식 참가 인원은 50~100명 정도로 기억하고 있다. 당시 천도교 포로들이 수용소 내의 물건을 이용하여 천도교를 상징하는 궁을기를 제작해 천도교 천막 앞에 게양하였다는 내용이다. 수용소 측에서 천도교 활동을 위한 천막을 하나 제공하였고 천도교 포로들은 일요일 시일식과 함께 담소를 나누기도 하고 천도교를 알릴 수 있는 궁을기를 제작하는 등의 활동을 하였다.

〈그림 3-8〉는 성기남이 그린 논산 3수용소 약도이다. 이 그림에 따르면 2중 철망이 쳐진 수용소 내에는 다시 대대별로 2중으로 철망이 쳐져있었다. 그에 따르면 여단 본부 앞에는 의무대와 함께 천도교, 기독교, 천주교 천막이 각 하나씩 설치되어 포로들은 자신의 종교에 해당하는 천막을 찾아

---

106) 성기남, 「북한 출신 천도교 반공포로의 포로생활」, 국사편찬위원회, 2014, 34쪽.

신앙생활도 할 수 있었다. 천도교 포로들은 오전에 천도교 천막에 나와 시일식을 보고 오후에는 대화를 하며 포로 생활의 어려움을 이겨나갔다.

<그림 3-10> 논산 포로수용소 3수용소 약도[107]

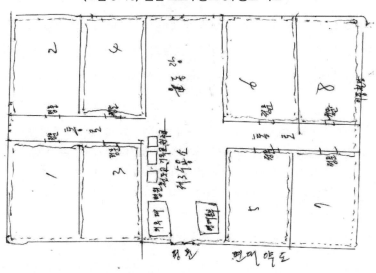

※출처: 성기남의 그림으로 중앙 연대본부 앞에 의무대와 각 천도교, 기독교, 천주교의 천막이 있다.

천도교대대라 불린 7대대와 8대대는 7대대장인 유래운과 8대대장인 허신관이 모두 천도교 포로였다. 이들을 중심으로 대대의 간부를 전부 천도교 포로로 조직하여 수용소 생활의 질서를 전담하게 하였다. 이런 분위기 속에서 천도교 포로는 자유롭게 천도교 활동을 할 수 있었다. 논산의 천도교 포로들은 거제도수용소에서 분리 심사 이후 1952년 4월 5일의 천일기념일을 봉행한 여세를 몰아 천도교인끼리 군집을 이루어 대대를 조직하고 천도교대대라 불렀는데 천도교대대의 유래가 여기에서 시작되었다. 이 조

107) 성강현, 「6·25전쟁 시기 북한 출신 반공 포로의 천도교 생활—두 사례자의 구술을 통하여—」, 동의대학교 대학원 석사학위논문, 2011, 46쪽.

직이 그대로 논산으로 옮겨와 3수용소의 7대대와 8대대를 결성하였다.

3수용소의 종리원장은 용천 출신 정용기가 맡았고 부위원장에는 은율 출신의 주제명이 맡았다. 그 밑으로 성도부장에는 강동 출신 김봉초, 경도부장에는 영변 출신 김형신, 법도부장에는 연백 출신 유래운, 서기는 수안 출신 소지우가 맡았고 연락은 노철우가 담당하였다. 이외에 황주 출신 현창만과 순천 출신 강기섭 등이 활동하였다.

2수용소는 천도교 명부를 작성하여 총부에 보내는 등 활발하게 활동하였다. 천도교 활동이 가장 활발하게 이루어진 곳은 3수용소였다. 이곳의 7대대와 8대대는 천도교 포로들이 대부분이었다. 포로들은 이 두 대대를 천도교 대대라고 불렀으며 정용기와 주제명을 중심으로 활발한 활동을 하였다. 이렇듯 논산수용소에는 2수용소와 3수용소에 천도교 포로들이 많았다.

광주 포로수용소 역시 천도교 활동이 활발하게 전개되었다. 광주는 3개 수용소로 나누어져 있었는데 제1, 2수용소는 광주비행장 안에 있었다. 이곳에서 3㎞ 떨어진 곳에 있었던 사월산 후면에 신설 수용소가 건설되었는데 이곳이 바로 3수용소였다.[108] 1수용소에도 소수의 천도교인이 있었지만 여단장이 기독교인인 홍익찬인 관계로 천도교 포로들이 모여 활발하게 신앙 활동을 하기에는 적합하지 않았다. 그런 연유로 3수용소에는 다른 수용소에 있던 교인들이 많이 옮겨와 500명 단위의 8개 대대에 분산되었다. 그중 사월산 부대라 불리는 1대대는 100여 명의 천도교인들이 함께 생활했다. 따라서 대대장과 여러 간부진들이 천도교인으로 구성되었고 이곳에 여단 천도교종리원을 설치하였다. 이곳에서 매 시일에는 8개 대대의 교인들이 전부 1대대의 중앙종리원에 모여 시일식을 보았다.

종리원은 행정체제도 정비하여 중앙에는 중앙종리원장을 두고 각 대대

---

108) 석농, 「삼변기(7)」, 『신인간』 통권 제277호, 1970.7·8, 121쪽.

에는 대대 종리원장을 두었다. 초대 종리원장으로 4대대의 성천 출신 석상연이 선출되었으나 76수용소에서의 친공 포로의 탄압에 대한 트라우마로 취임을 승낙하지 않아 다시 김응몽이 선출되었다. 종리원의 이름을 광주와 3수용소의 머리글자를 따서 광삼종리원이라고 간판을 내걸었으며 광삼 종리원의 이름으로 교빙(敎憑)[109]을 발급하기도 하였다. 이곳에서 교인들에 대한 포덕 작업이 이루어져 처음의 교인수보다 2, 3배의 포로들이 천도교에 입교하였다.[110]

천일기념일을 비롯한 각 천도교 기념일에는 수백 명의 천도교 포로들이 한 자리에 모여 수용소 여단장을 비롯한 각급 간부를 초청하여 성대히 기념식을 거행하였으며 식후에는 다채로운 여흥과 잔치도 벌였다. 그리고 아침저녁으로 포로들을 대상으로 천도교 수련을 시켜 신앙심을 높였고 천도교 교리 강좌와 교리 연구도 하였다.

김응몽은 수용소 안에서 천도교 활동을 더 활발히 하고자 했으나 가장 아쉬운 부분은 천도교 관련 서적이 부족하다는 점이었다. 당시 사회에서 들어오는 강사 등을 통해 천도교 서적을 구입하려고 했지만 잘 되지 않아 천도교 경전인 『동경대전』과 『용담유사』만 가지고 지도할 수밖에 없었다. 당시 수용소에서 포로들은 천도교에 대한 관심을 많이 보이고 있어 김응몽은 방법을 찾던 중 2수용소에 『천도교창건사』가 있다는 정보를 듣고 여단본부와 교섭하여 2수용소 종리원장인 백재택을 찾아갔다. 그러나 그곳에서도 천도교 관련 책자는 찾을 수 없었다. 그는 2수용소의 천도교의 기세가 대단했다는 것만 확인하고 돌아왔다.[111]

요컨대 광주수용소에서의 천도교 활동은 3수용소의 김응몽을 중심으

---

109) 교빙은 천도교인 증명서를 말함.
110) 석농, 앞의 글, 1970, 122쪽.
111) 위의 글, 126쪽.

로 이루어졌다. 3수용소의 1대대에 종리원을 만들고 광삼수용소라고 명명하였다. 그리고 광삼수용소 이름의 교빙을 제작해 천도교 포로를 등록하였다. 각 대대별로 대대 종리원장을 두는 행정체계를 갖추고 천도교 활동을 조직적으로 하였다. 처음 100여 명의 천도교인들은 약 3배까지 불어나 왕성하게 활동하였다. 미군 측에서도 천도교 활동에 대해 공인하여 광주수용소에서의 천도교 활동에 힘을 실어주었다. 2수용소에도 백재택이 종리원장이 되어 3수용소에 비슷한 규모의 천도교 활동이 이루어졌다.

그밖에 마산 수용소에는 2포로수용소 내 제3대대에 52명의 천도교 포로가 기록된 자료가 천도교 자료실에 보관되어 있으며 이곳의 천도교 포로의 대표는 태천 출신 김택룡이었다.

4) 판문점 포로수용소 시기

판문점 포로수용소 시기의 종교 활동에 대해 중립국송환위원회의 의장이었던 티마야는 처음에는 종교 활동에 대해 크게 생각하지 않았다. 그는 종교 활동에 대한 인식은 다음과 같다.

> 나에게 놀라운 사건으로 -그리고 또한 두통거리로- 다가온 하나의 골칫거리는 반공 송환 거부자들을 위한 종교 시설물의 설치 문제였다. 제네바협정은 그러한 시설들을 포로들이 이용할 수 있어야 한다고 적시하고 있었으나 나는 그 문제에 관해 아무런 생각도 않고 있었다. 만약 그 생각이 나에게 조금이라도 떠올랐더라면 나는 그 포로들에게 자기들 스스로 -그들은 자기들의 모든 국면을 스스로 처리하겠다고 끈질기게 주장해 온 대로- 그 문제를 해결하도록 했으리라고 감히 얘기할 수 있다.[112]

---

112) K.S. 티마야, 라윤도 역, 『판문점 일기』, 소나무, 1993, 138~139쪽.

티마야 장군에 의하면 포로들의 종교 활동에 대해서는 유엔군사령부의 군종 신부이자 한 카톨릭 언론사의 통신원인 머피 신부에 의해 제기되었다. 이후 포로들의 종교 활동에 관해서 몇 주 동안 논쟁이 지속되었다. 포로들 가운데에서 기독교 신자들이 각 수용소 마다 교회를 만들어줄 것을 요구하였다. 그러나 중립국송환위원회는 교회가 종교적인 목적 이외에 정치적인 목적으로 사용될 수 있다고 여겨 이를 허락하지 않았다.

포로의 종교 활동에 대한 각 중립국들의 의견도 달랐다. 체코와 폴란드는 교회가 예배 장소가 아니라 수용소 간의 의사 소통과 정치적 회합에 목적이 있다고 주장하며 포로들의 요구에 반대하였다. 당시 로마 카톨릭, 개신교, 불교, 천도교 등의 신앙을 갖고 있던 포로들은 예배 장소와 적절한 성직자의 방문을 요구했다. 중립국송환위원회는 회원국 및 포로들과 논의를 거듭한 결과 로마 카톨릭을 제외한 모든 포로들은 자신들 가운데 평신도를 성직자로 편성함으로써 문제를 스스로 해결하기로 결론을 맺었다. 그러나 이 결정에 로마 카톨릭신자들이 반대하였다. 그들은 미사를 집전하고 성체를 나누어 줄 성직자를 요구했다.

특히 군종 신부였던 머피 신부의 요구가 극심했다. 머피 신부는 자신은 중립적이어서 미사의 집전에 문제가 없다고 주장하였다. 그렇지만 중립국송환위원회는 머피 신부는 유엔군사령부에 소속된 군종이라 정치적 편향성이 있다고 보았다. 즉, 머피 신부가 유엔군사령부로부터 급여를 지급받기 때문에 중립적이라고 보기에는 한계가 있다고 보았다. 이러한 중립국송환위원회의 입장에 대해 머피는 세계의 주요 카톨릭 언론들을 동원해 중립국송환위원회가 종교적 자유를 보장하지 않는다고 맹비난했다. 언론에서는 중립국송환위원회 의장국인 인도의 종교를 문제 삼았다. 카톨릭 언론은 중립국송환위원회가 이교도에 의해 구성되었다고 하면서 이들 이교도가 불운한 8백 명의 구원을 거절하는 악마군과 결탁해 있다고 했다. 이 문제에 대해 미국의 스펠만 추기경도 강력하게 비난하여 문제는 더 심각하게 되었다.

〈표 3-7〉 중립국송환위원회 대대별 천도교종리원

교직별 / 교구별	교 직						교인수
	종리원장	교화부원	교무부원	경리부원	감사원	전교사	
34대대	라인웅						81
35대대	김지선	전치종	탁무열	남창훈	강원철		120
36대대	최주한	이천열	이동창				122
38대대	이항섭						87
40대대	김성환						84
44대대	이주문	배영준	김계근	탁수언	전형선		23
45대대	황순우	송순영	이종규				30
46대대	한문언	김원재	양명기	여춘길	최석홍	송시희	168
48대대	현창만	박효철	양승칠	이상훈	염기조		110
49대대	김억종	안두흡	김용천	윤한성	강운섭		110
50대대	이동익	김한규	박복열	이문조			74
51대대	허서경	한효준	박대원	방종국			42
52대대	이종진	길승주	김정칠	현병성			111
53대대	윤두성	황택겸	김원학		김익룡		165
54대대	방병찬	석종식	신필정	이만식	이재우	차형룡	172
55대대	주광효	염원섭	임인겸	김윤철	유래운	최가용	168
계							1,667

※비고: 천도교 자료실의 포로명부를 정리한 것이다.

카톨릭계의 비난에 중립국송환위원회의 의장인 티마야는 물러서지 않았다. 티마야는 인도에 연락해 이 문제를 해결하기 위해 인도로부터 4명의 신부를 데려왔다. 인도에서 온 신부는 포로들을 위한 소책자를 만들었는데 이 소책자에는 십계명 목록을 중국어와 한국어로 인쇄하였고 각 죄의 옆에는 로마 숫자를 붙였다. 그래서 고해자가 자기 죄를 짚으면 거기에 해당하는 영문 번역을 찾아 신부가 해답을 할 수 있도록 했다. 이렇게 로마 카톨릭의 문제가 해결되었다.

중립국송환위원회 시기 천도교 포로들은 분리 수용되어 대대별로 천도교 종리원을 만들어 활동하면서 천도교대대라는 명칭은 사용하지 않았지만 몇몇 천도교 포로가 많은 대대에서는 천도교대대라고 불렀다고 한다.[113] 〈표 3-6〉은 중립국송환위원회 대대별 천도교종리원의 현황이다.

〈표 3-6〉에서 알 수 있듯이, 중립국송환위원회의 북한군 출신 송환거부 포로가 있었던 16개 대대에는 모두 천도교종리원이 구성되어 있었다. 종리원장만 있는 대대도 있었지만 종리원장, 교화부원, 교무부원, 경리부원, 감사원 등 종리원 조직이 잘 갖추어진 곳이 8곳으로 전체의 절반을 차지하였다. 100명 이상의 천도교 포로가 있었던 대대는 9개였다. 이중 3개 대대는 150명 이상의 천도교 포로가 있어 대대원의 1/3정도를 차지하였다.

둘째, 100명 이상의 대대가 있는 경우는 북한 출신으로 열성적인 활동을 하던 인물이 있었다. 35대대의 전치종은 평안남도 순천 출신으로 1945년 입교한 인물로 기록이 남아 있었다.[114] 46대대에서는 평안북도 덕천 출신의 한문언과 김원재는 성천 출신으로 부령을 맡았었던 김원재가 중심이되어 적극적으로 활동하였다.[115] 48대대의 현창만은 황주군 출신으로 북조선청우당 천주면당 선전부장 출신이었다.[116] 49대대의 안두흡은 평북 정주 출신으로 1939년에 입교하였던 인물로 그를 중심으로 천도교 활동이 이루

113) 이창번, 「북한 출신 반공포로의 포로생활」, 국사편찬위원회, 2014, 49쪽.
114) 이동초, 『동학·천도교인명사전』(제1판), 모시는 사람들, 2015, 1,378쪽.
115) 위의 책, 353쪽.
116) 위의 책, 1729쪽.

어졌다.[117] 54대대의 방병찬은 정주군 출신으로 1945년 입교해 접대표로 활약하던 인물이었다.[118] 55대대의 주광효는 황해도 은율 출신으로 군종리원의 성도부장을 역임한 인물이었다. 그를 중심으로 55대대의 천도교 활동의 이루어졌다.[119] 이렇게 전쟁 이전부터 천도교 간부로 활동을 하던 인물을 중심으로 판문점 포로수용소에서 천도교 활동을 적극적으로 전개하였다.

---

117) 위의 책, 887쪽.
118) 위의 책, 737쪽.
119) 위의 책, 1500쪽.

제4장

포로들의 이념 대결과 송환

1. 휴전협정의 개시와 이념 대결의 고조

포로수용소의 이념 갈등은 휴전협정의 시작과 함께 고조되었다. 북한의 남침 직후부터 정전과 휴전에 대한 미·소의 논의가 있었다. 개전 초기 미국과 인도는 소련을 통해 북한군의 철수를 요청하였다. 그러나 소련은 6·25전쟁은 남한군의 북침에 대한 북한의 대응이며 내전이라고 주장하며 미국과 인도의 요청을 거절하였다. 9월 15일 인천상륙작전 이후 전세가 역전되자 반대로 소련이 휴전안을 유엔 총회에 제출하였다. 그러나 유엔군의 북진으로 통일정부 수립의 분위기가 고조되자 소련의 휴전안은 무의미해졌다. 유엔군의 북진과 중국군의 개입으로 전쟁은 국제적 양상으로 확산되었고 수세에 몰린 미국은 휴전을 모색했다.[1]

1950년 12월 5일 인도와 아시아 및 아랍 13개국은 중국군과 북한군은 38선에서 정지하고 정전할 것을 요구하는 미국의 휴전의사를 유엔에서 대변했다. 이 요구안에 관해 중국은 스탈린과 북한의 요구를 반영해 미국이 수용하기 위한 조건을 내세우며 12월 9일 5개 정전 조건을 유엔에 전달했다. 이 조건에는 38선의 존재가 이미 사라졌다는 점을 내세워 거부의사를 분명히 했다. 그러나 유엔에서는 13국이 제출한 정정안과 정전3인위원회 설치안을 채택해 정식으로 유엔에서 정전에 관한 기구가 설치되었다.[2]

이렇게 유엔의 정전3인위원회에서 정전안이 논의되었지만 전선의 변화로 인해 실효를 거두기는 어려웠다. 결국 1950년 12월부터 1951년 1월까지 유엔에서 진행된 휴전을 위한 노력은 첫째, 유엔이 유엔군 참전 중인 전쟁에 관한 논의라는 점, 둘째, 교전당사자인 중국과 북한이 유엔 비회원

---

1) 김보영, 『전쟁과 휴전』, 한양대학교 출판부, 2016, 29~32쪽.
2) 위의 책, 36쪽.

국인 점, 셋째, 유엔결의안이 채택된다고 해도 전장의 변화가 진행되고 있어 쌍방이 수용하기 힘든 점 등으로 인해 실질적인 성과를 가져오기에는 한계가 있었다.[3]

휴전협정이 진행된다는 소식이 거제도 포로수용소에 전해지자 포로들의 이념 갈등이 본격화되었다. 포로들의 소요와 시위는 휴전회담 이전에도 있었다. 그러나 기존의 소요들은 수용소 생활에서 나타난 갈등으로 야기되었다. 갈등의 원인으로는 유엔군의 포로의 대우에 대한 경비병의 불만이 대표적이었다. 이는 포로의 관리를 담당하는 유엔군이 제네바협정에 준해서 포로들을 대우하였는데 그 결과 한국의 경비병보다 포로의 급식이 오히려 양호해진 상황이 나타났다. 그러자 이에 대한 한국 경비병들의 불만으로 포로와의 갈등이 나타났다.

그렇다고 포로들의 이념 대결이 없었던 것은 아니다. 포로들의 활동은 전황과도 긴밀하게 연결되어 있어서 전세가 북쪽에 유리해지면 포로들의 목소리가 높아졌다. 북한에서 공세를 강화했던 1951년 3월부터 수용소에서는 단식과 농성, 작업 거부, 선동적인 연설 등 불온한 기운이 감돌았다.[4] 이런 과정을 거치면서 단위 포로수용소는 좌익과 우익에 의해 장악되어 나갔고 그 과정에서 포로들 간의 폭력 사건이 발생하였다. 1950년 7월 10일 새벽에 82수용소에서 일어난 폭행사건은 수용소 내에서의 좌우익 포로의 갈등으로 비롯된 초기의 사건이었다. 82수용소는 이를 기점으로 우익 포로들이 수용소를 장악하였다.

포로들이 수용소 당국에 저항하는 경우도 발생하였다. 이런 수용소는 대체로 좌익들이 장악한 수용소였다. 1951년 5월 29일 제7구역 702수용

---

3) 위의 책, 41쪽.
4) 조성훈, 『한국전쟁과 포로』, 선인, 2010, 184쪽.

소에서 폭동사건이 일어났다. 이를 진압하는 과정에서 포로 가운데 사망 1명, 부상 1명이 발생하였다. 이어 6월 19일 72수용소의 북한군 장교 수용소에서 시위가 일어나 이를 진압하는 과정에서 포로 7명 사망, 부상 4명이 발생하였다. 진압 과정에서 미군 8명도 부상을 입었다. 북한군 포로 가운데 장교들은 자신들이 포로수용소를 통제해야 한다고 생각하고 있었고 이를 위해 이른바 '절식투쟁'의 방법으로 수용소 당국에 실력행사를 감행하였다. 위의 두 사건은 중국군의 참전에 따른 공세가 영향을 미쳤다.

서울을 장악하려던 중국군의 5차 공세가 큰 효과를 보지 못한 채 1951년 중반 들어와 전선은 38도선 근방에 형성되어 양측이 팽팽하게 맞섰다. 전쟁이 교착 상태에 빠지자 유엔군과 공산 측 모두 전쟁을 종식시키기 위한 휴전 회담에 나섰다. 1951년 5월 초 말리크(Malik, Jacob) 유엔 주재 소련 대사가 미국 측과 접촉해 평화회담의 희망을 흘렸고, 미국이 이를 수용하여 본격적으로 휴전협상이 시작되었다. 말리크의 교섭이 효과를 거두어 미국은 1951년 5월 31일 소련을 상대로 휴전 교섭을 공식적으로 추진했으며 소련은 이를 받아들였다.[5]

소련은 휴전 회담의 추진을 중국에 알렸고 제5차 공세에서 미국과 유엔군의 막강한 화력의 실체를 맞본 중국도 휴전 회담에 동의하였다. 1951년 6월 초 마오쩌둥은 은밀하게 김일성을 베이징으로 불러 소련과 중국의 휴전 협상 원칙을 전달했다. 저우언라이도 참석한 이 회의에서 3인은 미국이 제안한 전쟁 이전의 원상을 회복하는 테두리에서 휴전을 성립시키고 한반도에서 외국군을 철수시키는 방안에 합의했다. 이 합의안은 소련에 알려졌고, 중국은 공산당중앙위원회를 열어 휴전안을 채택했다.

이렇게 강대국들에 의해 성립된 휴전안은 급물살을 탔다. 1951년 6월

---

5) 김학준, 『한국전쟁』(제4수정증보판), 박영사, 2010, 262쪽.

23일 유엔 주재 소련대사 말리크는 미국이 제시한 휴전안을 공식 수락했고 미국은 6월 28일 소련의 협상 제의를 받아들였다. 중국도 소련의 제의를 즉시 수용한다고 밝혀 휴전 협상은 빠르게 진행되었다. 휴전회담은 보름 후인 7월 10일부터 시작되었다. 양측은 7월 8일 개성에서 예비회담을 열어 이틀 후인 10일에 정식회담을 개최하기로 합의하였다. 그러나 이때 양측은 포로 문제가 가장 큰 제약이 될 것이라는 생각을 꿈에도 하지 못하였다.

첫 회담의 대표는 양측에서 각각 5명씩으로 구성했다. 중국은 덩화(鄧華) 중장과 세황(解方) 소장을 대표로 선정했다. 북한은 남일 대장, 이상조 소장, 장평산 소장 등 3명이었다. 공산 측은 이렇게 중국과 북한의 대표 5명으로 구성하였다. 유엔군 측의 대표는 미국의 조이(C.Turner Joy) 제독, 호데스(Henry I. Hodes) 소장, 버크(Arleigh A. Burke) 소장, 크레이기(Sawrence C. Carigie) 소장, 그리고 한국의 백선엽 소장 등 5명이었다. 그러나 이후 양측의 대표는 수시로 바뀌었다.

1951년 7월 26일 제10차 본회담에서 5개항의 의제를 채택하는데 합의했다. 5개항의 의제는 다음과 같다.

1. 회의 의제의 채택
2. 한국에서의 적대 행위 정지를 위한 기본 조건으로서, 양측이 비무장지대를 설치할 수 있도록 군사분계선을 설정
3. 정전 및 휴전에 관한 조항 수행을 감독하는 기관의 구성, 권한 및 기능을 포함한 한국에서의 휴전을 실현하기 위한 구체적인 합의
4. 포로에 관한 협의
5. 양측의 관계 제국 정부에 대한 건의[6]

---

6) 김보영, 앞의 책, 2016, 96쪽.

사실 휴전 협상이 시작되기 훨씬 전부터 포로수용소 내에서는 포로 교환에 관한 소문이 팽배했다. 수용소 내에서는 3월부터 포로들 사이에서 유엔군 포로와 공산 포로의 교환이 있을 것이라는 소문이 퍼졌다. 그 내용은 북한이 미군 1명당 북한군 1명을, 유엔군은 미군 1명당 북한군 4명을 교환할 것이라는 내용이었다. 5월 초에는 5구역 수용소의 중국군 포로들이 유엔군 포로와 교환될 것이고, 송환을 거부하는 포로들은 잔류될 것이라는 소문이 있었다.

〈그림 4–1〉 1951년 7월 10일 첫 회의에 참석하는 유엔군 측 협상대표

왼쪽부터 크레이기 소장, 백선엽 소장, 수석대표 죠이 해군제독, 리지웨이 유엔군사령관, 호데스 소장.
※출처: 《다큐멘터리 한국전쟁(하)》, KBS, 1991, 88~89쪽.

이렇게 휴전회담이 개최되자 이 소식이 거제도 포로수용소로 전해지는 데 그리 오래걸리지는 않았다. 휴전 협상이 시작되기 이전의 거제도 포로수용소는 이념을 기준으로 포로들을 분리하지는 않았다. 거제도 포로수용소는 포로들에게 자치를 허용하면서 미군은 수용소 외곽을 통제하는 방식을 취하고 있었다. 그런데 포로 협상을 개시하자 포로수용소에서도 이념 대결이 본격화되었다. 1951년 7월 중에 포로로부터 휴전 협상이 38선 회복에 그치는 것이 아닌가 하는 22통의 항의 청원서가 제출된 경우가 있었던 것으로 보아 휴전 협상 소식은 재빠르게 거제도 포로수용소로 전해졌다.[7]

거제도 포로수용소에서 좌익분자들의 활동이 표면화한 것은 1951년의 빨간 하복 사건이었다. 제2군수사령부에서 포로들의 여름 제복을 붉은 색으로 만든 길이가 짧은 상·하의 1벌을 지급했다. 거부감이 없던 중국군 포로들과는 달리 북한군 포로들은 이를 거부하였다. 빨간 제복에 대해서는 좌익과 우익 모두 거부했다. 좌익 포로들이 빨간 제복을 거부한 이유는 자신들을 '빨갱이' 또는 '전쟁범죄자'로 몰았다고 판단했고, 우익 포로들은 일제강점기 일제가 죄수들에게 빨간 옷을 입혔기 때문에 자신들을 죄수로 여긴다고 해서 거부했다. 그들은 빨간 옷을 철조망 너머의 경비병을 향해 던졌다. 수용소 한 곳에서 소란이 일어나자 한국군 경비병 1명이 옷뭉치에 깔리게 되었다. 그러자 경비병이 이에 분개해 포로들을 향해 사격을 가해 3명의 포로가 사망했다. 이 사건을 계기로 수용소 내의 좌우익의 갈등이 본격화되었다.

76포로수용소에 있었던 송관호는 빨간 제복사건과 좌우익의 갈등에 대해 다음과 같이 기억하고 있었다.

---

7) 조성훈, 앞의 책, 210쪽.

포로들에게 빨간 옷을 입혔다가 거부 투쟁이 발생한 그날 이후부터 수용소 안에서는 좌익 우익으로 나뉘어 싸움이 벌어지지 시작하였다. 어떤 수용소 안에서 우익사상을 가진 사람이 주도권을 잡으면 우익 수용소, 좌익 사상을 가진 사람이 주도권을 잡으면 좌익 수영소가 되었다. 내가 있었던 76포로 수용소는 좌익이 가장 득세한 곳으로 유명했다.[8]

거제도 포로수용소로 이동한 이후 포로수용소에서는 수용소를 장악하기 위한 투쟁은 은밀하게 진행되고 있었다. 그러다 휴전 회담이 본격화되면서 갈등이 크게 번졌다. 여름 제복 사건 이후 포로들의 저항이 더욱 거세졌다. 1951년 7월 19일 62수용소에서는 좌익포로들은 우익 포로를 공격해 2명이 살해당하는 사건이 발생하였다.

포로수용소 내에서의 좌익 포로들의 수용소 장악은 친공 포로 중심으로 조직적으로 이루어졌다. 1951년 4월부터 친공 포로들은 수용소 내에 '해방동맹(일명 용광로)'을 설치하였다. 77수용소에는 본부를 건설하고 다른 수용소에 지부를 건설해 본격적으로 수용소 친공화 작업에 돌입했다. 친공 포로들은 해방동맹의 명령과 지시에 따라 체계적으로 움직였다. 해방동맹은 군사행동부, 정치보위부, 내무부, 민청행동결사대, 당간부학교, 인민재판소를 편성하여 포로수용소를 장악하고자 하였다.[9]

해방동맹은 홍철(弘徹)과 이학구(李學九)에 의해 통제되었다고 전해진다. 홍철은 북한군 전사 출신인데 그는 정체가 알려지지 않은 배후 인물로 보인다.[10] 이학구는 포로 중의 최고위 계급으로 개전 당시에는 북한군 제2군단 작전참모였으나 낙동강전선에서 제13사단 참모장으로 직책이 바뀌어 1950년 9월 21일 다부동 남쪽 삼산동에서 제1기병사단에 체포되어 포로로

8) 송관호, 김종운 편, 『전쟁 포로-송관호 6·25전쟁 수기』, 눈빛, 2015, 157쪽.
9) 위의 책, 116쪽.
10) 송효순, 『대석방』, 신현실사, 1976, 44쪽.

수용되었다.[11] 최고계급이었던 이학구는 포로수용소에서 자연히 친공 포로의 구심점이 되었고 해방동맹을 결성해 포로수용소 장악을 시도하였다.

친공 포로들은 더 적극적인 활동을 전개해 수용소 내에 북조선노동당 지부를 만들었다. 1951년 5월 들어 친공 포로들은 제92수용소에 북조선노동당 거제지부를 조직하고 각 구역별로 연락소를 두었다. 당시 북조선노동당 거제지부에서 만들었던 선언문은 다음과 같다.

> ① 우리는 재생한 당원이다. 우리는 최후의 승리를 위해 우리의 생명을 희생하고 당을 위해 우리의 능력을 발휘하겠다.
> ② 우리는 재생한 당원으로 당에 충성하고 모든 포로들을 교도하기 위한 당 선언을 이행하겠다.
> ③ 우리는 정강을 실천하고 모든 포로와 피난민 그리고 대한민국 장병들에게 우리의 정강을 옳게 인식시키겠다.
> ④ 우리는 국제 공산주의를 조장하고 중공군과 친교를 도모하여 유엔군 장병들에게 계급 의식을 고취시키겠다.[12]

친공 포로들은 자신들이 포로로 수용되어 있지만 수용소 안에서 다시 태어나 당원으로서의 임무와 역할을 충실히 이행하겠다는 다짐과 함께 국군과 유엔군에게도 자신들의 활동을 적극 알려 노동당원으로 만들겠다는 자세를 이 선언문에 담았다.

공산주의 이념으로 무장한 친공 포로들은 수용소에서 적기가를 부르며 본격적인 친공 활동에 나섰다. 이렇게 친공 포로들은 자신들이 장악한 수용소에서 공산주의를 외치며 친공 활동을 전개하였지만 수용소 측에서는 이들에 대한 제제를 적극적으로 하지 않았다. 그러자 친공 포로들은 더욱

---

11) 김행복, 『한국전쟁의 포로』, 국방군사연구소, 1996, 116쪽.
12) 위의 책, 117쪽.

대담해져서 수용소 내에서 인공기를 만들어 게양하고 북한군 복장을 만들어 입었다. 나아가 '민족반역자 이승만을 때려 죽여라!', '미제국주의 침략자를 타도하자!'라는 구호를 현수막에 한글과 영문으로 적어 철초망에 내걸었다.

수용소를 장악하기 위한 움직임에 대해 제95수용소에 수용되어 있었던 이성운은 다음과 같이 당시의 상황을 증언하였다.

> 하루는 내가 있는데 어떤 놈이 찾아왔어. 무슨 대대 무슨 뭔가 어떤 놈이 찾아와가지고선 나보고 "동무 어디 있었어?" 그래 "나 당에 있었다고" 했지요. 그래 당에 있었다고 하니까 저놈들은 여기서 교회하면 기독교 교회로 치는 것과 마찬가지로 그 새끼들도 당에 있었다고 하면 공산당, 노동당에 있었다는 줄로 알지 청우당이라고는 안 알거든 …… 그렇지, 일부러 당에 있었다고 했지.[13]

이렇게 수용소 내에서 포로들은 은밀한 방법으로 성분을 파악하고 있었다. 이성운은 친공 포로가 은밀하게 접근해서 전쟁 전에 어떤 일을 했느냐고 물어오자 그냥 당 생활을 했다고 대답했다고 한다. 친공포로는 이성운이 전쟁 전에 공산당원이었다고 판단하고 수용소내의 친공 포로의 명단과 활동을 알려주었다고 하였다. 이처럼 수용소가 친공과 반공의 소용돌이로 빠져들면서 포로들은 자신들의 정체성을 밝히지 않을 수 없었다.

---

13) 이성운, 「북한 출신 천도교 반공포로의 포로생활」, 국사편찬위원회, 2014, 30쪽.

〈그림 4-2〉 북한군 복장의 포로[14]

　　북한은 전쟁 중에 포로수용소를 장악하기 위한 작전에 돌입했다는 견
해도 있다. 일명 '특수공작대'가 그것이다. 북한군총사령부에 소속된 이 조
직의 임무는 전선에서 자진 투항해 포로가 되어 수용소로 들어가 특별 지
도 사명을 수행하게 하는 것이었다. 남일은 휴전회담이 시작하자 직접 특
수공작대를 편성하고 2개월간 대원들을 훈련시킨 다음 작전에 들어갔다고
한다.[15] 그리고 일부는 피난민으로 위장해 수용소 외부에서 장사를 하거나
간호원으로 수용소 병원에 취직을 하는 경우도 있었다.

　　포로가 된 특수공작대원은 우선 각 단위 수용소에 세포조직위원회를
만들려고 하였다. 이들은 수용소를 장악하기 위해 장교 포로를 선두에 내
세웠다. 이학구를 내세워 수용소 전체를 장악하려고 한 것이 대표적이라고

14) 《다큐멘터리 한국전쟁(하)》, KBS, 1991, 135쪽.
15) 김행복, 앞의 책, 118쪽.

할 수 있다. 공작대원들의 또다른 임무는 수용소 내의 포로들의 성분을 파악하는 일이었다. 이들은 포로를 변절한 자, 자발적 이탈자, 밀고의 혐의가 있는 자로 가려서 적당한 시기에 제거하려고 하였다. 그리고 이들이 각 수용소와의 연락은 병원 수용소를 이용하였다. 또 북한군총사령부는 거제도 포로에 관한 사항을 판문점에 있는 공산 측 대표에게 전달하기 위해 첩보부와 유격지도부를 운영하였다. 이 조직을 통해 파악한 거제도 포로수용소의 정보는 즉각 판문점으로 전달되었다.

공산 측에서는 포로수용소 전체를 장악하기 위해 박상현(朴商鉉)을 무명용사로 위장시켜 투입하였다. 박상현은 소련에서 김일성과 같이 활동하던 인물로 북한노동당 부위원장의 고위직을 갖고 있었다고 전해진다. 그는 1951년 11월에 계획적으로 거제도에 잠입하여 포로의 재조직과 투쟁을 이끌었다. 박상현은 77수용소에 수감되어 해방동맹의 조직을 인수하여 각 수용소의 세포 조직을 재점검, 정비 확대하고 일사불란한 지휘 계통을 확립했다.[16] 박상현이 수용소의 실권을 장악하고 이전에 수용소를 대표하던 이학구는 명목상의 책임자로 전락했다.

박상현이 수용소를 장악하자 수용소 내에서의 이념 갈등은 더욱 심화되었다. 특수공작대와 해방동맹은 북한군총사령부의 지령에 의해 언제든지 행동할 수 있는 준비를 갖추기 시작하였다. 이렇게 수용소가 친공 포로에 의해 장악되어 나타난 대표적인 사건이 '돗드소장 납치사건'이었다. 그러나 수용소 내에서의 친공 포로들의 수용소 장악 기도는 1951년 여름부터 계획되고 있었다. 친공 포로들이 계획적으로 수용소를 좌익화하려는 첫 번째 조직적인 시도가 다름아닌 '9·17폭동'이었다.

거제도에서만 이념 갈등이 발생한 것은 아니었다. 부산의 포로수용소

16) 위의 책, 120쪽.

에서는 광복절을 맞아 포로들의 대대적인 저항이 있을 것이라는 첩보가 입수되어 포로경비대의 지휘관은 8월 11일부터 일주일간 경비 강화 조치를 내렸다. 8월 15일 일몰이 되자 한 수용소에서 정치적인 노래가 시작되자 다른 수용소에서 잇따라 노래를 불렀다. 포로들은 한국군 경비병을 향해 모욕적인 욕설을 퍼붓고 철조망에 집단으로 밀려들어 돌을 던지기 시작했다. 그러자 수용소의 반공 포로들로 이에 대항해 친공 막사를 향해 돌을 던지는 투석전이 전개되었다. 이날 부산의 포로수용소에서는 포로 5명이 사망하고 22명이 부상당했다.[17]

2. 9·17폭동의 실상

포로수용소에서 이념 대결이 본격화한 것은 1951년 여름 휴전회담이 시작하면서부터였다. 포로수용소에 휴전회담 소식이 전해지자 친공 포로들은 본격적으로 수용소의 장악을 기도하였다. 반면에 반공 포로들은 자신들의 송환 거부 의견을 유엔군 측과 이승만 대통령 등 남한의 요인들에게 전달하려고 하였다. 이렇게 수용소의 포로는 친공과 반공으로 나뉘어졌고, 수용소의 간부를 어느 진영이 차지하느냐에 따라 수용소의 성격이 친공 수용소냐 반공 수용소냐가 결정되었다. 포로 간의 이념 갈등이 내재하고 있는 가운데 휴전회담이 시작되자 수용소를 차지하기 위한 공작과 암투가 본격화되었다.

9·17폭동은 수용소를 장악하려는 친공 포로의 본격적인 첫 공작이었다. 친공 포로들은 비밀리에 조직을 만들어 수용소 전체를 장악하기 위해 발 빠르게 움직였다. 해방동맹은 이때 만들어진 대표적인 친공 조직이었

---

17) 위의 책, 115쪽.

다. 해방동맹은 먼저 수용소 내에서 선전전을 벌였다. 이들은 '북한 공산군과 중공군이 대공세를 취하여 부산이 벌써 북한 공산군 수중에 들어갔으며, 그중 선봉대로서 1개 대대가 거제도에 상륙하여 포로들을 해방시키려고 전진 중에 있다.'[18]라고 거짓 선동을 하였다. 이들은 이런 긴박한 시기에 수용소의 포로들은 거제도에 상륙할 북한군 선봉 부대를 맞이하기 위해 투쟁 실적을 올려야 한다고 주장하였다. 투쟁 실적이란 다름 아닌 수용소 내에서 '반동분자들을 색출하여 처단'하는 것이었다.

9·17폭동은 76~78, 85 등 몇 개의 단위수용소에서 동일한 방식으로 동시다발적으로 진행되었다는 점에서 조직적인 사건이었다고 할 수 있지만 사건의 실상은 정확하게 알려지지 않아 추정만 할 뿐이었다. 반공 포로들은 76~78수용소의 9·17폭동으로 수백 명이 학살당했다는 주장하였고, 85수용소에서는 발견된 시체가 한 트럭에 가득했다고 하였다. 이들 반공 포로의 증언과는 달리 미군보고서에는 당시 20명 사망, 31명 부상으로만 기록되어 있을 뿐이었고, 9·17폭동으로 희생당한 전체 학살 포로가 115명이라고 밝히고 있다.[19] 이처럼 반공 포로의 주장과 미군 기록이 상이한 것은 정치적 의도가 개입된 측면이 있지만 자료의 부족으로 진상 파악이 어려웠기 때문이었다. 최근에 미국국립문서관청(NARA)에 수집된 자료를 통해 포로들의 증언과 사건의 내용을 비교해서 파악할 수 있게 되었다. 여기에서는 78수용소와 85수용소의 9·17폭동 사건을 중심으로 살펴보고자 한다.

지금까지 9·17폭동 사건 중 가장 비교적 알려진 것은 78수용소의 내용이었다. 백응태는 78수용소에서의 9·17폭동을 경험한 신태룡의 증언을 바

---

18) 김행복, 『한국전쟁의 포로』, 국방군사연구소, 1996, 141쪽.
19) 조성훈, 『한국전쟁과 포로』, 선인, 2010, 220쪽.

탕으로 9·17폭동 사건을 기록하였다.[20] 신태룡의 증언에 따르면 9월 17일 초저녁부터 78수용소의 열성 친공 포로들이 철조망 부근에서 "김일성 만세", "조선민주주의인민공화국 만세" 등의 구호를 외치며 미군 철수와 악질 반동 처단을 요구하는 시위를 벌이자 옆의 76, 77수용소도 호응하였다. 새벽 1시가 되자 "반동분자 척결하자"는 함성을 신호로 반공 포로 30여 명을 1대대에서 끌어내어 인민재판을 열고 사전에 준비한 창과 칼로서 재판이 끝나는대로 즉석에서 처형했다. 이를 목격한 신태룡은 자신도 처단 대상임을 직감하고 반공 포로 280여 명을 수용소 정문으로 집결하여 미 경비병에 구조를 요청하였지만 바로 구조되지 못한채 밤새 친공포로와 대치하였다. 반공포로는 이튿날인 18일 아침에 미군에 의해 83수용소로 이송되었다고 한다.

증언에 따르면 78수용소를 장악한 포로들은 남아있는 반공 포로들을 처형하였고, 76, 77수용소에서도 9월 20일까지 반공포로가 많게는 400여 명 희생되었다고 하였다. 친공 포로들은 이른바 반동분자를 4등급으로 분류하였다고 한다. 첫째, 특급은 국군 북진시 치안대원을 지냈거나 국군에 협력한 자로 돌멩이로 찍어서 죽였고, 1급은 천도교청우당과 민주당원으로 공산당에 반대한 자로 곤봉 500대로 때려 죽였고, 2급은 6·25전쟁 직후 부산수용소에서 간부를 지낸 자로 곤봉 400대로 때려 죽였고, 3급은 신상을 허위로 보고한 자로 곤봉 300대로 때려 죽였다고 하였다.[21] 반동분자 중 특급과 1급은 시신을 절단해 인분통로로 거제도 앞바다에 수장시켰고, 2, 3급은 매장했다고 증언하였다.[22]

20) 백응태,『거제도에서 판문점까지』, 대원출판사, 1987, 136~137쪽.
21) 위의 책, 138쪽.
22) 위의 책, 139쪽.

이상의 증언과 NARA 문서의 78포로수용소의 9·17폭동 수사 자료[23]는 차이가 크다. 미군 방첩대의 조사한 78수용소의 9·17폭동의 수사 자료에 폭동을 주동했던 4대대 3중대 1소대의 대변인이었던 한덕상(포로번호 42353)의 진술서가 포함되어 있다. 다음의 한덕상의 진술서를 통해 실상을 파악할 수 있다.

본인 한덕상은 소대 대변인으로서 1951년 9월 15일 오후 본인의 3중대부에서 중대 대변인을 중심으로 열린 각 소대 대변인 회의에서 중대 대변인의 제안대로 내일(16일) 78여단 대변인 및 창고계장이 아무런 이유 없이 무조건 타 여단으로 이동케 되었는데 우리는 건의문을 제출하는 동시에 건의문이 효력을 발생치 못하는 경우에는 적색 노래를 부르고 또한 각종 작업을 중지하므로 폭동을 기도하여서라도 적극 투쟁할 것을 결의하고 본인이 곧 소대에 돌아와 전 소대원에게 전하고 나서 다시 저녁 식사 후 컴컴할 때(약 7시 8시 사이) 우리 천막 내에서 전 소대원이 모인 가운데 본인, 강신국, 이상열, 소대장(림기영). 부소대장(한봉주), 강기보 등이 모여서 회합하여 본인이 주가 되어 이 기회에 반동분자는 모조리 없애버려야 한다는 것을 결의했으며 동시에 우리 소대에서 신인균, 정원철 이들 반동분자로 규정했다. 이 2명은 부산수용소에 있을 때부터 수용소 당국이나 기타 각 기관의 정보원으로서 군관 기타 열렬한 공산주의자를 보고했다는 혐의가 있었기 때문이다.
그리하여 본인과 이상열 강신국이는 이를 심문키 시작했으며 심문의 결과 그자들이 반동분자라는 것이 확실해지자 강신국, 리상열이를 필두로 각 소대원은 "그런 놈은 때려죽여야 한다"고 떠들며 무참히 구타키 시작했다. 본인도 신인균이를 수차 주먹으로 갈겼다. 즉 이 구타는 토론 뒤 4분간 계속되었다. 그 결과 신인균이는 쓰러졌으며 얼마 뒤 병원에 실려 갔다. 그 다음 날 16일 아침 다시 중대부에서 대변인 회의가 있어 이 회의에서 건의문

23) Records relating to the Korean War, Records of the Post Capture Offenses Division, Judge Advocate Section, Korean Communications Zone, War Crimes Branch, Post Capture Offense Case Files, 1951–53, Entry 308, Box 1, Criminal Investigation Report, Far East Command, 26 December 1951 (1 of 2); 1951년 9월 거제 78포로수용소 공산포로들 집단 구타 및 살인사건.

이 효력을 발생하지 않았기에 우리는 예정대로 노래 부르는 등 작업 중지 등으로 각종 데모를 적극 투쟁 개시하기로 결의코 곧 소대에 와서 이를 전하고 저녁 7시에 데모에 소대원을 동원했으며 본인은 물론 적극 참가했다. 이러한 데모는 연 3일 계속되었으며 저는 소대 대변인으로서 금번 데모에 우리 소대를 적극 책임지고 동원 지시했다.[24]

한덕상 등 친공 포로들은 친공 포로인 수용소 대변인과 창고계장을 다른 수용소로 이동시킨 것에 불만을 품고 폭동을 일으켰다고 진술하였다. 한덕상은 자신을 포함한 친공 포로 6명이 자기 소대의 신인균과 정원철 2명을 반공 포로로 지목하여 구타하는데 앞장섰다. 이들 2명은 부산수용소에서 간부를 하면서 미군에 협조적인 반동분자였다고 인민재판을 벌였다. 한덕상은 중대로부터 자기 소대 내의 반공 포로를 색출해 제거하라는 명령을 받고 소대장인 림기영과 함께 신인균과 정원철을 지목한 다음 구타로 자백을 받고 친공 소대원이 같이 수분간 구타하여 결국 신인균이 병원에 실려갔다. 78수용소의 각 소대에서 친공 포로들에 의한 반공포로 구타와 학살이 자행되었다. 다음날인 16일에 1소대에서는 임성칠을 반동분자라는 이유로 구타하였다.[25]

9월 16일 78수용소의 4대대에서는 오재근과 이한천 2명이 구타에 의해 살해되었다.[26] 이날 김우현도 구타당하였지만 구사일생으로 살아나 진술서에서 자신이 겪은 내용을 상세하게 진술하였다.[27] 또 한덕상 등은 최익화(포로번호 84019)을 발견하여 4대대 1소대의 천막으로 끌고들어와 구타해 살해하였다. 친공 포로들은 살해당한 포로들을 병원뒷문 돌담 옆에 유

---

24) AUS172_04_00C0004, 58~59/247.
25) 위의 사료, 78/247.
26) 위의 사료, 60/247.
27) 위의 사료, 234~236/247

기하였다.[28] 9월 18일에는 2소대의 배식부장 김화선도 살해당하였다.[29] 또한, 9월 17일 새벽에 병원에서 머리가 깨진 3명의 환자를 본부의 병원으로 이송했다는 진술[30]과 박주남(포로번호 201445)의 진술서에는 4대대 앞에 환자가 있어서 가보니 최익화가 사망해 있었고 이외에 1명의 시신과 1명의 환자가 더 있었다는 것으로 보아[31] 9월 16일에도 구타 및 학살사건이 있었음을 알 수 있다. 78수용소에 있었던 성기남도 9·17폭동을 보았다고 증언하였다.[32]

미군 방첩대의 수사 자료를 종합해 보면 78수용소의 9·17폭동은 수용소의 대변인 여준구를 다른 수용소로 전출시키는 것에 불만을 품은 친공 포로들이 수용소 내의 반공포로를 제거하고 수용소를 장악하기 위한 폭동이었다. 9월 15일에는 신인균과 정원철이 살해당하였으며, 9월 16일에는 오재근, 이한천, 최익화, 임성길 4명이 살해당하였고 김우현과 차성도는 폭행을 당했지만 구사일생으로 살아났다. 9월 17일에는 임선길, 9월 18일에는 김화선이 살해당하였다. 사건 기록에 따르면 9·17폭동으로 78수용소에서 살해당한 포로 8명, 상해 2명이었다. 김화선은 살해당하기 직전인 9월 16일 9·17폭동을 일으키기 5~6개월 전부터 자신을 포함해 최대봉, 한봉선, 권지현 등의 포로를 반동분자로 규정하고 기회만 있으면 죽일 것이라고 들었다고 한다.[33] 친공 포로들은 수 개월간 수용소 내의 반공 포로를 조사하여, 살해 대상을 작성하였고, 수용소의 업무를 꼬투리 삼아 시위를 전개하고 그 와중에 반공 포로를 강압적으로 결박하여 인민재판을

28) 위의 사료, 84~87/247.
29) 위의 사료, 96/247.
30) AUS172_04_00C0005, 13/238.
31) 위의 사료, 11~13/238.
32) 성기남, 「북한 출신 천도교 반공포로의 포로생활」, 국사편찬위원회, 2014, 23쪽.
33) 앞의 사료, 29~31/238.

열고 반동분자로 만들어 살해하였다. 78수용소의 9·17폭동은 친공 포로들이 4일간 계획적이고 조직적으로 전개한 반공포로 학살 사건이었다.

최근에 85수용소에서의 9·17폭동에 관련한 연구가 진행되어 그 실상을 파악할 수 있게 되었다. 이러한 사실은 85수용소에 있었던 포로들의 증언이 핵심적인 역할을 하였다. 85수용소에 수용되었던 양제호는 자신과 가까웠던 친구가 9·17폭동으로 살해당하였다고 증언하였다.[34] 또 85수용소에서 간부였던 전덕범은 자신이 친공 포로들의 살해 명단에 올라있었지만, 기지를 발휘해 구사일생으로 살아났다고 증언하였다.[35] 이렇게 85수용소에서 9·17폭동에 관한 증언을 통해 진상이 알려지게 되었다.

양제호와 전덕범의 증언을 종합하면 85수용소의 9·17폭동의 원인으로 천도교 포로들의 송환 반대 활동, 곧 반공 활동이었다. 85수용소에는 천도교인 포로가 약 5~600명에 달했고, 천도교 포로들로 구성된 3대대는 천도교 대대라고 불렀다. 3대대는 천도교 포로 가운데 가장 나이가 많은 평안남도 안주 출신의 오이홍을 대대장으로 선출하고 은밀히 반공 활동을 전개하자 친공 포로들은 이들을 반동분자로 몰아 제거하기로 모의했다.

85수용소의 천도교 포로들의 반공 활동의 구체적 내용은 송환 반대 혈서 보내기였다. 혈서 작성에 박찬호와 전덕범이 앞장섰다. 비밀리에 작성한 송환 반대혈서를 유엔군사령부 등 관계 기관에 전달하려고 수용소의 경비병을 포섭해 우편으로 발송했다고 하였다. 그런데 이 송환반대 혈서가 친공 포로들에게 전달되어 자신들의 반공 활동이 밝혀졌다고 증언하였다. 전덕범은 포섭한 경비병이 좌익 사상을 갖고 있어서 친공포로들에게 이를 전달되었다고 보았다. 그 근거로 전덕범은 살해당한 포로가 모두 송환반대

34) 양제호, 「북한출신 천도교 반공포로의 포로생활」, 국사편찬위원회, 2014, 40쪽.
35) 전덕범 외, 「포로수용소에서 봉행한 시일식」, 신인간 통권 제460호, 1988.6, 45쪽.

혈서에 서명한 사람이었기 때문이라고 하였다.

양제호와 전덕범이 증언한 85수용소에서 9·17폭동의 수사 기록도 미국 국립문서기록관리청(NARA)에 보관되었고 국사편찬위원회에서 6·25전쟁 자료 수집 과정에서 확보하였다.[36] 미군 수사보고서의 85수용소에서 9·17 폭동으로 사망한 반공포로의 인적사항과 살해 이유는 〈표 4-1〉과 같다.

〈표 4-1〉 85수용소의 9·17폭동 사망자 명단[37]

순번	이름	포로번호	나이	살해 이유
1	BAK CHAN HO(박찬호, 朴贊浩)	204838	30	반공조직 리더, 천도교청우당
2	HAN IN DUK(한인덕, 韓仁德)	204811	22	반동분자
3	JO SEONG JUN(조성준, 趙成俊)	79306	27	반동분자
4	BAK CHOON HA(박춘하, 朴春河)	204495	27	반동분자
5	CHOI SEEN JOO(최신주, 崔信柱)	200572	29	반동분자
6	KIM JONG YONG(김정룡, 金正龍)	94230	29	반공조직
7	KIM DO DEUK(김도덕, 金道德)	204675	25	반동분자
8	KIM KUM YON(김금연, 金金延)	16273	34	반동분자
9	KANG HONG MO(강홍모, 姜洪模)	201715	29	반공조직, 독살 모의
10	BAK LEEM YOO(박림유, 朴林裕)	204806	22	반동분자
11	LEE YE HYUN(이예형, 李禮衡)	121380	26	치안대
12	PAIK IN SUNG(백인승, 白仁承)	200508	25	반동분자
13	PAK SANG YON(박상연, 朴相連)	94006	29	치안대
14	GO SOO JEEN(고수진, 高守珍)	205185	29	반동분자
15	O I HONG(오이홍, 吳伊洪)	123510	37	반공조직, 칼 30자루 반입

〈표 4-1〉을 보면 85수용소에서 반공 활동을 주도한 박찬호를 포함해 15명이 살해되었다고 미군 수사 기록에 나와있다. 친공 포로들이 이들을

---

36) Records relating to the Korean War, War Crimes Branch, Records of the Post Capture Offenses Division, Judge Advocate Section, Korean Communications Zone, Post Capture Offense Case Files, 1951-53, Entry 308, Box 4, Criminal Investigation Report, Far East Command, 1 April 1952 (2 of 2) ; 1951. 9.17. 거제 포로수용소 포로간 집단 곤봉 구타 살인 사건.
37) 위의 사료, 55/223.

살해한 이유는 친공 포로 독살 시도, 칼 30자루 밀반입, 반공조직 결성 등 수용소 내에서 반공 활동을 벌였다는 것이었다. 사망자 중 박찬호는 입대 전에 평안북도 정주의 천도교안흥면종리원장으로 천도교 포로의 신망이 높아서 수용소 내에서 선생으로 불렸다. 앞에서 언급하였듯이 천도교청우 당 출신은 1급 반동분자로 분류되었다. 따라서 박찬의 천도교 활동은 친공 포로의 살해 대상이 되기에 충분했다. 친공 포로들에게 박찬호는 반공 조 직의 리더로 인식되었고 그와 친분이 있는 천도교 포로들이 살해 대상이 되었다.

수사보고서에는 사건 조사를 위한 22명의 진술서를 받았다. 그 중 장영 준(포로번호 46931)의 진술서는 사건의 내용에 관해 비교적 상세하게 설 명하고 있다.

이 폭동 사건 시작은 단기 4284년 9월 17일 오후 8시 반 경 85수용소에서 부터 발생되었다. 나는 그 당시 우리 학교 옆에서 서서 있었다. 그 당시 아 나운서 박인호 강민인이가 말하기를 지금으로부터 우리들의 적들을 잡아 내기 위해서 약 11명가량 자기파에서 동원되어 최초에 식당나무조장 ○○ ○을 잡아왔다. 살인자 최창호는 식당 나무조장을 직접적으로 자기 손으로 때려죽였다. 그 이외 약 5, 6명이 합동하였다. 살인자 최창호는 15명을 차 (此) 살인사건에서 때려죽였는데 나는 다만 8명까지 죽이는 것을 보았다. 살인자 최창호는 나무방망이로서 때리다가 부러지면 텐트봉으로 또 때리 고 이것이 부족하면 돌맹이로 때려죽였다.

그 시간은 오후 9시부터 10시경까지였었다. 살인자 최창호가 합당한 5, 6명 은 보았으나 누구인지는 모릅니다. 나는 살인자 최창호를 안 동기는 같은 천막에서 일 개월간 주거하였슨 고로 잘 압니다. 살인자 박인호를 안 동기 는 박인호가 C중대장으로 있으며 우리 연극부에 자주 놀러 오기에 잘 압니 다. 살인자 강만인을 안 동기는 본수용소 식당부관으로 있으면서 연극부에 자주 왔기 때문에 잘 안다. 목수조장을 안 동기는 우리 연극부를 후원하여 왔기 때문에 잘 압니다.

당재판소관들은 살인자 최창호 박인호 강만인 이외 약 20명이 되는 파가 있었다. 그러나 살인자 최창호, 박인호 강만인 이외는 누구인지 알 수 없습니다. 죽일 사람을 잡으려 다닌 자들은 모르나 차 20명 가운데에 포함되어 있다. 살인자 박인호 강만인은 죽일 사람을 잡아다 놓고 죽이기 전에 말하기를 이자들은 이북에서부터 우리 공산당을 반대해왔고 여기 수용소에까지 와서도 우리 당원들은 죽이기 위하여 독약으로서 독살을 시킬려다가 발견되었으며 이네들은 현재 청우당과 서북청년단을 조직한 고로 죽어야 된다고 말한 후에 때려 죽였다. 즉이기 전에 말한 것은 약 5명이고 그후부터는 시간 관계로 잡아다가 말없이 죽였다. 내가 본 이 살인사건 최초부터 8명까지 즉이기까지 시간은 약 1시간 정도였다. 살인자 박인호 강만인도 역시 살인자 최창호와 같이 나무방맹으로 때렸다.

이 당시 사람을 죽여서는 한 장소에 쌓아놓고 또 다른 사람을 죽여서 그 장소에 산더미와 같이 쌓아놓았다. 아나운서 박인호 강만인이가 직접적으로 자기 당원들에게 누구누구가 누구를 잡아오라고 명령하였다. 나는 죽은 사람을 보았지만 이름은 모릅니다. 그러나 혹시 그 사람들 사진을 보면 알 수 있습니다.[38]

26세로 중등학교를 졸업한 장영준은 10월 22일 방첩대에서 위의 내용을 진술하였다. 장용준은 친공 포로들이 인민재판에서 사망자들은 천도교 청우당, 서북청년단, 치안대 등 반공 활동에 가담했다는 살해 이유를 제시했다고 하였다. 장정관(포로번호 506964)은 강홍모 등은 친공 포로를 죽이기 위해 국에 독약을 타다가 적발되어 미군에 제소했지만 포로와 강홍모가 한 통속이라서 풀려났다는 선동을 하며 자신들의 살인을 정당화하려고

---

38) AUS172_04_00C0019, Records relating to the Korean War, War Crimes Branch, Records of the Post Capture Offenses Division, Judge Advocate Section, Korean Communications Zone, Post Capture Offense Case Files, 1951-53, Entry 308, Box 4, Criminal Investigation Report, Far East Command, 1 April 1952 (2 of 2) ; 1951. 9.17. 거제 포로수용소 포로간 집단 곤봉 구타 살인 사건, 93-95/233.

했다고 진술하였다.[39]

장영준을 포함한 22명의 진술을 바탕으로 미군 방첩대는 85수용소에서의 9·17폭동은 최창호, 강만인, 박인호, 김부욱을 중심으로 한 친공포로 조직이 사전에 계획적으로 준비해서 감행한 사건이라는 것을 밝혀내고 폭동 사건의 전모를 다음과 같이 정리하였다.

> 1951년 9월 17일 저녁, 21시에서 22시경, 연합국 1포로수용소 8구역, 군사우체국 59, 85수용소에서 희생자들은 강압적으로 동료 포로들에 의해 그들의 막사에서 붙잡혀 85수용소의 3대대 구역과 강당 사이에서 인민재판에 회부되었다. 희생자들은 각각 한 명씩 "의장" 또는 주모자에 의해 반공 활동으로 고발되었고, 사형 판결이 내려졌다. 그리고 막사 기둥, 몽둥이, 돌멩이, 주먹으로 맞아 죽었다. 살인자들의 활동으로 15명의 희생자를 매장하는 것은 부분적으로 성공했다. 적어도 1명의 희생자는 산 채로 매장되었다. 시신들은 운동장 왼쪽에 놓여 있었고 다음 날 구타 현장 가까이에서 발견되었다. 모두의 사망 원인은 뭉툭한 기구를 이용해 희생자의 머리 가격에 의해 만들어진 복합 골절이었다. 모든 희생자는 1951년 9월 18일, 64야전병원에 도착하자마자 사망했다.[40]

보고서에 따르면 1951년 9월 17일 저녁 9시부터 친공 포로들이 집회를 열고 분위기를 고조시킨 뒤 소용소 대변인 박인호와 강만인 등이 천도교청우당, 서북청년단, 치안대 등의 전력을 가진 포로들을 잡아 인민재판을 열고 반동분자로 몰아 살해하였음을 알 수 있다. 85수용소 9·17폭동 사건보

---

39) 위의 사료, 105-107/223.

40) AUS172_04_00C0018, Records relating to the Korean War, War Crimes Branch, Records of the Post Capture Offenses Division, Judge Advocate Section, Korean Communications Zone, Post Capture Offense Case Files, 1951-53, Entry 308, Box 4, Criminal Investigation Report, Far East Command, 1 April 1952 (2 of 2) ; 1951. 9.17. 거제 포로수용소 포로간 집단 곤봉 구타 살인 사건, 129/134.

고서의 사인은 대부분 머리 구타에 의한 사망이었다. 15명은 측두골과 정수리뼈, 전두골, 뇌타박상, 두개골, 후두골, 상악 등 머리를 집중적으로 구타당해 살해되었다고 군의관들은 사망진단서에 기재하였다.[41] 전덕범과 양제호의 증언은 85수용소에서의 9·17폭동에 관한 전모를 밝히는 데 결정적 역할을 하였다. 친공 포로는 수용소를 친공화하기 위해 수용소 내의 반공 활동의 핵심이었던 천도교 포로를 살해 대상으로 선정하고 날짜와 장소 및 살해 방법까지 계획적으로 모의하였다. 이 친공 포로의 조직에 해방동맹이 관여되었다고 전덕범은 보고 있었다.

63수용소에서도 9·17폭동이 있었다는 내용의 기사가 있다. 1952년 1월 16일자 『자유신문』의 「포로 재차 석방 陳情」에 63수용소에서의 9·17폭동에 관해 다음과 같이 적고 있다.

> 그들 적귀(제63수용소의 친공 포로-필자 주)들은 군경낙오자 공무원 사회 요직자 등을 밤중에 끄러다가 비밀 고문을 하면 작년 9월 19일까지 7명을 살해하고 70명을 구타하였다 하는데 이에 남한 출신 분격한 애국청년들은 그들을 숙청하려 기도해 실패하고 한때 간부들은 그옆의 65수용소로 망명 하였다고 한다.[42]

위의 기사는 63수용소의 남한 출신 의용군의 진정서에 포함된 내용으로 이들은 63수용소 내에서 1951년 9·17폭동으로 친공포로에 의해 반공포로 7명이 살해되고 70명이 구타당했다고 밝혔다.

7구역에서의 9·17폭동이 있었다는 것은 다른 자료에서도 확인할 수 있다. 7구역 수용소 본부의 9월 보고서에는 9월 15일 3명의 포로가 78수용

---

41) 성강현, 『6.25전쟁 시기 천도교 포로 연구』, 선인, 2017, 189~190쪽.
42) 「포로 재차 석방 陳情」, 『자유신문』, 1952년 1월 16일자.

소에서 살해당하였다고 기록되어 있고, 9월 18일에 포로수용소 내에서의 데모가 최고조에 달했다고 하였다. 이렇게 데모가 최고조로 달하자 수용소에서는 군대를 동원해 기독교인들을 꺼내고 질서를 유지하라고 명령하였다. 그리고 용의자 포로들은 71수용소에 임시로 감금했다.[43] 또 9월 17일 78수용소에서는 4명의 포로가 신원 미상의 포로에 의해 심각한 부상을 입고 병원으로 후송되었다고 기록되어 있다.[44] 이에 관해서 미군 전범과에 근무했던 김선호 대위는 78수용소에서 200명 정도의 기독교인이나 그 동조자가 있는 것으로 추정하면서 4명이 죽었다고 하였다.[45] 김선호 대위의 언급은 7구역 수용소본부의 9월 보고서의 내용과도 일치한다.

1951년 10월 4일 생성된 8구역 포로수용소 본부의 9월 보고서에 따르면 9월 17일을 전후해서 많은 수용소에서 시위가 있었다고 기록되어 있다. 9월 17일 저녁 6시에는 85수용소에서 공산포로의 시위가 있었다고 기록되어 있다. 22시 50분에 85수용소의 급박한 상황으로 인해 6명의 지휘관이 포로 보호를 위해 수용소로 들어갔으며, 15명의 포로가 살해되었다고 기록되어 있다. 17일 23시 10분에 84수용소에서도 2명의 포로가 제거되었으며, 18일 0시 25분에 84수용소에서 다른 1명은 수용소 사이의 펜스에서 발견되었는데 머리와 얼굴에 상처를 입었고, 1시 35분에 다른 포로 1명이 구타를 피해 경비실로 와서 보호하고 있다는 기록도 있다.[46] 8구역 보고서에 의하면 8구역에서는 84, 85수용소에서 9·17폭동이 있었으며 그중 85수용소에서 매구 극렬하게 이루어졌음을 확인할 수 있다.

---

43) Monthly Command Report-Prisoner of War Enclosure No. 7, September 1951(AUS004_27_00C0028), 2/14.
44) 위의 사료, 10/14.
45) 김행복, 『한국전쟁의 포로』, 국방군사연구소, 1996, 217쪽.
46) AUS004_27_00C0035, Monthly Command Report, Headquarters-Prisoner of War Enclosure No. 8, September 1951, 2/92.

9·17폭동의 실상은 63, 78, 85수용소를 통해 확인할 수 있었다. 9·17 폭동은 친공포로에 의해 계획적으로 이루어진 수용소 장악 기도였다. 시점 은 휴전회담이 시작한 직후였고 여러 수용소에서 동시 다발로 일어난 점으 로 볼 때 해방동맹 등 친공 포로 조직에 의해 계획적으로 이루어졌음을 알 수 있다. 78과 85수용소 두 곳에서 반공 포로를 독살 혐의로 인민재판을 열었다는 점에서도 확인할 수 있다. 이처럼 9·17폭동은 친공 포로들에 의 한 반공 포로의 학살 사건이지만 여전히 공산 포로간의 갈등 정도로 여겨 져 진상 파악이 더 필요하다 하겠다.

9·17폭동 이후 포로수용소에서 이념 대결은 더 극렬하게 나타났다. 9·17폭동이 가장 거세게 일어났던 85수용소에서 친공 포로들은 1951년 11월 11일 노동당을 재건하였다. 61수용소에서는 친공 포로들이 인민위원회를 조직해 학살 대상의 명부를 만들어 매주 토요일을 자아비판의 날로 삼고 인민재판을 열어 기독교도 등 우익포로들을 살해하고 있다는 정보가 있었 다.[47] 이렇게 수용소 내에서 친공포로와 반공포로의 갈등이 심해지자 반공 포로들은 자신들이 북한군과 싸울 수 있도록 해달라는 혈서 탄원서를 국방 장관에게 보냈다. 이러한 내용은 언론에도 보도되었다.

巨濟島第六五捕虜收容所에 收容된 捕虜代表 尹정관 外 五○二名은 國防 長官을 通하여 지난 十日血書로써 國會에 그 釋放을 탄원하여왔다. 이들 은 六·二五動亂으로 因하여 南韓에서 所謂義勇軍이란 名目으로 共産괴뢰 軍에게 强制로 끌려간 捕虜 아닌 捕虜들로써 이들이 보낸 陳情書와 五百餘 張에 達하는 血書 內容을 보면 赤色捕虜들은 收容所 內部에 있어서도 細胞 組織을 通하여 自己들에 加擔할 것을 强要하며 壓迫하고 있어 以上 더 勘 耐할 수 없다는 것이며 日後의 피 한방울을 祖國을 爲하여 바치겠다는 굳은

47) 김행복, 앞의 책, 219쪽.

決心을 表하고있는 데 보는 사람으로 하여금 同情의 눈물을 禁치 못하게 하
고 있다 그런데 國會에서는 現在 捕虜收容所에서 呻吟하고 있는 南韓에서
强制로 끌려갓든 捕虜아닌 捕虜 四萬餘 名에 達하는 靑年들에 對한 釋放을
屢次 關係當局에 呼訴한 바도 있었으나 至今까지 이에 對한 何等의 反響은
없었든 것이다. [48]

위의 기사는 61수용소의 반공 포로들이 국방장관에 탄원서를 보낸 내용
을 보도한 것이다. 위에서 언급하였다시피 61수용소에서는 인민위원회가
설치되어 친공 포로들이 인민재판으로 반공포로를 학살하고 있다는 수용
소로 악명이 높았다. 그런데 위의 기사에 따르면 61수용소의 포로 502명은
자신들이 의용군으로 북한군에 강제로 징집되었다가 포로가 되었기 때문에
자신들은 북한군이 아니라고 하였다. 그런데 61수용소의 친공 포로들이 자
신들을 친공 포로로 만들려고 압박하고 있기 때문에 혈서로 탄원서를 제출
하였다고 자신들의 의사를 밝힌다고 하였다. 그리고 자신들과 같은 의용군
으로 참전하였다가 포로가 된 4만여 명을 빨리 석방해 친공 포로로부터의
압제에서 벗어나게 해달라는 내용도 포함시켜 수용소 내의 이념 대결이 전
수용소에서 일어나고 있음을 강조하였다.

9·17폭동 이후 미 제8군사령부는 수용소 소장의 교체, 미군과 한국군
의 재편과 증강, 범죄수사대(Crimiral Investigation Detachment)의 배
치, 포로 지도자의 파악과 분리, 포로살해와 공격 사건 50건에 대한 조사
등의 조치를 내렸다. 포로들 사이에 연락처가 되었던 부산 병원수용소에서
환자와 부상자를 제외하고, 상당수의 포로가 거제도로 이송되었다. 또한
포로들에게 욕설이나 모욕적인 표현이나 인민재판 금지 등과 함께 경비병
의 수용소 점검 및 순찰 강화, 수용소 당국의 활동을 방해하는 포로단체의

---

48) 「巨濟島收容의 赤色捕虜 斷然還元한 祖國魂」, 『마산일보』, 1951년 12월 13일, 2면.

결성을 막기 위한 적극적인 조취등을 지시했다.[49]

　그러나 수용소 당국의 다양한 정책적 보완에도 불구하고 수용소 내의 친공포로와 반공포로와의 갈등은 쉽게 진정되지 않았다. 이는 근본적인 문제점이 해결되지 않았기 때문이었다. 수용소는 포로의 성분에 관계없이 큰 영역의 구분으로만 배정되었기 때문에 포로 간의 갈등 요지는 내재해 있었다. 그리고 수용소 내에서는 이른바 여단장이라고 하는 단위수용소의 대표가 어떤 성분인가에 따라서 수용소 전체가 친공이나 반공의 색채로 정해지기 때문에 수용소 대표인 여단장과 산하 부대의 장을 차지하기 위한 치열한 공작으로 9·17폭동이 발생하였다. 9·17폭동 이후 수용소본부의 대응책과는 무관하게 수용소 내에서는 포로들에 의한 자치가 이루어졌기 때문에 갈등은 쉽게 가라앉지 않았다. 그리고 이러한 갈등은 포로의 교환이 이루어질때까지 지속되었다.

3. 반공 포로 석방

　반공 포로 석방 과정은 순탄하게 이루어지지 않았다. 한국 측의 포로에 관한 입장은 다양했다. 우선 최덕신으로 대표되는 한국군 장성은 포로를 송환하지 말아야 한다고 주장하였다. 최덕신은 포로들이 잘못을 뉘우치고 항복해 온 이상 그들을 석방하고 따뜻하게 포섭하여 선량한 국민이 되도록 하여야 할 것이지 반역집단에 돌려보낸다는 것은 도저히 용납할 수 없다는 의견을 피력했다. 최덕신은 그들이 이미 남한 국민이므로 국민의 생명과 재산을 보호해야 할 의무가 있는 정부가 당연히 그들을 우리 땅에서 석방

---

49) 김행복, 앞의 책, 218~219쪽.

해야 한다고 주장하였다.[50]

그리고 1:1 교환을 하자는 견해가 있었는데 이 의견에는 이형근이 해당한다. 이형근은 공산군 측에서 전달해 준 유엔군 포로가 12,000여 명에 불과한 것을 터무니없다면서 "우리가 1만 명을 받고 저들에게 13만 명을 준다면 이는 적에게 10개 사단 병력을 보충해주는 것 이외에 그 무엇이겠는가. 한국군 중 행방불명자의 다수가 북한군에 편입되어 있고, 또 민간인 중에도 납치된 사람이 수없이 많다. 한국군 포로나 유엔군 포로나 그 생명이 귀한 것은 마찬가지다. 그러므로 1:1방식에 의해 교환해야지 전체와 전체를 포괄적으로 교환한다는 것은 어불성설이다.[51]"라고 하였다. 그는 이러한 입장을 고수하였기 때문에 공산군 측과 유엔군 측의 일괄 교환 결정이 비인도적 처사라면 1952년 1월 25일 휴전회담 대표직을 사퇴하였다.

마지막으로 자원송환의 견해가 있었는데 변영태가 대표적이다. 외무부 장관에 재직하고 있었던 변영태는 1952년 1월 16일 유엔군사령관 리지웨이에게 보낸 서한에서 포로교환에 있어서는 자발적 송환원칙을 지지한다고 하였다.[52] 이처럼 포로 송환에 관해서는 크게 세가지 견해가 있었기 때문에 한국 정부로서는 하나의 입장을 정하기가 쉽지 않았다. 그러나 유엔군 측과 공산군 측이 타결한 일관 교환에 관해서는 부정적이었다.

특히 이승만은 유엔군이 한국 정부의 의사와 관계없이 휴전을 진행하는데 분개했다. 유엔군이 송환 거부 포로들을 중립국송환위원회에 넘겨 각자의 운명을 결정하도록 하였다는 공산 측의 의견을 받아들였다는 것도 이승만을 불쾌하게 만들었다. 포로관리 협정이 결정된 1953년 6월 8일 다음날인 6월 9일 이승만은 미8군사령관 테일러에게 60일 내에 정치회담을 개

---

50) 최덕신, 『내가 겪은 판문점』, 삼구출판사, 1955, 27쪽.
51) 이형근, 『군번 1번의 외길 인생』, 중앙일보사, 1994, 73~75쪽.
52) 「임병직이 이승만에게」, 『대한민국사 자료집』 31, 국사편찬위원회, 1996, 11쪽.

최하고, 미국과 상호방위조약을 맺고, 한국군을 20개 사단으로 증강하는 것을 분명히 확인해 줄 것을 요구했다. 이승만의 단호한 요구에 미국은 이승만의 심중을 파악하면서 정전협정을 마무리지었다. 미국무부 장관 덜레스와 향후 한미방위조약에 대해 논의하고, 아이젠하워에게 미국의 한국에 대한 책임을 포괄적으로 강조한 서신을 보낸 이승만은 판문점에서 유엔군과 공산 측은 정전협상의 모든 조항에 대한 완전한 일치에 도달한 다음날인 6월 18일 아침, 미국과의 협의 없이 자신의 명령으로 운용 가능한 한국헌병을 각 지역의 포로수용소에 보내 일방적으로 2만 5천여 명의 반공 포로를 석방시켰다. 부산, 마산, 논산 상무대의 수용소에서 약 2만 7천여 명이 이때 '석방'되었다. [53]

〈표 4-2〉 반공 포로 석방 현황

현황 수용소	총수용인원	석방포로(%)	미탈출자	탈출 후 체포	부상	사망
부산지구수용소	7,092	4,322(61%)	2,653	116		1
광주지구수용소	10,610	10,432(98.5%)	165		8	5
논산지구수용소	11,038	8,024(72.8%)	2,674	336	2	2
마산지구수용소	3,825	2,936(76.7%)	731	144	8	6
영천지구수용소	1,171	904(77.1%)	150	116	2	1
부평지구수용소	1,486	538(36.2%)	802	39	60	47
대구지부수용소	476	233(48.9%)	61	180		2
계	35,698	27,389(76.7%)	7,236	931	80	64

※출전: 육군본부군사감실, 『6·25사변 후방전사(인사편)』, 육군본부, 1956. 부산지구수용소는 거제리와 가야리를 합친 인원임.

〈표 4-2〉은 반공 포로 석방 현황이다. 당시 송환 거부 포로 35,689명 가운데 27,389명이 석방되어 전체의 76.7%에 달했다. 다음날 이승만은 유엔군과의 상의 없이 단독으로 반공 포로를 석방하였다고 성명서를 발표

---

53) 김학재, 『한국전쟁의 포로』, 국방군사연구소, 1996, 305쪽.

하고 제네바 협약과 인권 정신의 발로(發露)로 반공 한인포로를 석방하였다고 하면서 이들은 진작 석방되어야 마땅하다고 강조하였다. 반공 포로 석방 이후에도 휴전반대 운동은 지속되었고 그 정점에 이승만이 있었다. 그는 반공 포로 석방을 한미교섭의 수단이자 자신의 존재를 부각시키는 유용한 카드로 적극 활용하였다.

이 사건 이후 미국은 국무차관보 로봇슨을 한국에 보내 이승만과 회담에 들어갔다. 1953년 7월 11일 로봇슨은 이승만이 휴전회담을 방해하지 않은 조건으로 한미상호방위조약의 체결에 대한 원칙적인 합의에 도달하였다. 송환 거부 포로문제는 중립국송환위원회에서 3개월간의 활동기간을 수락하며 이들 포로를 비무장지대로 수송한다는 데 협력한다는 내용이 포함되었다.

이승만은 반공 포로 석방을 통해 휴전회담에서 결정권이 없음에도 자신의 존재감을 나타내는 한편 미국을 압박하여 한미상호방위조약 체결과 군사원조를 확보하였다. 이승만의 반공 포로 석방은 전쟁 상황에서 반공의 강화를 통한 이미지 재고와 대중적 인기를 불러일으켰다. 그는 부산정치파동의 부정적 이미지를 단숨에 일소하고 정치적 입지를 강화하였다.

4. 포로의 송환

휴전협정의 제4의제로 포로에 관한 사항이 채택되었다. 포로협상에서 미국 정부가 유엔군사령부에 하달한 최초의 지침은 "전쟁 포로는 1:1 기준으로 신속하게 교환하며, 포로 교환이 완료될 때까지 국제적십자사의 대표가 모든 포로수용소를 방문하여 지원을 제공할 수 있도록 허용한다."는 내용이었다. 포로 교환에 관한 미국의 입장은 포로 송환의 인도주의적 측면

은 인정하지만, 그것이 적국에게 수용되어 있는 아군 포로 송환의 장애요
소가 되어서는 안된다는 입장이었다. 미국은 적의 포로 숫자와는 문제삼지
않고 아군의 포로를 송환해야 한다는 입장이 가장 중요한 기준이었다. 여
기에 덧붙여 제네바협정 제한 조항과 장차 전쟁에 나쁜 영향을 미칠지 모
르는 전례는 남겨서는 안된다는 입장을 고수했다.

다른 의제들은 양측이 쉽게 합의했지만 포로문제는 쉽게 해결되지 않
아 1951년 12월 11일에 포로 문제를 토의하기 위한 합동분과위원회가 설
치되어 운영에 들어갔다. 그러나 양측의 주장이 너무도 달랐기 때문에 합
의점에 도달하지기는 쉽지 않았다. 12월 18일 양측은 포로 명단을 교환하

〈그림 4-3〉 북한군 송환 장소(1953년 4월 24일)[54]

---

54) AUS060_01_00V0004_535.

기로 합의하고 명단을 받았는데 공산 측 수용 포로는 한국군 포로 7,142명, 유엔군 포로 4,417명(이 중 미군 포로 3,198명), 합계 11,559명에 불과했다. 당시 유엔군 측은 한국군 88,000명, 미군 11,500명, 총 99,500명의 실종자의 대부분을 포로라고 추정하고 있었다.[55] 유엔군 측에서는 북한군 95,531명, 중국군 20,700명, 의용군 16,243명, 총 132,474명의 명단을 넘겼다. 포로의 숫자가 너무 차이가 나자 유엔군 측에서는 쌍방 전체 교환을 제기할 수 없었다. 유엔군은 자유송환에 관해 언급하자 공산군 측에서는 격렬하게 반대하였다. 이렇게 포로 교환 문제로 양측의 의견이 갈려 회담은 교착 상태를 벗어나지 못하였다. 당시의 상황에 대한 언론 보도를 보면 포로 문제로 인한 휴전회담의 어려움을 알 수 있다.

…UN軍代表들은 十三日 共産軍代表들에게 UN軍司令部는 現在共産側에 抑留되어있는 UN軍捕虜數를 알고있다고 말하였으며 共産軍側은 UN軍代表들이 捕虜交換方法을 討議하기 前에 捕虜名簿를 提出하여야 할것이라고 言明하였다 한便 共産軍代表들은 「제네바」協定을 遵守하고있느냐는 UN軍側 質問에 對하여 直接答辯하기를 拒否하였는데 그 一部만은 遵守하고있다는 뜻을 表示하였다 共産軍側은 또 捕虜의 姓名 및 總數의 發表를 繼續的으로 拒否하면서 國際赤十字委員會로하여금 北韓內의 捕虜收容所를 視察케하자는 UN軍側提案을 끝끝내 受諾하려고하지 않았다 一方 UN軍側代辯人『호워드·레비』中領은 UN軍側의 推測하는 北韓內의 UN軍捕虜數는 發表할수있다고말하였는데 同中領은 그 理由를 다음과 같이 說明하였다

萬一내가 捕虜數를 七千名이라고말한다고하면 實際는 萬名이었을때에도 共産軍側은 七千名의 名簿밖에 提出하지않을것임으로 우리가 推算하는 捕虜數를 發表할 수 없는 것이다

捕虜交換에 關한 會談이 進行되고있는 옆天幕에서는 議程第三項目即休戰監視問題에 關한 會談이 進行되고 있었는데 이를 亦是 오늘 會議에서는 아무런 成果도 거두지 못하였다 이 會談의 共産軍側首席代表 解方은 休戰期

---

55) 김행복, 『한국전쟁의 포로』, 국방군사연구소, 1996, 172쪽.

間中에도 飛行場을 建設할수있는 權利와 UN軍은 軍事境界線北方은 모든
島嶼에서 撤收하라는 要求를 再次反復함으로서 UN軍側提案에 對한 그들
의 反對意見을 또다시 表明하였다 한便 捕虜交換問題에 關하여 共産軍代
表들은 UN軍측이 願하는 모든 資料를 自己들은 곳 提示할 수 있는 狀態에
있다고 말하였는데 UN軍代表들은 이것이 會談天幕옆에 그 書類가 왔다는
意味인지 아닌지를 究明할 수가 없었다 그럼으로「모든 資料를 곳 提示할
수 있는 狀態에 있다면서 그 資料를 우리에게 提示하지 않는다는 것은 理解
하기 困難하다」고 말하였다 그리고 다음과 같이 UN軍側態度를 闡明하였다
UN軍司令部代表들은 共産軍側이 國際赤十字委員會代表들에게 北韓內의
捕虜收容所訪問을 容許하고 또 全捕虜의 完全한 名簿를 提出하지 않는 限
交換問題를 討議하지 않을 것이다.[56]

1952년 4월 28일 유엔군 측은 비행장 재건, 중립국감시위원단 구성,
포로 교환 등 미해결 과제를 "일괄타결안"으로 해결하자는 방안을 제시
했다. 그러나 공산군 측은 자원송환 원칙을 포기하라는 요구조건으로 맞
서 회담은 다시 결렬되었다. 1952년 6월 말 유엔군은 포로심사를 마쳤는
데 북으로의 송환을 희망하는 포로는 83,071명으로 파악되었다. 결국 포
로 문제로 발목이 잡힌 회담은 1952년 10월 무기한 휴회에 들어가 휴전회
담은 중지되었다. 초기에 큰 문제가 되지 않을 것으로 여겼던 포로 문제는
휴전 회담의 가장 큰 난제로 부상하였다.

1953년 4월 26일 6개월 만에 회담이 재개되었다. 미국은 대통령이 바
뀌었고 소련도 수상이 바뀌어 상황은 이전과 달라졌다. 양측은 수차의 회
담을 통해 의견을 조율하여 1953년 6월 8일 오후 2시 24분에 '중립국송환
위원회에 대한 권한위임사항'을 포함한 '포로송환 협정'을 조인하였다. 그
내용을 요약하면 다음과 같다.

---

56)「完全名簿提出이 先決」,『마산일보』, 1951년 12월 15일, 1면.

① 고국으로 복귀를 원하는 모든 전쟁 포로는 60일 내로 복귀하도록 한다.

② 송환에 영향을 미치거나 또는 송환을 막기 위하여 힘에 의한 위협을 사용하지 않는다.

③ 60일 후에도 송환을 선택하지 못한 이들은 중립국송환위원회에 인도한다.

④ 그후 90일 동안 포로의 소속 국가가 대표를 파견하여 포로들이 고국으로 복귀할 수 있는 권리에 대한 '해설'을 하게 한다.

⑤ 해설은 중립국송환위원회의 각 회원국 대표와 억류 측에서 나온 대표의 면전에서 실시한다.

⑥ 90일간의 기한이 마감되면 나머지 송환 불원 포로의 운명은 정치회담으로 인도되며, 그 회담에서는 30일간의 기한 내에 어떤 결정을 하게 한다.

⑦ 그 기간 후에도 여전히 남은 송환불원 포로는 민간인 신분을 가진 것으로 선포한다.

⑧ 만일 그들이 중립국으로 가기를 희망한다면, 중립국송환위원회는 그것을 도와준다.

7월 22일 최종적으로 포로 숫자를 통보하였는데 유엔군 측은 98,000명의 한국인과 5,000명의 중국인 등 총 74,000명의 명단을 알려주었다. 송환불원자는 한국인 7,800명, 중국인 14,500명이다. 여기에는 반공 포로 석방으로 탈출한 포로들은 제외되었다. 공산군 측은 한국인 8,186명, 유엔군 4,578명, 총 12,764명의 송환을 알렸다. 휴전 협상이 진행되는 동안 1953년 4월 40일부터 5월 5일까지 상병포로들을 먼저 교환되었다. 유엔군 측은 북한군 5,164명, 중국군 1,030명, 민간인 억류자 446명 등 총 6,670명을 북으로 돌려보냈고, 공산군 측에서는 한국군 471명, 미국군 149명, 기타 64명 등 총 684명을 유엔군 측으로 보냈다. 8월 7일 시작된 포로 교환은 9월 6일까지 33일간 걸쳐 진행되었다. 이 기간동안 양측이 교환한 포로는 총 88,596명이었다. 공산군 측에서 12,773명, 유엔군 측에서 75,823명이 판문점에서 교환되었다.

송환을 거부한 22,604명(북한군 7,900명, 중국군 14,704명)은 중립국송환위원회로 넘겨져 판문점의 수용소로 이송되었다. 이들은 90+30일간의 설득 기간을 마치고 1954년 1월 20일 유엔군 측으로 다시 인계되었다. 이들은 1월 23일 한국 및 대만 정부와 유엔군 관계관이 참석한 가운데 반공 포로 인도·인수식을 정식으로 거행하였다. 마지막까지 송환을 거부한 한국인 7,604명, 중국군 14,235명이 다시 유엔군에 인계된 인원이다. 중립국은 선택한 포로는 한국인 74명, 중국인 14명 등 총 88명이었다. 이로써 6·25전쟁의 포로 문제는 종지부를 찍었다.

제5장

결론

이상에서 6·25전쟁 시기 포로수용소와 포로들의 일상생활을 살펴보았다. 본 연구에서는 기존의 연구 성과를 바탕으로 하면서 포로로 수용되어 있었던 인물들의 구술 증언, 회고록, 일기 등을 바탕으로 6·25전쟁 시기 포로수용소와 포로들의 일상생활을 주제로 진행하였다. 포스트모더니즘 역사학의 한 줄기인 미시사를 활용한 본 연구는 기존의 연구 성과에서 볼 수 없었던 수용소 내의 포로들의 활동들이 세밀하게 그려졌다는 점에서 연구의의가 있다고 하겠다.

제2장에서 시기별 포로수용소에 관해 살펴보았다. 개전 초기에 발생한 포로를 처리하기 위한 임시수용시설에서부터 부산에 1포로수용소가 설치되는 내용을 전황의 흐름과 함께 살폈다. 그리고 포로의 성분에 관해서도 기존의 연구 성과를 바탕으로 정규 북한군 등 7종류로 분류하였다. 그리고 포로들의 증언과 회고록 등 포로들의 목소리를 통해 포로 수용의 과정과 초기 수용소 생활에 관해 살펴보았다. 실제 포로들 증언을 종합하면 참전 이후 다양한 형태의 포로로 수용되면서 인도주의적 배려를 받은 경우도 있었지만, 폭력적인 방법으로 수용되어 인격적 모독을 겪기도 했다는 증언도 있었다. 그리고 시기별 포로수용소의 설치와 운영은 부산 포로수용소 시기, 거제도 포로수용소 시기, 분산기 포로수용소 시기, 판문점 포로수용소 등 시기순으로 포로수용소으로 살펴보았다. 지금까지 포로수용소는 거제도 포로수용소가 대표적으로 인식되어 있는데 각지의 포로수용소 건설과 폐쇄 과정을 살펴보고 현재의 모습까지 추적해 보았다. 그러나 포로수용소가 있었던 지역은 거제도를 제외하면 현장에서 사라져 버려 역사의 흔적을 찾아볼 수 없었다.

제3장에서는 포로들의 일상생활에 관해 살펴보았다. 임시 포로수집소에서 임시 포로수용소를 거쳐 부산의 포로수용소로 수용되는 과정을 포로

들의 증언을 통해 알아보았다. 포로들은 수용되면서 마주하게 되는 생존의 문제인 급식, 의복, 위생 등을 살펴보면 열악한 환경 속에서 지낼 수밖에 없었던 상황을 받아들이고 그 속에서 수용소 이후의 삶을 고민하고 있었음을 알 수 있었다. 그리고 수용소 당국의 포로 교육 등에 관해 포로들의 수용과 대응을 보면 친공 포로들은 수용소의 교육 자체에 반대하였으며, 반공 포로들은 수용소에서의 교육을 통해 남한 사회로의 복귀 이후의 삶을 준비하고 있음을 확인할 수 있었다. 그러나 수용소가 이념의 대결장으로 바뀌게 되면서 포로들은 자신들의 성분을 밝혀야 하는 상황에 놓이게 되었다. 이렇게 포로수용소가 제2의 전장으로 변한 상황에서 이들의 생사를 넘나드는 장면을 포로들의 증언과 미군의 수사기록을 통해 확인할 수 있었다. 다만, 연구 대상 포로들은 남한을 선택한 포로였기 때문에 수용소 내에서의 반공 활동에 관해 주로 서술하였다.

특히 포로들의 문화활동과 종교 활동에 대해 증언과 사진 자료들을 통해 활동 내용을 상세히 찾아낼 수 있었다. 수용소 내에서 포로들은 축구, 농구, 배구 등을 체육활동도 즐겼으며 기악단, 연극 등 각종 예술활동도 전개하였음을 확인할 수 있었다. 그리고 일부 포로들은 수용소 내에서 제작한 연극을 석방 이후에 다시 집결하여 전국 순회 공연을 펼쳤다는 사실도 확인할 수 있었다. 그리고 기독교와 천주교 등은 포로수용소 당국에서 체제 우월성을 홍보하는 차원에서 강화하였는데 비해 천도교는 북한에서 가장 큰 세력을 갖은 종교였기 때문에 수용소 내에서 포로들이 자발적으로 조직을 만들어 종교활동을 이어나갔고 분산기에는 천도교인들만의 수용소를 만들어 천도교대대를 건설하는 등의 활동을 했음을 확인할 수 있었다. 그리고 기독교와 천주교 신앙을 했던 포로들은 석방 이후 성직자가 되거나 미군을 따라 미국 등으로 이주하는 경우도 있었다.

제4장에서는 포로들의 이념 갈등과 송환에 관해 서술하였다. 포로들의 이념갈등은 1951년 여름 휴전회담의 개시와 함께 본격화되어서 수용소는 일시에 친공과 반공, 좌익과 우익의 대결장으로 전락하였다. 그런데 수용소는 포로들의 자치가 허용되었기 때문에 수용소의 여단장을 누가 차지하느냐에 따라 수용소의 성격이 결정되어 이를 차지하기 위한 살해사건이 지속적으로 발생했다. 그리고 이러한 수용소를 차지하기 위한 첫 번째 대결이 1951년의 '9·17폭동'이었다. 85수용소에서는 친공 포로들에 의해 15명의 반공 천도교 포로가 살해당했으며, 78수용소, 63수용소 등에서도 9·17폭동이 일어났음을 확인할 수 있었다. 특히 9·17폭동에 관해서는 포로들의 증언과 미군의 수사자료를 통해 그 실상을 상세하게 밝힐 수 있었다.

포로 송환의 과정에서 이승만의 반공 포로석방과 유엔군 측의 포로 교환, 그리고 송환을 거부한 포로의 중립국송환위원회의 120일의 설득 기간을 거쳐 1954년 1월 23일 7,600여 명의 한국인 포로와 14,000여 명의 중국군 포로가 석방됨으로써 6·25전쟁의 포로 처리는 완료되었다.

전쟁에서 가장 밑바닥의 존재가 포로라고 할 수 있다. 그러나 포로에 관해서는 제네바협정을 통해 새롭게 인식할 수 있는 상황이 6·25전쟁에서 발생하였다. 따라서 6·25전쟁에서의 포로는 이전과는 다른 양상을 띤 포로라고 할 수 있다. 그렇기 때문에 6·25전쟁에서의 포로를 연구함으로써 6·25전쟁에서의 유엔군 측과 공산국 측의 전쟁에 관한 인식을 파악할 수 있었다. 유엔군은 자원 송환의 입장에서 포로를 바라보았고, 공산군 측에서는 전원 송환이라는 입장을 고수했기 때문에 포로 문제로 인한 오랜 휴전회담이 지속되었다. 하지만 6·25전쟁에서의 북한군 포로는 자신들의 의사를 분명히 내보여 유엔군 측의 포로 협상의 방향을 틀었으며 이승만 정권의 정권 안정에도 기여한 측면이 있다. 이처럼 6·25전쟁의 포로는 이전의 전쟁 포로와는 다른 성격을 갖고 있다고 하겠다.

결론적으로 본 연구는 6·25전쟁에서의 북한군 포로에 관한 미시사적 접근을 통해 포로의 눈으로 6·25전쟁을 바라보는 측면에서 연구사적 의의가 크다고 할 수 있겠다.

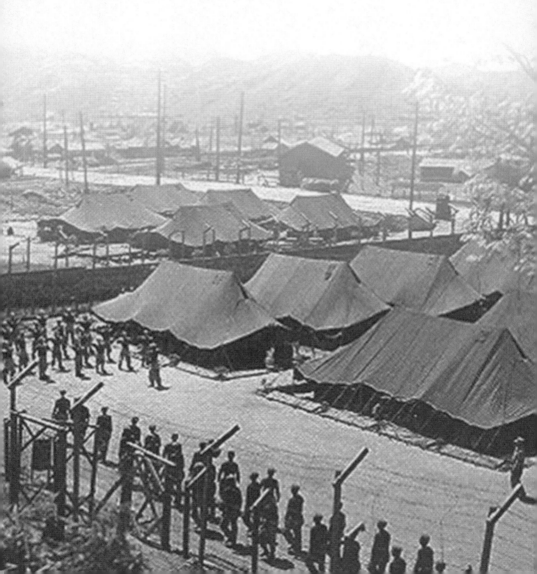

참고문헌

1. 자료

『경향신문』, 『국제신문』, 『대한신문』, 『로동신문』, 『부산일보』, 『신한민보』, 『우리문화신
　　　문』, 『한겨레신문』, 『경향잡지』, 『동아일보』, 『마산일보』, 『자유신문』, 『제주신
　　　보』, 『조선일보』, 『중도일보』, 『LIFE』

『민족의 증언』 1~7, 중앙일보사, 1983.
『한국전쟁과 중국』 II.
육군본무정보참모부, 『판문점』 상.
이동초, 『동학·천도교인명사전』(제1판), 모시는 사람들, 2015.
『김일성전집』(2), 조선로동당출판사, 1992.
『김일성전집』(5), 조선로동당출판사, 1992.
『광주시사』, 1980.
『남북관계사료집』 12, 1952.
『다큐멘터리 한국전쟁(상, 하)』, KBS, 1991.
『대한민국사 자료집』 31, 국사편찬위원회, 1996.
『海軍 軍宗史』 제1집.
「해방에서 6·25까지」, 『신인간』 통권 제329호, 1975.8.
길두만, 「북한출신 천도교 반공포로의 포로생활」, 국사편찬위원회, 2014.
김문우, 「밝은 땅을 찾아서」(1~3), 『신인간』 통권제453~455호, 1987.10~1987.12.
석농, 「삼변기」(1)~(8), 『신인간』 통권제269호~277호, 1969.10~1970.8.
문재경, 「천도교의 반공운동」, 『신인간』 통권제288호, 1971.8.
성기남, 「북한출신 천도교 반공포로의 포로생활」, 국사편찬위원회, 2014.
양제호, 「북한출신 천도교 반공포로의 포로생활」, 국사편찬위원회, 2014.
양택조, 「북한출신 천도교 반공포로의 포로생활」, 국사편찬위원회, 2014.
오용삼, 「북한출신 천도교 반공포로의 포로생활」, 국사편찬위원회, 2014.
이성운, 「북한출신 천도교 반공포로의 포로생활」, 국사편찬위원회, 2014.
_____, 「포로수용소에서의 천도교 활동」(상·하), 『신인간』 통권 제523~534호,
　　　1993.12~1994.1.
이재순, 「거제리포로수용소 방문기」, 『신인간』 통권 제196호, 1951.12.
이창번, 「북한출신 천도교 반공포로의 포로생활」, 국사편찬위원회, 2014.
_____, 「중립지대(판문점)에서의 천도교 활동」, 『신인간』 통권 제531호, 1994.8.
임운길, 「북한출신 천도교 반공포로의 포로생활」, 국사편찬위원회, 2014.
전덕범 외, 「포로수용소에서 봉행한 시일식」, 『신인간』 통권 제460호, 1988.6.

조인원, 『한국가톨릭군종사-육군 1기 군종 신부의 회고(타자본)』.

Command Report
Enemy Prisoner of War Information Bureau(EPWIP) Korean Section
RG 111
RG 153
RG 342
RG 554
Summary Report

독립기념관(http://sajeok.i815.or.kr/i815/view_region/1473)
거제포토(http://www.geojephoto.com/bbs04/3326)
국사편찬위원회 전자사료관(http://archive.history.go.kr/)
슈트름게슈쯔의 밀리터리와 병기(http://blog.naver.com/pzkpfw3485/22042299
  2436)
거제방송
디지털도봉구문화대전

2. 단행본

6·25수난기 작가회, 『6·25전쟁 수난의 증언』, 도서출판 한글, 2020.
강만길, 『고쳐 쓴 한국현대사』, 창비, 2018.
강인철, 『종교와 자율-대한민국의 형성과 종교정치』, 한신대학교 출판부, 2013.
국방부 군사편찬연구소 역, 『중국군의 한국전쟁사』 3권, 2005.
국방부 전사편찬위원회 역, 『미국합동참모본부사 : 한국전쟁(하)』, 1991.
국방부 정훈국 전사편찬위원회, 『한국전란1년지』, 1951.
공산권문제연구소, 『(반공실록)한국반공투쟁사』, 신명, 1981.
김귀옥, 『구술사 연구 방법과 실천』, 한울아카데미, 2014.
_____, 『월남민의 생활 경험과 정체성: 밑으로부터의 월남민 연구』, 서울대학교출판부,
  1999.
김기옥, 『38선 초기전투(서부전선)』, 국방부 전사편찬위원회, 1985.
_____, 『신녕·영천전투』, 국방부 전사편찬위원회, 1984.

김남식, 『반공포로이야기』, 송강출판사, 1968.

김동춘, 『전쟁과 사회』, 돌베개, 2000.

김보영, 『전쟁과 휴전 – 휴전회담 기록으로 읽는 한국전쟁』, 한양대학교 출판부, 2016.

김성칠, 『역사 앞에서』, 창작과비평사, 1993.

김수진, 『6·25전란의 순교자들』, 대한기독교출판사, 1981.

김인호 외, 『부산근현대사 산책』, 국학자료원, 2017.

김종운, 『전쟁 포로–송관호수기』, 눈빛출판사, 2015.

김종호, 『하나님을 그린 노 화가의 이야기:한 거제도 반공포로의 삶』, 영상복음미디어, 2011.

김진계, 『조국: 어느 '북조선 인민'의 수기』(상·하), 현장문학사, 1990.

김창식, 『한국 교회와 6·25전쟁사』, 쿰란, 2015.

김태일, 『거제도 포로수용소 비사』, 북산책, 2011.

김학준, 『한국전쟁』(제4수정증보판), 박영사, 2010.

김행복, 『한국전쟁의 포로』, 국방문제연구소, 1996.

_____, 『한국전쟁과 반공포로』, 군사편찬연구소, 2009.

김흥수, 『한국전쟁과 기복신앙확산연구』, 한국기독교회사연구소, 1999.

남부교구연혁편찬위원회, 『교구약사』, 천도교부산시남부교구, 1974.

매듀 B. 리지웨이, 김재관 역, 『한국전쟁』, 정우사, 1981.

맹의순, 『십자가의 길– 맹의순의 삶과 포로수용소에서의 선교』, 홍성사, 2017.

박 실, 『한국전쟁과 중공군』, 정미디어, 2013.

백응태, 『거제도에서 판문점까지』, 대원출판사, 1987.

서울대학교 통일평화연구원, 『한국전쟁기 포로수용소 기록물 자료수집 및 연구해제 용역 보고서』, 2017.12.

성강현, 『6·25전쟁시기 천도교포로 연구』, 선인, 2017.

송효순, 『大釋放 : 實錄反共捕虜釋放』, 新現實社, 1973.

안달원, 『회귀선』, 1980.

에릭 고두, 양영란 편, 『현장에서 만난 20TH C』, 마티, 2007.

오세희, 『65 포로수용소』, 만민사, 2000.

왕수쩡, 나진희·황선여 역, 『한국전쟁』, 글항아리, 2013.

원재홍, 『군종활동의현황과발전방향』, 가톨릭신앙생활연구소 1997.

윌리엄 린드세이 화이트, 조영철 역, 『한국전쟁 포로』(군사참고3), 국방부 전사편찬위원회, 1986.

윌리엄 스툭, 김형인 등 역, 『한국전쟁의 국제사』, 푸른역사, 2001.

유경재, 『삼수갑산에서 거제도까지』, 푸른사상사, 2005.

육군본부 군사감실, 『6·25사변 후방전사』(인사편), 1955.

육군본부 군사연구실 편, 『소총중대장』, 육군본부, 1989.

육군본부, 『유엔군전사 휴전천막과 싸우는 전선』, 1968.

_____, 『6·25전쟁 참가자 증언록』Ⅲ, 2005.

윤정란, 『한국 교회와 기독교』, 한울엠플러스, 2015.

윤택림, 『인류학자의 과거 여행-한 빨갱이 마을의 역사를 찾아서』, 역사비평사, 2003.

이원복, 『전쟁과 협상』 상, 대림기획, 1989.

이윤규, 『들리지 않던 총성 종이폭탄! 6·25전쟁과 심리전』, 지식터미, 2011.

이중근, 『6·25전쟁 1129일(요약본)』, 우정문고, 2014.

이 태, 『이현상:남부군 비극의 사령관』, 학원사, 1990.

이형근, 『군번 1번의 외길 인생』, 중앙일보사, 1994.

장병욱, 『6·25 공산남침과 교회』, 한국교육공사, 1982.

장택석, 『중국군 포로의 6·25전쟁 참전기』, 국방부 군사편찬연구소, 2009.

전갑생, 『한국전쟁과 분단의 트라우마』, 선인, 2011.

조성훈, 『한국전쟁과 포로』, 선인, 2010.

조셉 굴든, 김쾌상역, 『한국전쟁』, 일월서각, 1982.

조윤하, 「1·20 판문점 포로들」, 『구술 한국현대사』, 미완, 1996.

주영복, 『내가 겪은 조선전쟁』2, 고려원, 1991.

중국 군사과학원, 오규열 역, 『중국군의 한국전쟁사』Ⅰ, 군사편찬연구소, 2002.

차경미, 『콜롬비아 그리고 한국전쟁』, 한국학술정보(주), 2006.

천도교중앙총부, 『80여 성상을 회고한다』, 2008.

_____, 『파란만장한 삶을 돌아본다』, 2009.

천주교군종교구 육사교회, 『씨앗이 열매로』, 성모출판사 1990.

최덕신, 『내가 겪은 판문점』, 삼구문화사, 1955.

최수철, 『포로들의 춤』, 문학과지성사, 2016.

표인주 외, 『전쟁과 사람들 : 아래로부터의 한국전쟁연구』, 한울아카데미, 2003.

한국구술사학회, 『구술사로 읽는 한국전쟁』, 휴머니스트, 2011.

허 정, 『우남 이승만』, 태극출판사, 1970.

헌병사령부, 『한국헌병사』, 대건출판사, 1952.

K.S. 타마야, 라윤도 역, 『판문점 일기』, 소나무, 1993.

Brown, George Thompson, *Mission to Korea, Board of World Missions*, Presbyterian Church U.S., 1962.

illiam Linsday White, *The Captives of Korea, An Unofficial White Paper on the*

Treatment of War Prisoners, New York: Charles Scribner's Sons, 1957.

Rhodes Harry A, and Archibald Cambell, ed., History of the Korean Mission Presbyterian Church in the U.S.A., Volume Ⅱ. Seoul: the Presbyterian Church of Korea Department of Education, 1984.

Ron Robin, The Making of the Cold War Enemy, Princeton University Press, 2001.

Rosemary Foot, A Substitute for Victory : The Politics of Peace Making at the Korean Armistice Talks, Ithaca and London, Cornell University Press, 1990.

Samuel M. Meyers and Albert D. Biderman, Mass Behavior in Battle and Captivity: The Communist Soldier in the Korean War, The University of Chicago Press, 1968.

Sidney Bailey, Korean Armistice, New York, St.Matin's Press, 1992.

Takemae Eiji, Inside GHQ: The Allied Occupation of Japan and Its Legacy, Continuum, 2002.

Tompson, Edwin A, Koje-Do, 1952.

Valelie Raleige Yow, Recording Oral History: A Guide for the Humanities and Social Sciences(3rd Edition), Rowman & Littlefield, 2014.

Wallter Hermes, Truce Tent and Fighting Front, Washington D.C., Center of Military History US Army, 1992.

Walter G. Hermes, Truce Tent and Fighting Front, Center of Military History U. S. Army, 1965.

3. 논문

강신정, 「한국의 포로선교」, 『기독교대백과사전』 15권, 기독교문사, 1985.

강인철, 「한국전쟁과 종교생활」, 『아시아문화』 제16호, 2000.12.

김경학, 「인도정착 한국전쟁 중립국 선택 포로이 이야기」, 『인도문화』 제9권제1호, 2004.6.

_____, 「한국전쟁 경험과 지역사회의 이념갈등 −전남 영광지역을 중심으로−」, 『民族文化論叢』제37호, 영남대학교 민족문화연구소, 2007.

김귀옥, 「아래로부터의 반공 이데올로기 허물기: 정착촌 월남인의 구술을 중심으로」,

『경제와사회』제43호. 한국산업사회학회, 1999.

_____, 「한국 구술사 연구 현황, 쟁점과 과제」, 『전쟁의 기억 냉전의 구술』, 선인, 2008.

_____, 「해방직후 월남민의 서울 정착:월남인의 사회·정치적 활동에 대한 접근」, 『典農史論』, 서울시립대학교 국사학과, 2003.

김명호, 「거제도 포로수용소의 포로에 대한 실증적 분석」, 『통일연구』 제18권 제2호, 연세대학교 통일연구원, 2014.

김보영, 「거제도포로수용소의 포로에 대한 실증적 분석」, 『통일연구』 제18권 제2호, 연세대학교 통일연구원, 2014.

_____, 「한국전쟁 시기 이승만의 반공포로석방과 한미교섭」, 『이화사학연구』 제38집, 이화사학연구소, 2009.

_____, 「한국전쟁 포로협상과 중국군 포로의 선택」, 『사학연구』 제123호, 한국사학회, 2016.9.

_____, 「한국전쟁 휴전회담 연구」, 한양대학교 대학원 사학과 박사학위논문, 2008.

김승태, 「6·25전란기 유엔군측의 포로정책과 기독교계의 포로선교」, 『한국기독교의 역사』 제9권 제1호, 2004.9.

김학재, 「전쟁포로들의 저항과 반공오리엔탈리즘」, 『전쟁속의 또 다른 전쟁』, 선인, 2011.

민경길, 「한국전쟁과 포로송환 문제」, 『서울국제법연구』 제4권 제1호, 1997.

박영실, 「반공포로63인의 타이완행과 교육 및 선전 활동」 『정신문화연구』 제37권 제2호(통권135호), 한국학중앙연구원, 2014.6.

성강현, 「거제도포로수용소의 9·17폭동 연구」, 『한국민족운동사연구』 제86호, 한국민족운동사학회, 2016.3.

성강현, 「6.25전쟁 시기 천도교 포로의 전향과 종교 활동에 관한 연구」, 동의대학교 대학원 박사학위논문, 2015.

신재의, 「맹의순의 삶과 포로수용소에서의 선교」, 『한국기독교와 역사』 제41호, 한국기독교연구소, 2014.9.

양정심, 「한국전쟁기 미군의 전쟁범죄 조사와 처리: 전쟁범죄조사단(KWC)을 중심으로」, 『한국민족운동사연구』제64호, 2010.

여계연, 「6·25전쟁 시기 중국군 포로 연구: 대만의 개입 매커니즘을 중심으로」, 『21세기정치학회보』, 제24호제1집, 2014.

유영옥, 「이승만대통령의 반공과 통일정책에서의 상징성」, 『한국보훈논총』 제10권 제2호, 2011.

_____, 「6·25전쟁에서의 교회의 역할」, 『한국보훈논총』 제9호 제1집, 2010.

유병용, 「한국전쟁 중 포로교환 문제에 대한 재검토: London 소재 영국 외교문서를 중심으로」, 『강원사학』 제7호, 1991.

윤선자, 「6·25 한국전쟁과 군종활동」, 『한국기독교역사연구소소식』 제46호, 2000.

이동헌, 「한국전쟁 후 '반공포로'에 대한 기억과 기념」, 『동아시아 문화연구』 제40호, 한양
　　　대학교 한국학연구소, 2006.

이상호, 「한국전쟁기 미군의 공산포로 '미국화 교육'」, 『역사와 현실』 제78호, 2010.

이선우, 「한국전쟁기 거제도수용소 내 '친공포로'의 딜레마와 폭동」, 『역사문제연구』 제
　　　38호, 역사문제연구소, 2017.10.

_____, 「한국전쟁기 중립국 선택 포로의 발생과 성격」, 『역사와 현실』 제90호, 2013.

이종만, 「한국전쟁기간 미국 북장로교회 한국선교부의 활동」, 『이화사학연구』 제40호,
　　　이화사학연구소, 2010.6.

이진구, 「미국 남장로회 선교사 루터 맥커첸(Lutter Oliver McCutchen)의 한국선교」,
　　　『한국기독교와 역사』 제37호, 2012.

이행선, 「한국전쟁, 전쟁수기와 전시의 정치」, 『상허학보』 제46집, 상허학회, 2016.2.

전갑생, 「거제도 포로수용소 설치와 포로의 저항」, 『제노사이드연구』 제2호, 한국제노
　　　사이드연구회, 2007.8.

_____, 「한국전쟁기 인천의 미군기지와 전쟁포로수용소」, 『황해문학』 통권 제93호, 새
　　　얼문화재단, 2016.12.

_____, 「88인의 포로, 떠난 자와 돌아온자 남에서 반공투사가 된 귀환포로들」, 『민족
　　　21』 제117호, 2010.

정근식·김란, 「두 갈래길, 중국지원군 포로의 생애서사―정저쓰(張澤石)와 류춴지엔
　　　(劉純儉)의 구술사에 기초하여」, 『구술사연구』 제7권 제1호, 한국구술연구회,
　　　2016.

조성훈, 「한국전쟁시 포로교육의 실상」, 『군사』 30호, 국방군사연구소, 1995.

_____, 「한국전쟁 중 유엔군의 포로정책에 관한 연구」, 한국정신문화연구원 한국학대
　　　학원 박사학위논문, 1998.

조윤하, 「1·20 판문점 포로들」, 『구술 한국현대사』, 미완, 1986.1.

최선혜, 「한국전쟁기 천주교회와 공산정권」, 『교회사연구』 제44호, 2014.

찾아보기

저자소개

성강현

강원도 삼척 출신으로 강릉고등학교와 경희대학교 사학과를 졸업하고 동의대학교 대학원에서 『6·25전쟁 시기 천도교 포로의 전향과 종교 활동에 관한 연구』로 박사학위를 받았다. 현재 동의대학교 역사인문교양학부 겸임교수이며 동천고등학교에서 근무하고 있다. 주요 저서로는 『충청도 옥천 동학혁명』(공저), 『전라도 전주 동학혁명』(공저), 『6·25전쟁시기 천도교 포로 연구』 등이 있으며, 한국전쟁 포로, 동학과 천도교, 민족운동 등에 관한 논문이 다수 있다.

■ 저서

『충청도 옥천 동학농민혁명』(공저)
『전라도 전주 동학농민혁명』(공저)
『강원도 원주 동학농민혁명』(공저)
『6·25전쟁 시기 천도교 포로 연구』
『부산 근현대사 산책』(공저)
『반도의 총후진』(공역)

■ 논문

「소파 방정환의 일본 유학시기 활동 연구」(2021)
「대한제국 진위대 연구」(2021)
「『개벽(開闢)』의 3·1독립운동 민족대표 담아내기」(2021)
「옥천 지역의 동학의 전파와 확산」(2020)
「동학농민군의 전주성 점령과 전주화약에 관한 고찰」(2019)
「6·25전쟁 시기 부산의 포로수용소」(2019)
「동학농민혁명 이후 해월 최시형의 피신과 교단 수습」(2018)
「해월 최시형의 단양 은거 시기 연구」(2016)
「제1차 교육과정의 국사 교과서 서술체제와 내용 분석」(2016)
「군대 해산 과정에서의 서소문 전투 연구」(2016)
「거제도 포로수용소의 9·17폭동 연구」(2016)